코끼리에게 말을 거는 법

코끼리에게 말을 거는 법

—신냉전 시대의 중국 읽기

공상철 지음

2020년 11월 27일 초판 1쇄 발행

펴낸이 한철희 | 펴낸곳 돌베개 | 등록 1979년 8월 25일 제406-2003-000018호
주소 (10881) 경기도 파주시 회동길 77-20 (문발동)
전화 (031) 955-5020 | 팩스 (031) 955-5050
홈페이지 www.dolbegae.co.kr | 전자우편 book@dolbegae.co.kr
블로그 imdol79.blog.me | 페이스북 /dolbegae | 트위터 @Dolbegae79

주간 송승호 | 편집 이경아
표지디자인 민진기 | 본문디자인 민진기·이연경
마케팅 심찬식·고운성·한광재 | 제작·관리 윤국중·이수민·한누리
인쇄·제본 한영문화사

ISBN 978-89-7199-440-5 (03340)

책값은 뒤표지에 있습니다

코끼리에게
말을 거는 법

신냉전 시대의 중국 읽기

공상철 지음

돌베
개

황해 너머에 거대한 나라가 있습니다. 그곳에는 지구촌 인구의 5분의 1가량이 살고 있습니다. 이 나라는 지금 전 세계의 화두가 되어 있습니다. 정치 경제에서 외교 안보에 이르기까지, 무역 분쟁에서 코로나 사태에 이르기까지 거의 매일같이 뉴스의 꼭지를 차지합니다. 이는 우리의 호오나 가치판단과 무관하게 어느덧 인정하지 않으면 안 되는 현실이 되었습니다. 그런데 우리는 이들이 누구인지 잘 모릅니다. 뿐만 아니라 이 나라를 이해하고 설명할 만한 인식의 틀을 가지고 있지도 못합니다. 그러다 보니 부분으로 전체를 상상하거나 마음대로 재단하는 일이 다반사가 되었습니다. 마치 장님이 코끼리 다리를 더듬듯이 말입니다. 뿐만 아닙니다. 세계 역시 이 거대한 존재를 설명할 수 있는 '교과서'를 아직 갖고 있지 못한 실정입니다. 그럼에도 불구하고 마냥 매도하고 '악마화'하는 일이 지구촌의 일상사가 되어 버렸습니다.

여기서의 코끼리는 물론 알레고리에 지나지 않습니다. 그런데 생각해 보면 여기엔 알레고리 이상의 무언가가 담겨져 있는 것도 같습니다. 덩치나 물리적인 힘의 크기가 그렇기도 하거니와 이 땅의 삶을 떠받치고 있는 문명적 지반이나 문화적 DNA가 그러하기도 하니까요. 혹 그렇다면 이 알레고리를 방법적 개념으로 요청해 볼 수 없는 것일까요? 이 나라의 오늘과 내일을 이해하고 가늠해 볼 수 있는 그런 틀로써 말입니다. 이 책은 이런 문제의식의 일환으로 구상된 것입니다. 대개는 지난 몇 년 간 대학 교육 현장에서 강의한 것을 글로 풀어서 묶은 것입니다. 이 나라가 걸어온 길과 걸어가고 있는 길, 그리고 이 길의 세계사적 생태계를 아우르면서 나름대로의 이해와 설명의 틀을 마련해 보고자 한 시도들이 이런 식의 목차로 묶인 것입니다.

전체 얼개를 설계하는 과정에서 여러 선배들의 성과를 거울로 삼았습니다. 특히 원톄쥔(溫鐵軍)의 문제 설정은 이 책의 밑그림이 되었습니다. 중국의 향촌 현장으로부터 비롯된 그의 성찰이 '있는 그대로의' 중국을 이해하는 데 첩경이 된다고 여겨지기 때문입니다. 그의 작업은 두 권의 책으로 이미 국내에 번역─『백년의 급진』(돌베개, 2013), 『여덟 번의 위기』(돌베개, 2016)─되어 있습니다. 이런 의미에서 이 책을 그의 작업에 대한 주석 내지 해설서로 읽어도 무방합니다. '신냉전' 시대, 우리가 디뎌야 할 발의 위치와 각도, 되감아 올 몫들을 놓치지 않으면서 말입니다. 집필 과정에서도 문제의식을 같이하는 동료들의 도움이 컸습니다. 특히 저만치 앞서서 묵묵히 밭을 일구고 있는 진공 형께 감사의 말씀을 드립니다.

2020년 11월 저자

차례

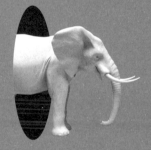

책을 펴내며   4

프롤로그

1강   만남의 예법에 관하여   13
프로토콜을 찾아서 13 · 눈의 호흡 17 · 우리 안의 만리장성 21 · 새로운 앵
글의 필요성 26 · 새로운 윈도우를 찾아서 29

제1장   코끼리의 이력서

2강   중화인민공화국 60년의 길 〔1〕   33
국가의 기틀 마련하기 35 · 시련과 고투의 시대 40 · 출구를 찾아서 45

3강   중화인민공화국 60년의 길 〔2〕   51
전후의 자본주의 세계체제 51 · 개혁개방의 민낯 55 · 브레튼우즈 체제 붕
괴 이후의 세계 59 · 개혁개방의 이면 62 · 자본의 금융화 시대와 중국 66

제2장   코끼리의 급소 하나: 삼농

4강   농촌 문제의 존재 방식   73
지난 논의를 정리하며 73 · 농촌의 내부 구조 78 · 농촌 문제의 구성 요소
들 82

5강   농촌 문제의 심층구조   99
농촌 문제의 새로운 양상 99 · 해법을 위한 모색들 105

제3장　코끼리의 급소 둘: 세계의 공장

6강　폭스콘은 어떤 장소인가 **117**
2010년, 광둥, 폭스콘 118 · 폭스콘의 위상학 121 · iPhone의 정치경제학 127 · 글로벌 가치사슬의 지리학 135

7강　농민공, 나의 집은 어디인가 **137**
농민공 30년의 역사 137 · 농민공의 분화 140 · 열일곱 살의 자본주의 143 · 농민공 소년 앞의 두 가지 길 145 · 남은 문제들 153

제4장　코끼리의 행보

8강　코끼리가 서쪽으로 가는 까닭은 **157**
21세기 정글의 세계사 157 · 중국이 처한 딜레마 161 · 출구전략 164 · 아젠다로서의 '일대일로' 167 · 포스트 브레튼우즈 체제 169

9강　일대일로의 심층지리학 **172**
문명의 계보학 173 · 거대한 체스판 176 · 참조 체계로서의 '세계체제' 181 · 세계체제와 중국 185 · 담론 권력의 문제 189

10강　생태문명, 그 물과 풀을 찾아서 **192**
'생태문명'의 제기 194 · 담론 제기의 외부 맥락 196 · 담론 제기의 내부 맥락 200 · 담론의 현실적 토대 203 · 담론 실천의 방향 205 · 패러다임의 전환을 위하여 209

제5장 코끼리가 늪에 빠졌을 때

11강   신냉전 시대의 담론 전쟁   215
        시진핑 체제의 중국 215 · 제1라운드 218 · 제2라운드 227 · 신냉전의 전장
        을 바라보며 235

12강   코로나 이후의 중국 문제   241
        어떤 동네 241 · 바이러스가 던진 질문들 244 · 도시 시스템 및 거버넌스
        문제 247 · 아시아 글로컬 질서 정립 문제 251 · 포스트 '중국 특색의 길'을
        찾아서 254

에필로그

13강   동북아의 어떤 바둑판   267
        다시 황해에서 267 · 중국을 경유해 바라보는 한반도 문제 268 · 한반도 문
        제의 콘텍스트 274 · 가능성을 찾아서 279 · '한반도 협력 시대'를 위한 공
        부의 지도 그리기 282

        미주   285
        찾아보기   298
        저본이 된 저자의 논문 목록   300

프롤로그

1강

만남의 예법에 관하여

프로토콜을 찾아서

프로토콜이란 말이 있습니다. 사람과 사람, 집단과 집단의 만남에 필요한 사전 준비나 약속, 의례 등을 뜻하는 말입니다. 아마 컴퓨터를 사용하면서 한번쯤은 이런 경험을 해 보았을 겁니다. IP가 제대로 설정되지 않아 인터넷 접속을 못 한 경우 말입니다. 단말기 간에 데이터를 주고받기 위해서는 필요한 규약이 있는데, 이 통신 규약이 바로 IP, 즉 인터넷 프로토콜입니다. 인터넷의 경우 세 자리 숫자 네 묶음을 설정하면 문제가 간단히 해결되지만, 인간 세상의 일은 그 속사정이 좀 복잡하고 미묘한 수밖에 없습니다.

가령, 문재인 대통령이 취임 직후인 2017년 12월 중국을 방문한 적이 있습니다. 사드 배치 문제로 양국 관계가 흉흉했던 만큼 난항을 감수할 수밖에 없는 자리였습니다. 그런데 막상 방문을 하고 보니 의외로 대화가 술술 풀리는 겁니다. 그 사이에 어떤 일이 있었던 걸까요. 단초는 그 이전 마닐라에서 열린 아세안 정상회의에서 마련되었습니다. 여기서 문 대통령이 중국을 향해 이런 메시지를 던졌습니다.

"꽃 한 송이 홀로 핀들 봄은 아니리, 온갖 꽃 만발해야 뜨락 가득 봄일 터."(一花獨放不是春, 百花齊放春滿園)

2015년 보아오포럼에서 시진핑(習近平) 주석이 연설한 내용을 인용한 것인데, 다름 아닌 중국의 옛 고전을 끌고 왔다는 점에서 대단히 상징적인 장면이었습니다. 시나 문장을 통해 이루어지는 배틀은 동아시아 외교사의 기본이었으니까요. 그랬더니 다음 방문 때 리커창(李克强) 총리가 소동파의 시구로 이렇게 화답합니다.

"봄 강물 따사로움은 오리가 먼저 아네."(春江水暖鴨先知)

정곡을 찌르면서도 참 운치가 있죠. 시와 정치는 별개가 아니라는 것, 이것이 동아시아 문화정치의 기본 전제였습니다. 이로써 군불은 이미 지펴진 셈이 되었습니다.

그런데 이것만이 아니었습니다. 방문한 날짜가 하필 난징대학살 추모일(12월 13일)이었습니다. 중국인에게 이날의 의미는 우리로서는 온전히 이해하기가 쉽지 않습니다. 더욱이 중일 관계가 최악인 상황에서 열린 이날 행사는 사뭇 비장하기까지 했으니 말입니다. 그러니까 남의 나라 제삿날을 방문일로 잡았던 것인데, 이 타이밍 자체가 양날의 검과도 같았습니다. 그런데 의외로 이것이 단번에 이심전심, 동병상련의 연대를 만들어 냅니다. 그러고는 다음날 아침 문재인 대통령은 대중음식점에 가서 서민들의 메뉴로 식사를 합니다. 저들의 생활세계 속으로 들어간 겁니다. 당연히 사전에 조율된 일정이었겠죠. 그런데

窮則變、變則通、通則久
변화와 소통이 생명입니다.
서울남冬 신영 [印] [印]

신영복, 〈통〉

사소해 보이는 이 일 하나가 사드로 얼어붙은 대륙의 마음을 녹입니다. 그리고 언론은 기다렸다는 듯, 이를 재생산하며 불판을 달굽니다. 이런 훈훈한 분위기 속에서 마침내 두 정상이 만납니다.

　이 자리에서 문 대통령은 신영복 선생의 글씨 한 폭을 선물로 내놓습니다. 끊어질 듯 이어지는 필획의 '통'(通), 『주역』「계사전」(繫辭傳)의 "궁즉변, 변즉통, 통즉구"(窮則變, 變則通, 通則久)란 구절이 그 출처입니다. 궁극에 처하면 변하고, 변화하면 열리고, 열리면 오래간다, 그러니 어떻게 할래, 이런 메시지입니다. 글자 하나로 참 많은 말을 하죠. 그랬더니 이번엔 시(習) 주석이 옥으로 만든 바둑판 하나를 내놓습니다. 미국하고만 놀지 말고 제대로 된 게임장으로 들어와라, 아마 이런 메시지였을 겁니다. 한 슈퍼 강대국이 전 세계를 상대로 패악을 일삼고 있는, 그래서 근본적인 조율이 절실한 세계체제라는 게임장 말입니다. 더욱이 이 메시지가 슈퍼 강대국의 하위체제로 단단히 편입된 나라의 정상에게 던진 것이었다는 점에서 좀 더 각별할 수밖에 없었습니다. 이로써 대국(對局)은 사실상 착수(着手)되었습니다. 참 은근하면서도 섬세하죠. 이것이 외교적 프로토콜입니다. 이것이 제대로 가동되지 않으면 본 의제 자체가 흔들릴 수도 있습니다.

이뿐만이 아니었습니다. '코로나19' 사태로 전 세계가 중국에 따가운 시선을 보내며 우한(武漢)에서 공관 철수를 서두를 무렵, 우리는 주중 한국대사관에 다음과 같은 플래카드를 내걸고 신임 우한총영사를 파견하기까지 했습니다.

"中國的困難就是我們的困難."(중국의 어려움이 곧 우리의 어려움이다.)

이에 중국 언론은 강승석 총영사를 '물길을 거슬러 온 의인'(逆行者)이라 추켜세우며 감사의 메시지를 보내왔습니다.

"守望相助, 同舟共濟."(어려움을 만나 서로 돕고 한 배를 타고 함께 곤경을 헤쳐 나가자.)

반대로 우리가 위기에 봉착하자 전 알리바바 회장 마윈(馬雲)이 마스크 100만 장을 보내며 이런 응원 문구를 덧붙였습니다.

"山水之隣, 風雨相濟."(산과 물로 이어진 땅의 벗. 그 비와 바람을 함께합니다.)

여기에 또 주한 중국대사관은 대구에 마스크를 보내며 김정희의 〈세한도〉 발문 중 한 구절과 최치원의 진감선사(眞鑑禪師) 비문 중 한 구절을 첨부했습니다.

"歲寒松柏, 長毋相忘."(추위에도 의연한 소나무와 잣나무처럼 오래도록 서로를 잊지 말기를.)

"道不遠人, 人無異國."(도는 사람과 멀지 않고, 사람은 나라 따라 다르지 않다.)

〈세한도〉가 어떤 그림이며, 최치원이 누굽니까. 그것도 옛 신라

땅 달구벌에 보내는 구호물품에 말입니다. 꽤나 성의를 담아 섬세하게 준비를 했죠. 이것이 바로 대화의 기술입니다.

이쯤 되면 프로토콜의 중요성을 짐작하겠지요. 그러고 보면 예법이란 상대의 형편을 헤아리면서 나의 처지를 성찰해 보는 절차 같은 것인지도 모르겠습니다. 내 안에 타자를 받아들일 준비 과정 같은 것 말입니다. 서두에 이런 말을 하는 이유는 중국에 관한 앎의 지도를 그려 가는 데 있어서도 이것이 필요하기 때문입니다. 어렵게 생각지 말고 우리와 '다른' 나라 중국을 대면하기 위해 접속 경로를 코딩해 둘 필요가 있다는 정도로 이해하면 될 것 같습니다. 합리적 지식의 체계라고 해 버리면 왠지 엄두가 안 나고, 인식론이라고 하면 너무 부담스러워지니 말입니다. 그런데 이를 위해서는 두어 가지 점검해 두지 않으면 안 되는 것이 있습니다. 접속을 위해서는 최소한 내 안의 회로 정도는 체크해 두어야 할 테니까요. 이 가운데 우선적으로 점검해야 할 것은 우리의 눈, 그러니까 반도 땅에 발 디딘 우리네 시선의 호흡입니다.

눈의 호흡

스펙이란 말이 있습니다. 이 땅에선 불우한 대접을 받고 있는 말이지만, 원래는 시야의 폭과 깊이를 의미합니다. 모든 생명에 호흡이 있듯이 눈에도 호흡이 있습니다. 이것의 폭과 깊이가 안목의 수준을 결정하는데, 중국 공부에서 필요한 것이 바로 이것입니다. 반도 땅, 그것도 이남에서 살아가는 우리는 기껏해야 대여섯 시간 분량의 태엽을 갖고 있습니다. 서울에서 해남의 땅끝 정도를 가는 감각입니다. 이런 태엽의 시계로 중국 여행을 하다 보면 제일 먼저 고장 나는 것이 바로 이것입니다. 이를 테면 서쪽 내륙으로 깊숙이 들어가기 위해서는 기차에서 2~3일을 살아야 하는데, 대여섯 시간만 지나면 이 시계가 더 이상 작동을 하지 않는 겁니다. 이때부터 차창 너머의 풍경은 의미로 회수되지 못하고 나와는 무관한 그 무엇이 되고 맙니다. 그냥 스쳐 가거나 배설되어 버리는 거죠.

1992년 수교 이후 처음 중국에 갔을 때의 일입니다. 서쪽 내륙을 며칠 떠돌다가 기차로 베이징에 돌아오는데, 사람들이 너도나도 기지개를 켜고 얼굴을 닦으며 주섬주섬 짐을 챙기는 겁니다. 우리 식으로 이야기하면 서울역을 앞두고 수원이나 안양쯤을 지날 때의 풍경이겠죠. 그래서 저도 덩달아 짐을 챙기며 하차 채비를 했습니다. 그런데 가도 가도 베이징이 나오지 않는 겁니다. 그러고는 다섯 시간이 지난 뒤에야 기차가 베이징 시내로 들어서더군요. 참 난감한 경험이었는데 그때 이런 생각이 머리를 때렸습니다. 중국 공부하기 참 어렵겠구나. 사실이 그랬습니다. 이후 업으로 중국을 공부하면서 다반사로 이런 일들을 겪지 않으면 안 되었으니까요. 예를 하나만 들어 볼까요.

1949년 10월 1일 톈안먼광장에서는 중화인민공화국 건국을 선포하는 '개국대전'(開國大典)이 열렸습니다. 이때 한 서방 기자가 마오쩌둥(毛澤東, 1893~1976)에게 이렇게 묻습니다. "양안(兩岸) 문제(대륙 중국과 타이완의 통일 문제)는 언제쯤 해결될 것으로 보십니까?" 그랬더니 그의 대답이 이렇습니다. "글쎄요, 모르긴 해도 족히 100년은 걸릴 겁니다." 20세기 중반에 서서 태연하게 21세기 중반을 이야기할 수 있는 이 호흡, 이것이 바로 스펙입니다. 뿐만 아닙니다. 1997년에 사망한 덩샤오핑(鄧小平, 1904~1997)은 후배 지도자들에게 이런 유훈을 남깁니다. '도광양회'(韜光養晦), 즉 칼날을 칼집에 감춘 채 그믐의 깊은 밤을 잘 양생하시오, 이런 의미입니다. 그믐은 음력 달의 마지막 날이죠. 보름의 반대가 되는 이날은 밤이 가장 깊고 두텁습니다. 그러니까 덩샤오핑 유훈의 의미인즉슨 굴욕이 있더라도 인내하며 적어도 2050년까지는 미국에 정면으로 맞서지 말라는 당부인 셈입니다. 참 무섭고도 부러운 안목이죠. 여기서 두 지도자가 공히 지목하는 시간대, 이것의 의미에 대해서는 아마 나중에 거론할 기회가 있을 겁니다. 그러니 일단 '두 개의 백년'(兩個一百年: 중국공산당 창당 100주년인 2021년과 중화인민공화국 건국 100주년인 2049년)이란 단어만 머리에 담아 두기로 하죠.

그렇다면 앞으로의 강좌를 소화하기 위해 어느 정도 시선의 스펙이 필요할까요? 동아시아의 지도를 보면서 이야기를 해 보죠.

먼저 시선을 한반도 이북으로 향해 볼까요. 거기엔 뭐가 보이나요? 그곳은 만주 땅, 그러니까 중국의 둥베이(東北) 3성 지역입니다. 이 지역의 북부, 그러니까 하얼빈에서 기차를 타고 북쪽으로 치치하얼을 지나면 세계 자체가 광야입니다. 이육사의 시에 등장하는 그 '광야' 말입니다. 이육사는 이 땅을 배회하며 눈의 호흡을 담금질했던 것 같습니다. "다시 천고의 뒤"를 내다보며 말입니다. 그런데 이 지역은 중국의 입장에서는 꽤나 골칫거리입니다. 국가 전체 경제성장률을 깎아먹는 대표적인 낙후 지역이 여기니까요. 더욱이 중부, 서부를 다 헤집어 놓은 마당이니 마지막 남은 엔진은 여기밖에 없는 거죠. 그렇다면 일단 이 어귀에 아이콘 하나를 띄워 놓으면 어떨까요. 두만강 하구의 투먼과 인근의 나진·선봉, 그 위 러시아의 하산을 이으며 말입니다.

그럼 이번엔 시선을 남방으로 돌려 볼까요. 베트남 동편 남중국해에 우리 골프 관광객들로 북적이는 섬이 하나 있습니다. 하이난다오(海

중국을 이해하기 위한 스펙

南島)라는 곳인데, 그 섬의 동편에 보아오(博鰲)라는 자그만 마을이 하나 있습니다. 거기선 매년 '보아오아시아포럼'(博鰲亞洲論壇)이 열리는데 흔히 '아시아의 다보스포럼'으로 불립니다. 여기엔 우리나라도 참여를 해 왔는데, 참고로 2019년에 논의된 핵심 주제는 '4차 산업'이었습니다. 이 포럼은 아세안 국가들이 주요 고객입니다. 그렇다면 여기에 아이콘 하나를 또 띄워 보면 어떨까요?

그럼 이번엔 서쪽으로 눈을 돌려볼까요. 무엇이 보이나요? 거기는 사막입니다. 황사의 발원지 고비사막과 그 너머 타클라마칸사막 말입니다. 둔황, 쿠차, 호탄, 카슈가르 등 그 옛날 대상들이 비단을 싣고 오가던 이곳은 지금 '일대'(一帶)가 지나는 길목이 되었습니다. 그 너머가 바로 '세계의 지붕' 파미르고원인데, 그 언저리가 '스탄' 계열의 나라들입니다. 구소련으로부터 독립한 이 나라들은 고려인들이 살아가는 이산(diaspora)의 현장이기도 합니다. 이 나라들은 지금 상하이협력기구(SCO)의 일원으로 '일대'의 동반자가 되어 있습니다. 다시 이들 너머가 중국 고대사에도 등장하는 파사(波斯: 페르시아), 즉 오늘날의 이란 땅인데, 여기가 바로 '일대일로'의 전략적 중추입니다. 즉 '육상 실크로드'인 '일대'와 '해상 실크로드'인 '일로'가 만나는 전략적 결절점인 셈이죠. 그럼 여기에도 아이콘 하나를 띄워 두기로 하죠.

이 정도가 요청되는 시야의 크기인데, 어떤가요? 풍경이 한눈에 들어오나요? 생소한 단어와 지명들투성이니 아마 쉽게 접수되진 않을 겁니다. 그래도 최소한 이 정도 스펙을 확보해 두지 않으면 안 됩니다. 그래야 우리네 반도의 삶을 규정하는 힘의 내원을 볼 수 있을 테니까요.

우리 안의 만리장성

또 하나 점검해 두어야 할 것은 우리 안의 만리장성, 즉 우리 안에 서 있는 편견이라는 벽입니다. 2020년 7월 중국 내륙의 장마 상황을 보도하는 국내 언론의 분위기를 보면 마치 싼샤댐이 붕괴하기를 기도하고 있다는 느낌마저 듭니다. 뿐만 아닙니다. 기사에 달린 댓글을 보면 중국이라는 나라는 지구상에 존재해서는 안 되는 나라가 되어 있습니다. 어쩌다 이 지경이 된 것일까요? 교육 현장에서 만나는 벽도 만리장성보다 높았으면 높았지 결코 덜하지 않습니다. 강의실에서 만나는 학생들 가운데 열에 칠팔은 중국을 '쭝국'이라고 하지 '중국'이라 하지 않습니다. 사소해 보이지만, 그래서 더 무섭습니다. 무의식 속 우리의 만리장성은 구강의 근육 운동마저 왜곡시키니 말입니다.

뿐만 아닙니다. 제 딴엔 기울어진 운동장을 바로잡는답시고 중국 쪽으로 무게중심을 옮기기라도 할라치면 여기저기서 눈길들이 사나워집니다. 저는 팩트를 이야기하고 있는데도 말입니다. 심지어 강의평가서를 받아 보면 저의 사상을 의심하는 학생도 있습니다. 이런 환경에선 팩트조차 온전히 접수되기가 어렵습니다. 그러니까 우리에게 중국이란 나라는 '사실의 영역'에 존재하는 것이 아니라 '해석의 영역'에 존재하고 있는 셈이죠. 그러니 깊이 있고 균형 잡힌 앎이란 사실상 요원한 이야기인 거죠. 오죽했으면 한 학기 중국 강좌의 목표를 발음 교정에 둘 정도이겠습니까. 그런데 결과는 늘 백전백패입니다. 이 된소리를 만들어 내는 전두엽의 뒤틀린 회로 속에 이 나라는 그렇게 자리하고 있습니다. 이것이 현실입니다.

그렇다면 이 편견은 어떻게 만들어진 걸까요? 이 문제에 답하기 위해서는 제법 먼 길을 거슬러 올라가야 합니다. 중세 동아시아 조공책봉 네트워크의 성격에서부터 조선의 문화 사대주의까지, 청일전쟁 이후 일본에 의한 중국 지우기에서부터 해방 전후 지식사회학까지, 한국전쟁 이후 고착된 반공 이데올로기에서부터 근자의 미국 발 '천조국' 이데올로기까지 등등, 사실상 동아시아 역사의 축소판이라 해도 과언이 아니죠. 그러니 이게 어찌 만만한 일이겠습니까. 사정이 이러하니 대신 길을 좀 우회해 보기로 하겠습니다. 그간 우리가 중국을 표상해 온 방식을 일별해 보는 것으로 말입니다. 이를 위해서는 제 세대가 겪었던 경험이 얼마간 참조가 될지도 모르겠습니다.

여담을 좀 하자면, 제가 초등학교를 입학할 즈음 네댓 시 무렵이면 동심을 설레게 한 연속극이 하나 있었습니다. TV가 귀하던 시절이니 당연히 라디오극이었겠죠.《태권동자 마루치》라는 연속극이었는데, 거기선 '파란해골 13호'가 이끄는 악의 집단인 파란해골단이 매일같이 지구를 위협하고 있었습니다. 우리의 태권 소년 소녀 마루치 아라치는 특유의 기합 소리와 발차기 하나로 이들을 힘겹게 상대하고 있었고요. 그런데 그 집단의 중간 보스가 성깔 사나운 여사령관이었는데, 부하들이 그를 대할 땐 늘 나치식으로 손을 들며 '쩌똥'이란 구호를 붙였습니다. 우리는 그게 재미있어 골목길 놀이에서도 버릇처럼 이 동작과 구호를 따라하곤 했습니다. 나쁜 편을 구분하는 표식이었던 거죠. 시간이 지나 대학에 들어와 중국어를 배우면서 어릴 적 우리가 복창하던 그 구호가 마오쩌둥의 이름이란 것을 알게 되었습니다. 그러니까 우리에겐 이 인물이 의식도 못 하는 사이에 악의 화신으로 자리하고 있었던 겁니다. 우습게 들릴지 모르겠지만 저와 중국의 첫 만남은 이랬습니다.

이 이야기는 많은 것을 시사해 줍니다. 당시 대륙은 '중공'이라 불렸습니다. 중화인민공화국의 준말이 아니라 중국공산당의 준말입니다. 매년 6.25가 되면 "무찌르자 공산당 중공 오랑캐" 하며 목청을 돋우었던 그 집단 말입니다. 그러니까 중국의 국가 정통성은 자유중국인 타이완에 있고 대륙은 국가가 아닌 일개 도당에 불과하다는 인식의 산물이 이것이었습니다. 그러니 우리와 타이완의 관계는 돈독할 수밖에 없었겠죠. 여기엔 군부독재라는 공통분모가 작용했음은 물론입니다. 기억하기로 제가 초등학생 때 자유중국 총통 장제스(蔣介石, 1887~1975)가 사망했는데, 그날 우리는 조기를 달고 눈물을 글썽였습니다. 그때 그는 우리의 동심 속에서 절반쯤 우리의 국부였습니다. 한참 뒤에 알게 된 사실이지만, 이 모든 것은 세계체제의 단극 구도가 완성되어 가는 과정의 한 고리였더군요. 미국 중심의 단극 체제 말입니다. 그날 우리의 눈물은 영문도 모른 채 그렇게 소비되었던 거죠.

　이런 환경에서 대륙 중국은 앎의 영역 속으로 들어오기가 어려웠습니다. 대륙을 에워싼 '죽의 장막'(Bamboo Curtain)이 이를 허락하지 않기도 했고요. 그러다 대학을 들어와 몇 권의 금서를 접하면서 겨우 이 나라를 인식의 틀 안으로 받아들이게 되었습니다. '리영희'라는 이름을 알게 된 것도 그즈음이었습니다. 그러나 이건 어디까지나 일부의 사정이었을 뿐 제도권의 일반적인 현실과는 거리가 멀었습니다. 상아탑은 여전히 이 '적성 집단'에게 강단을 허락하지 않았으니까요. 그도 그럴 것이, 당시는 교수가 학술 목적으로 대륙을 방문할 때도 안기부에 가서 2~3일 정신교육을 받고 가는 시절이었습니다. 이런 현실에서 붉은 중국은 지하세계로 유폐될 수밖에 없었고, 아카데미즘 내 커리큘럼의 대부분은 고전의 아취(雅趣) 가득한 중국으로 채워지게 되었습니다.

　이렇게 해서 만난 문원(文苑) 중국은 참 엄청나더군요. 무슨 말인지 알아먹지는 못했지만 일단 규모와 다채로움에 숨이 턱 막혔습니다. 공자·맹자가 그랬고 『사기』·『한서』가 그랬으며, 이백·두보가 그랬고 『삼국지』·『수호지』가 그랬습니다. 게다가 그 유장함이 사람을 주눅 들게 만들기에 충분했습니다. 3천여 년의 두께를 자랑했으니 말입니다. 아무튼 이 블랙홀에 한번 빠져들면 헤어 나오기가 어렵겠다는 생각만은 분명했습니다. 사유와 반성을 좀처럼 허락하지 않았으니까요. 헤겔에서부터 막스 베버에 이르기까지 유럽 지식인들이 치고 나온 지점도 바로 이 대목인데, 이로부터 동아시아 문명은 덜 성찰적이고 덜 반성적이어서 덜 문명적이라는 결론이 도출됩니다. 제국주의적 확장의 이론적 근거가 이것입니다. 이 과정에서 '비센샤프트'(Wissenschaft), 즉 서

24

구의 근대 인식론이 세계를 이해하고 설명하는 보편적 형식으로 자리 잡게 되는데, 흔히 우리가 근대 '학문'이라 부르는 형식이 바로 그것입니다.

그런데 이상한 건 이런 내용들 태반이 마치 우리 것처럼 느껴지는 겁니다. 공자도 절반은 우리의 공자요, 두보도 절반은 우리의 두보였습니다. 아마 같은 문화권을 살아서 그랬겠죠. 문제는 여기서 발생합니다. 이런 막연한 친숙함이 우리를 대자(對自)적으로 분리해 내기 어렵게 만들었고, 그러다 보니 최소한의 인식론적 거리가 확보될 수 없었던 겁니다. 그리하여 이 고색창연한 중국은 혹자에게는 교양으로 받아들여졌고, 혹자에게는 생활세계의 지혜로 이해되었으며, 혹자에게는 당위나 가치로 수용되곤 했던 거죠. 이는 한자에 익숙한 세대에게는 일반적인 경향이었습니다. 물론 이에 대한 문제 제기가 없었던 건 아니었습니다. 젊은 도올 김용옥 같은 분이 그 주역이었는데, 그가 제기한 '한문해석학'은 당시 대단한 바람을 일으켰습니다. 지금 돌이켜 보면 당랑거철의 느낌마저 없지 않지만 말입니다. 마주한 성채의 벽이 실로 높고도 굳건했으니까요.

이 '창문 없는' 성채는 지금도 건재합니다. 그런데 시간이 흘러 세상이 바뀌면서 이 성채에도 균열이 가기 시작했습니다. 요즘 제가 만나는 젊은이들은 고색창연한 중국이든 벌겋게 도배가 된 중국이든 별반 관심이 없습니다. 그들의 관심은 대부분 '굴기(崛起)하는 중국', '자본주의 중국', 'G2'로서의 중국에 가 있습니다. 그리고 이를 대하는 태도도 확연히 다릅니다. 경계심과 막연한 두려움 같은 것이 낄려 있는 거죠. '대륙 클래스!' 하며 낄낄대면서도 말입니다. 이 대목에서 고민이 많아집니다. 이들이 마주한 중국은 저간의 중국으로는 설명이 되지 않습니다. 그렇다고 정치학이나 경제학 같은 분과학문으로도 속 시원한 해명이 어렵습니다. 문제의 토대와 맥락이 많이 다르니까요. 그렇다면 우리는 어떤 창을 통해 이 낯선 존재를 대면해야 할까요?

새로운 앵글의 필요성

그런데 여기에 앵글이 하나 더 추가되어야 하는 사태가 발생했습니다. 다들 절감했겠지만 지구촌 전체를 휩쓸고 있는 '코로나19' 사태가 그 것입니다. 병리학에 관한 지식이 전무한 저로서는 이 사태의 원인을 가늠할 길이 없습니다. 그렇다고 이를 마냥 중국의 식문화나 위생 문제 탓으로 돌리는 것도 합리적인 태도는 아닌 듯합니다. 이 문제는 보다 총체적인 시각을 요합니다. 산업화와 도시화를 근간으로 하는 근대 문명 자체를 내려다볼 수 있는 시선의 높이 말입니다.

그런데 이 대목에서 몇 가지 짚어 봐야 할 것이 있습니다. 이번 사태의 발원지로 알려진 우한은 우리가 짐작하는 것처럼 여느 낙후한 지방의 소도시가 아닙니다. 『삼국지』를 읽다 보면 유비와 손권, 조조 모두가 욕심을 내는 땅이 하나 있죠. 형주(荊州)라는 곳인데, 형주 관내 장강(長江)과 한수(漢水)가 만나는 요충지 강하(江夏)가 바로 오늘날의 우한입니다. 천백만여 인구가 살고 있는 이 도시는 사통팔달의 중국 교통 체계에서 중남부 허브에 해당합니다. 남북을 가로지르는 베이징 – 광저우 고속철도 이곳을 경유합니다. 뿐만 아닙니다. 의료 체계의 관점에서 보아도 의문은 남습니다. 우한에는 최고 수준의 병원인 '삼갑의원'(三甲醫院)이 36개나 됩니다. 이는 베이징, 상하이, 톈진 다음인데,

여기서 이런 의문이 생깁니다. 이런 높은 수준의 의료 체계를 보유하고도 왜 그리 쉽게 방역망이 무너졌던 걸까? 게다가 2003~2004년의 사스 사태 이후 마련된 비상 매뉴얼이 있을 텐데 이 매뉴얼은 왜 제대로 작동하지 않았던 걸까?

　의문은 여기서 그치지 않습니다. 2011년 '제12차 5개년 계획'이 착수된 이래 중국은 '7대 전략적 신흥 사업'이란 것을 선정해 비교우위를 가진 지역에 할당해 육성하고 있습니다. 여기서 우한은 바이오산업 거점입니다. 그 심장부 '바이오레이크'(BioLake, 光谷生物城)에는 현재 세계 1위 제약사인 화이자 등 2천여 개가 넘는 의약업체가 입주해 있습니다.[1] (→285면) 이러한 토대에 기반하여 우한 정부는 2025년까지 헬스 산업 총 매출 규모를 8천억 위안, 2030년까지 1조 4천억 위안, 2035년까지 2조 위안으로 끌어올리겠다는 계획을 수립한 바 있습니다.[2] 그러고는 로드맵에 따라 2019년 4월 제1차 '세계헬스엑스포'(世界大健康博覽會)를 개최합니다.[3] 두 번째 엑스포는 2020년 3월로 계획되어 있었는데, 개최 직전 코로나 사태가 터지는 바람에 현재 무기한 연기된 상태입니다. 그러니 중국 정부나 우한 정부의 입장에서도 곤혹스럽겠죠. 경제적 손실과 '바이오산업 메카'로서의 이미지 훼손은 물론 세계로부터의 비난과 책임 추궁을 당하는 처지에 놓였으니 말입니다.

　대략 이 정도가 "왜 우한에서 이 사태가 발생했을까?", "우한 발 사태가 왜 이 지경으로까지 확대되었을까?"를 논의하기 위해 전제되어야 할 기본 사항입니다. 초장부터 이런 말을 하는 까닭은 중국 문제를 논의할 때 최소한의 팩트에 근거할 필요가 있다는 점을 재차 강조하기 위해서입니다. 그런데 문제의 시각을 '코로나 이후'로 확장해 보면 이 사태의 무게가 확 달라집니다. 왜냐하면 이 사태가 초래한 파장이 너무 심대하고 근본적이기 때문입니다. 사태의 책임을 둘러싸고 서방으로부터의 문제 제기는 이미 시작되었습니다.[4] 중국 쪽에서는 펄쩍 뛰면서 중국의 공헌을 부각시키고 있지만, 지구촌의 눈초리는 싸늘하기만 합니다. 더욱이 지구촌의 삶은 이미 '새로운 일상'(New Normal)을 받아들이지 않으면 안 되는 상황이 되어 버렸습니다. 학자들은 지금의 대응 방식에 따라 향후 지구촌 문명의 미래가 달라질 수 있다고 경고합니다.[5] 서구 사회 내부에서도 자성의 목소리가 나오기도 합니다.[6] 그러나 이런 반성의 목소리에서조차 저들의 우월주의는 교묘하게 내면화되어 있습니다. 거기엔 으레 '시민적 역량에 뿌리를 둔 민주주의적 방식' 대 '감시에 근거한 전체주의적 방식'이라는 이분법이 자리하고 있습니다. 그리고 이 뿌리 깊은 이분법의 한쪽에는 언제나 그랬듯 중국이 자리하고 있습니다. 그리고 그 언저리 어디쯤에 우리도 한통속으로 자리하고 있습니다.[7]

이 대목에서 생각이 많아집니다. 그리고 우리의 시선이 서야 할 자리를 다시금 되묻게 됩니다. 이번 사태를 통해 서구식 근대문명의 바닥을 생생히 목도한 마당에 과연 저 이분법이 타당한 걸까요? 그런데 중국은 왜 자꾸 이런 불미스런 일로 지구촌의 원성의 대상이 될까요? 이 두 개의 물음표 사이에는 어떤 지평 하나가 희미하게 놓여 있습니다. 그리고 우리의 시선이 서야 할 장소가 바로 여기가 아닌가 하는 물음을 이제쯤 던지게 됩니다.

새로운 윈도우를 찾아서

이 강좌는 이런 물음과 고민들에 대한 자그마한 모색입니다. 요약하자면, 그럼에도 중국 공부가 필요하고 그래서 제대로 된 창이 필요하다는 것이죠. 우리가 직면한 낯선 현실에 걸맞은 제법 널찍한 창 말입니다. 아마 창문은 하나만이 아닐 겁니다. 매크로한 창도 있을 것이고 마이크로한 창들도 있어야 하겠죠. 뿐만 아니라 서쪽으로 난 창도 있어야 할 것이고 동쪽으로 난 창도 있어야 할 겁니다. 이런저런 창들이 서로 포개지고 미끄러지며 쌓여 가다 보면 그제야 중국이라는 존재가 어렴풋이 윤곽을 드러낼지도 모르겠습니다. 그러니 오류와 억측이 적지 않더라도 무릅쓰고 가 보는 수밖에요. 다만 이것 하나만은 지켜 두기로 하죠. 이 작업이 일단락될 때까지 우리의 관념이 만들어 낸 괴물들에 대해 작동 중지 명령을 내려 두는 것 말입니다. 그래야 황해 너머로 윈도우 하나가 겨우 열릴 수 있을 테니까요.

제1장

코끼리의
이력서

2강

중화인민공화국 60년의 길 〔1〕

1949년 10월 1일 톈안먼광장에서는 중화인민공화국 건국을 선포하는 '개국대전'이 열립니다. 이 신생 공화국이 걸어간 길을 일목요연하게 기술하기란 쉽지 않습니다. 그 길이 온갖 모색과 시행착오로 점철되어 있을 뿐 아니라 여기엔 2차 대전 이후 형성된 세계사의 힘과 논리가 어지럽게 각인되어 있기 때문입니다. 이 신생 공화국의 역사에 관한 대개의 설명 방식은 이념에 프레임을 맞추고 있습니다. 이런 프레임은 나름의 미덕이 있습니다. 일관성과 체계성을 갖추기가 비교적 쉬우니까요. 그러나 그만큼 위험하기도 합니다. 팩트와 멀어질 개연성이 그만큼 더 농후해지니 말입니다. 그런데 문제는 '있는 그대로의' 중국을 설명하는 데 이 프레임이 그리 실효적이지 않다는 데 있습니다. 이것이 무슨 말일까요?

이 공화국의 역사를 기술하는 데 동원되곤 하는 단단한 전제들이 있습니다. 중화인민공화국은 사회주의 국가다, 마오쩌둥은 중국적인 사회주의의 설계자이자 건설자다, 마오쩌둥의 시대와 덩샤오핑의 시대는 불연속적이며 심지어 대립적이기까지 하다, 오늘날의 중국은 덩샤오핑의 '개혁개방'에서 비롯되었다, 이것입니다. 이런 전제들을 근본적으로 부정하기는 쉽지 않습니다. 다만 사회주의를 어떻게 정의하느냐, 역사의 실질을 무엇으로 바라보느냐, 역사 기술의 프레임을 어떻게 잡느냐에 따라 다양한 수준의 반론이 가능해집니다. 최근 일각에서는 이런 문제의식으로 현대 중국의 역사에 대해 근본적인 물음을 던지고 있습니다. 이 시각을 따라가다 보면 그간 우리가 알지 못했던 중국의 모습을 적잖이 마주하게 됩니다. 더욱이 냉전의 레토릭인 '죽의 장막'을 걷어 내고 세계체제의 운동 과정에 '붉은 중국'을 올려놓고 보면 사뭇 다른 얼굴의 중국이 여기저기서 모습을 드러냅니다. 그리고 이 얼굴들은 우리가 무장하고 있는 지식에 대해 근본적인 물음을 던져 보기를 요구합니다. 대체 어떤 중국이 진짜 중국인가?

　2강과 3강에서는 이 공화국이 걸어온 길에 관해 간략히 윤곽을 그려 보기로 하겠습니다. 이 강좌가 중국 현대사에 국한된 장이 아닌 만큼 세세하고 체계적인 정리를 기대하기는 어려울 겁니다. 그런 만큼 향후의 강좌를 진행하기 위해 문제의식의 판을 깔아 놓는 차원에 초점을 맞추어 보도록 하겠습니다. 다만 정치경제학적 내용이 주류를 이루다 보니 술술 읽히기는 어려울 겁니다. 그래도 이 과정을 피해 갈 수는 없습니다. 이후의 강좌에서 다룰 문제들이 대부분 여기에 뿌리를 두고 있으니 말입니다.

국가의 기틀 마련하기

2차 대전이 끝날 즈음 세계는 냉전의 새로운 규칙이 본격적인 가동을 앞두고 있던 상황이었습니다. 혹자는 당시 상황을 이렇게 기술합니다.

세계를 상대적으로 안정적인 세력권으로 재분할하려는 전망은 불확실성에 의해 가려져 있었다. 어디에 분할선을 그을 것인가? 소련 세력권에서 사회체제는 어떻게 발전할 것인가?(이 문제는 그 시장에 대한 자본주의의 접근 여부에 중요한 함의를 가진다.) 소련은 서유럽의 매우 강화된 공산당들에게 어떻게 자신의 영향력을 행사할 것인가?

미국은 이 문제들을 해결하는 데 있어 분명히 결정적인 역할을 하게 될 것이었다. 미국은 얼마 동안은 자본주의의 지배적인 세력이 되어야 했으며 새로운 국제적인 무역 제도와 지불 제도를 만들어야 했다. 미국의 점령 정책은 일본의 운명을 통제하고 독일의 운명을 지배할 것이었다. 미국의 서유럽 원조 결정은 유럽 경제 부흥의 패턴에 강력한 영향을 미칠 것이었다. 미국의 소련에 대한 태도는 자본주의와 동방 블록(Eastern Bloc) 사이에 어떠한 새로운 관계가 출현한다 해도 그 관계의 한 측면을 지배할 것이었다. 구 식민 세력들에 대한 미국의 태도는 선진국들에 의한 구 식민지의 경제적 지배의 새로운 형태를 결정할 것이었다. 거꾸로 소련의 태도는 유럽과 일본의 공산당들에 대한 그 영향력을 통해 그곳들에서 일어날 일들에 심각한 영향을 미칠 것이었다.[1](→285면)

이 구도는 갓 출범한 신생 국가의 앞길에 어떤 형태로든 영향을 미칠 것이 분명했습니다. 역으로 이 거대한 신생 국가가 취하게 될 입장 역시 세계의 역학 구도에 영향을 미칠 수밖에 없다는 점도 자명했습니다. 그도 그럴 것이 식민지/반식민지 상태에 있던 지역 중 민족해방전쟁에 승리해 국가를 세운 곳은 중국이 유일했으니까요. 우리는 흔히 후자, 즉 이 나라의 건국이 세계 역학 구도에 미칠 영향에 대해 간과하곤 하는데, 앞으로의 생산적인 논의를 위해 이 점을 열어 두는 것이 필요합니다.

당시 중국은 입장이나 노선이랄 만한 것을 갖고 있지 못했습니다. 바깥 세계로 눈을 돌릴 여력이 없었으니까요. 중국공산당이 베이징으로 입성했을 때 그들이 마주한 것은 약 6억 명의 헐벗은 인구와 오랜 전쟁으로 만신창이가 된 땅덩어리였습니다. 더욱이 대공황의 여파로 국고는 해외로 대량 유출되었고 그나마 남은 몫마저 장제스가 타이완으로 철수하면서 가져가 버린 상태였습니다. 그나마 위안이라면 사실상 '구체제'라 할 만한 것이 전무해서 건설에 집중하기만 하면 된다는 정도였습니다. 이런 상황에서 이 거대한 나라를 어떻게 꾸려 가야 할까요? 이것이 이들이 마주한 실존적인 물음이었습니다.

건국 초기의 분위기는 '3년 회복, 10년 발전'이라는 슬로건에 집약되어 있습니다. 당시 정부의 청사진은 이랬습니다. 농촌 경제와 도시 경제의 동시적인 발전을 통해 민족자본을 조성함으로써 공업화 단계로 진입하는 것. 마오쩌둥이 말한 '신민주주의' 건국 방책이 이것인데, 이는 사회주의가 아니라 "공산당이 영도하는 민족자본주의"였습니다.[2] 대단히 현실적인 판단이죠. 사회주의를 하고 싶어도 할 수 있는 형편이 못 되었으니까요. 그런데 이를 위해서는 민족자본의 참여가 절실했습니다. 그래서 마오쩌둥은 이렇게 호소합니다. "제국주의의 압박에 대응하기 위해, 낙후된 경제 지위를 한 걸음 더 높이기 위해, 중국은 나라 살림과 민생에 이익이 되면서 해가 되지 않는 도시와 향촌 자본주의의 모든 요소를 이용해야 하고, 민족 부르주아와 단결하여 함께 분투해야 한다."[3]

마오쩌둥은 이를 농촌에서부터 착수합니다. 그의 해법은 지극히 단순했습니다. '경자유전'(耕者有田), 즉 지주로부터 토지를 몰수해 5억 농민들에게 무상으로 분배해 주는 것. 1950년부터 1952년까지 단행한 토지개혁은 빛나는 성공을 거둡니다. 인구의 90%에 해당하는 농민을 우군으로 끌어들였을 뿐 아니라 파탄이 난 경제 상황을 어느 정도 추스를 수 있었으니까요. 그런데 이는 사회주의가 아니라 농민을 전통적 소농 경제로 복귀시키는 일이었습니다. 유산자로 만들어 줄 테니 알아서 살라는 거였죠. 더욱이 공업화를 위한 기초 생산력을 만들어 내라는 요구이기도 했습니다. "아이러니하게도 중국의 농촌 지역에서 자본주의적인 소유 관계가 번성할 수 있는 조건을 만들어 내는 역사적 임무가 사유재산 폐지를 목표로 하던 공산당에게 주어졌던"[4] 겁니다. 이리하여 1950년부터 1952년까지 농업 생산량은 상승 곡선을 그리게 되는데, 그래도 국가 경영의 밑천이 되기에는 역부족이었습니다. 결국 문제는 국가 경제의 엔진, 즉 도시의 공업자본을 통해 해결하지 않으면 안 되었습니다.

그런데 문제는 이를 가동할 만한 자본이 없다는 데 있었습니다. 그래서 마오쩌둥은 건국 직후 소련으로 달려갑니다. 그간 갈등이 적지 않았지만 어쨌거나 사회주의 종주국이자 사회주의 공업국이 모델이었으니까요. 그런데 스탈린(1878~1953)의 반응이 영 시큰둥합니다. 여기엔 양국 간의 영토 문제도 한몫을 했습니다. 소련은 일본이 철수한

1945년부터 중국의 둥베이 지방을 실질적으로 지배하고 있었습니다. 그런데 새로운 국가를 수립한 마당이니 반환 요구를 하지 않을 수 없겠죠. 이것이 원조를 해달라는 요구와 충돌했던 겁니다. 이런 애매한 상황에서 1950년 6월, 우리 땅에서 전쟁이 발발합니다. 6.25전쟁은 중국의 운명을 결정한 중요한 사건이었습니다. 원래 중립적인 자세로 민족자본주의의 길을 걷고자 했던 중국을 냉전 구도 속에 편입시킨 계기가 바로 이 전쟁이었으니 말입니다.[5]

1947년, '트루먼 독트린'에 의해 냉전이 공식화되면서 미국과 소련은 경쟁적으로 산업자본을 전 세계에 수출합니다. 양상이 다르긴 했지만 미국이 주도한 마셜플랜이나 일본의 전후 복구 지원, 소련이 주도한 동유럽 중심의 사회주의 카르텔은 본질상 동일한 것이었습니다. 그런데 1950년 2월 '중소우호동맹상호원조조약'이 체결됨에 따라 중국이 이 카르텔에 가입을 하게 된 거죠. 그리고 얼마 뒤 중국은 6.25전쟁에 참전합니다. 어떤 의미에서 이는 양국 간의 거래였습니다. 그 대가는 무엇이었을까요? 이후 소련으로부터 차관 형태로 지원받게 되는 공업 설비와 기술 이전이 그것인데, 금액으로 환산하면 54억 달러 정도가 됩니다. 여기에는 물론 6.25전쟁에 소요된 무기 값까지 포함됩니다.[6] 중국의 입장에서 이는 '설중송탄'(雪中送炭)과도 같은 것이었습니다. 이를 밑천으로 국가 중공업의 토대를 구축하는 작업에 착수할 수 있었으니까요.

1953년은 많은 일이 있었던 해입니다. 이해 3월 스탈린이 사망하고, 7월 판문점에서는 6.25전쟁 정전 협정이 체결됩니다. 그리고 이해 1월 중국은 '제1차 5개년 계획'(이하 1·5계획)에 착수하면서 사회주의 단계로 진입한다는 선언을 하기에 이릅니다. 이른바 '사회주의 과도기

총노선'이 선포된 거죠. '1·5계획'은 소련의 '제1차 5개년 계획'(1928~1932)을 벤치마킹한 것으로 도시의 중공업에 초점이 맞추어져 있었습니다. 이 계획의 핵심은 소련이 제공하기로 한 156개 공업 단위였습니다. 비록 소련이 약속을 충실히 지키지 않았지만 이때 전수받은 기술과 교육은 향후 국가 경영에 중요한 자산이 됩니다. 이 프로젝트를 통해 중국은 16~18%라는 놀라운 경제성장률을 만들어 냅니다.[7]

그런데 여기서 문제가 발생합니다. '1·5계획'을 통해 정착된 '스탈린 모델'이 자신에게 걸맞은 상부구조를 요구하게 된 겁니다. 이에 중국 정부는 1956년까지 생산관계 전반에 대해 '사회주의적 개조'를 완수하게 되는데, 그 결과 기본 생산력의 3요소인 토지, 노동력, 자금의 대부분이 국가로 귀속되고 맙니다. 이리하여 농촌은 '합작사'(合作社) 체제로, 도시는 '딴웨이'(單位) 체제로 재편되고, 이를 기반으로 국가가 무상으로 노동력을 사용할 수 있는 대중 동원 체제가 만들어집니다. 이를 '정부의 기업화' 혹은 '정부조합주의'(政府公司主義)라 부르기도 하는데, 이로부터 이 개념은 중국적 경제 체제의 주요한 특징으로 자리 잡게 됩니다.[8]

더 큰 문제는 이런 과정을 통해 모종의 '경로의존성'(path dependency)[9]이 자리 잡게 되었다는 점입니다. 다시 말해 어떤 체질이 형성되어 버린 거죠. 그러니까 ①외국으로부터 차관의 형태로 산업 설비와 기술을 들여와 ②공업자본을 확충하고 ③농촌의 합작사를 통해 잉여를 뽑아내어 ④이를 갚아 가는 구조가 고착화되었다는 것이죠. 이는 농촌사회더러 나라 전체를 먹여 살리라는 요구에 다름 아니었습니다. 실제로 그랬으니까요. 이런 과정을 통해 도시와 농촌 간에는 비대칭적 이원 구조가 고착화되는데, 이는 중국 현대사를 이해하는 열쇠 중 하

나가 됩니다. 1990년대부터 본격적으로 불거지기 시작하는 '농민
공'(農民工) 문제 역시 그 뿌리는 여기에 있습니다.

시련과 고투의 시대

흔히 중국의 국가자본주의는 1949~1953년간 실시된 것으로 알려져
있습니다.[10] 그런데 실상은 '1·5계획' 역시 사회주의 프로젝트가 아니
라 국가자본주의 프로젝트였습니다. "기본적으로 자본주의 공상업을
각기 각종 형식의 국가자본주의 궤도에 올려놓음으로써 개인이 경영
하는 공상업에 대한 사회주의적 기초를 건립한다."[11] 이는 '1·5계획'
보고서에 명시된 팩트입니다. 이를 통해 중국은 어느 정도 '국가자본
의 원시적 축적'을 이룩해 내지만 이것이 남긴 그늘이 만만치 않았습니
다. 제일 문제가 된 것은 관료주의였습니다. 중앙집권적 계획경제는
권위주의적 규율과 경제적 합리성, 전문적 기술인, 그리고 관리자가
필요합니다. 그러다 보니 공산당 조직이 중앙집권적이고 수직적인 관
료 조직으로 변해 버린 겁니다. 자기도 모르는 사이에 소련식 정부 구
조를 닮아 간 거죠. '1·5계획'을 신속히 완수하는 것이 지상과제였으
니 당연한 결과였겠지요. 그런데 이것과 혁명 정당으로서의 정체성 사
이에 충돌이 생기게 된 겁니다. 혁명의 목표와 과정 사이에 모순이 생
겨 버린 거죠.[12]

건국 초기에 마오쩌둥은 이렇게 생각했습니다. "합작사의 주요 목
적은 도시의 공업화에 필요한 자본을 제공하기 위해 농업 생산을 늘리
는 데 있다." "오직 근대 공업만이 대규모 집단농장을 선설할 수 있는

기술과 기계화를 제공해 줄 수 있기 때문에 농민의 사회주의화는 도시의 공업화를 전제해야 한다." 그런데 '1·5계획'을 통해 생각이 바뀌었습니다. 1955년 7월에 발표된 중요 연설 「농업합작화에 관한 문제」에서 이것이 구체화되는데, 이 이면에는 도시의 이익을 위해 농촌을 착취한 데 대한 분노는 물론 도시 공업화라는 전략과 소련식 발전 모델 자체에 대한 반감이 짙게 깔려 있었습니다.[13] 1956년 4월의 또 다른 중요한 연설 「10대 관계론」과 1957년 2월의 「인민 내부의 모순을 올바르게 처리하는 문제에 대하여」에서는 이 분노와 반감이 정치 투쟁의 형태로 가시화됩니다. 그의 눈에 이는 "공산주의자 스스로 사회주의의 전제와 혁명의 이상을 배신"한 것으로 비친 거죠.[14] 급기야 이 불씨는 공산당 내부 갈등으로 비화되는데, '백화제방, 백가쟁명' 방침(1956)과 반우파투쟁(1957)은 모두 이 문제의 연장선상에 있습니다. 이 불씨는 10여 년 뒤 '문화대혁명'이라는 형태로 다시 타올라 중국 현대사에 깊은 상처를 남깁니다.

그런데 설상가상으로 중국을 경악케 하는 일이 벌어집니다. 1957년에 소련이 갑자기 원조 중단을 선언하고 나선 겁니다. 어떤 사정이 있었던 걸까요? 내막은 이랬습니다. 중소우호조약에 따르면 3년 내에 동아시아 역내에서 전쟁이 발발하지 않을 경우 중국에 주둔하고 있는 소련군을 전면적으로 철수하게 되어 있었습니다. 그러니까 이 무렵까지 중국은 완전한 주권을 가진 독립국가가 아니었던 거죠.[15] 그런데 1956년 중국이 이를 요구하고 나선 겁니다. 여기에는 소련이 눌러앉아 있던 영토 반환까지 포함되었습니다. 그러지 소련이 일부 영토만 반환하며 갑자기 원조를 중단해 버린 거죠. 뿐만 아니라 중국에 파견한 1만여명의 기술자들까지 철수시켜 버렸습니다(1960년 원조조약 공식 폐기). 보다 본질적인 배경은 소련 내부에 있었습니다. 스탈린 사후 크렘린 내부에서는 한창 권력 구조가 교체되던 중이었으니까요. 새로 서기장이 된 흐루쇼프(1894~1971)가 '스탈린 격하 운동'을 벌이며 미국과의 화해를 모색하고 있었는데, 이것이 중소 간의 균열로 가시화된 거죠.

그러자 중국에서는 난리가 났습니다. 국가 시스템 전반에 대해 소련식 개조를 마무리한 상태에서 이런 일이 벌어졌으니 당황스러웠겠죠. 게다가 당시는 한창 '제2차 5개년 계획'을 준비하고 있던 시점이었습니다. 이 사건은 미처 자생력을 갖추지 못한 신생 공화국에게 혹독한 시련을 가져다줍니다. 소련의 지원이 중단된 마당에 중앙정부 주도의 계획경제는 이제 기대하기 어려웠습니다. 길은 오직 하나, '자력갱생과 각고의 분투'로 이를 돌파하는 수밖에 없었습니다. 1958년에 개시된 대약진운동이나 강철증산운동은 이런 상황의 산물입니다. 이것의 핵심은 중앙정부 사업에 지방정부를 참여시키는 것이었습니다. 말이 좋아 참여지 사실은 지방정부의 자발성을 이끌어 내서 그들로 하여금 소련이 펑크 낸 외자 결손분을 충당하도록 한 거죠. 그런데 지방정부가 순순히 따라 줄까요? 그래서 꺼내 든 것이 계급투쟁론과 영구혁명론이었습니다.[16] 이 과정에서 75만여 개 합작사는 2만 4천여 개 인민공사(人民公社)로 통합되는데, 향진기업(鄉鎭企業)의 전신인 사대기업(社隊企業)도 이때 출현합니다. 전국적으로 후커우제(戶口制)가 실시된 것도 이때였습니다. 후커우제는 농촌인구의 거주 이전의 자유를 제한한 것인데, 인민공사와 집단농장 이탈을 방지하려는 것이 그 목적이었습니다. 뿐만 아니라 농업세가 신설된 것도 이때였습니다. 이 세금은 이후 농민의 삶에 적지 않은 짐이 됩니다(2006년 폐지).

그러나 대가는 혹독했습니다. 1958년 말부터 인민공사의 폐해가 부각되기 시작하는데, 이에 따라 공업 생산이 정체됨은 물론 농업마저 붕괴되어 대중의 불만이 급증하기에 이릅니다. 여기에 자연재해까지 겹쳐 엄청난 규모의 기아가 발생합니다. 흥미로운 것은 이때의 재난을 바라보는 시각의 차이입니다. 당시는 인구센서스 같은 것이 없었기 때문에 정확한 재난 규모를 추산하기가 쉽지 않습니다. 그래도 여러 통계를 종합해 보면 이 이전과 1960년대 초반 사이에 2천만 명 정도의 인구 공백이 생기는데, 서구에서는 이를 아사자(餓死者)로 분류하고 싶어 합니다. 그만큼 극좌적 실험의 오류를 부각시키고 싶은 거죠. 그런데 중국에서는 이를 대개 출생률 저하로 설명합니다. 집체 생활로 인한 가족공동체의 파괴와 영양실조에 그 원인을 돌리는 거죠. 어쨌거나 재난의 규모가 엄청났다는 점만은 부정할 수 없습니다. 그런데 이런 상황에서도 중앙정부는 소련에 진 빚을 농산물과 광물로 갚아 가던 중이었습니다. 중앙과 지방정부 사이에 체계적인 보고 계통도 없었을뿐더러 지방정부 사이에 실적을 부풀리기 위한 거짓 보고가 다반사였으니까요.

이리하여 1959년 8월 마오쩌둥은 대약진운동 실패 책임을 지고 2선으로 물러납니다. 새로 국가주석이 된 류사오치(劉少奇, 1898~1969)가 사태를 수습해 보려 애를 쓰지만, 결국 누적된 위험이 폭발하여 1960년에 들어 공화국은 좌초의 위기에 봉착합니다. 이때 상황을 GDP 증가율로 환산하면 무려 −27.3% 수준이었으니까요. 1952년부터 1978년 사이의 중국의 GDP 증가율을 보여 주는 도표를 보면, 그래프가 바닥을 치는 시섬이 바로 이 무렵입니다.[17] 거시경제 지표가 이 정도면 국가 파산 일보 직전인 셈입니다. 그래서 정부는 이듬해 농촌 집단화 정책을 현실에 맞게 조정하게 됩니다. 지방에 내준 재정 권

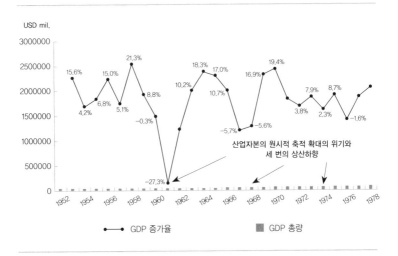

USD mil.

15.6% 4.2% 6.8% 15.0% 5.1% 21.3% 8.8% −0.3% 10.2% 18.3% 17.0% 10.7% −5.7% 16.9% −5.6% 19.4% 3.8% 7.9% 2.3% 8.7% −1.6% −27.3%

산업자본의 원시적 축적 확대의 위기와
세 번의 상산하향

● GDP 증가율   ▪ GDP 총량

1952~1978년 중국 거시경제 성장과 파동 상황

한의 일부를 회수하면서 소농 촌락공동체를 부분적으로 회복한 거죠.
이 조치로 자류지(自留地: 개인이 경영할 수 있는 소량의 토지)가 인정되고 자
유시장이 부활되자 경기가 급속도로 회복 조짐을 보이기 시작합니다.
도표에서 그래프가 급상승하는 지점은 이것이 반영된 결과입니다.

　　위기는 농촌만이 아니었습니다. 도시는 도시대로 생산성 정체와
실업률 상승으로 고투 중이었습니다. 그런데 이때 정부가 희한한 발상
을 내놓습니다. 일자리를 찾지 못하는 도시 청년들을 농촌으로 보내
실업률을 낮추자는 게 그것이었습니다. 그런데 과연 그들이 가려고 할
까요? 그래서 정부는 이를 이데올로기적으로 포장했습니다. '상산하향
운동'(上山下鄕運動)이라는 이름으로 말이죠. 이리하여 1961년 1천만
명의 도시 청년들이 농촌으로 보내집니다. 그리고 다시 위기가 도래한

1968년과 1974년에 1천만 명씩을 추가로 보냅니다.[18] 주목할 것은 이 세 시점이 도표에서 성장 지표가 바닥을 치는 시간대와 정확히 일치한다는 점입니다. 흥미로운 대목이죠.

이때 농촌으로 '하방'(下放)된 청년들을 '지식청년'(知識靑年. 줄여서 '지청'知靑이라 부름)이라 불렀는데, 세 차례 총 5천만 명(농촌 출신의 '귀향지청' 2천만 명 포함)의 청년들이 농촌으로 내려갔습니다. 숫자의 단위가 참 어마어마하죠. 이때 크메르 루주 정권의 수장 폴 포트(1925~1998)가 중국을 방문했는데, 이 모습을 보고 깊은 인상을 받았던 모양입니다. 그의 눈에는 이 어처구니없는 상황이 향촌 사회주의의 모델처럼 비쳤던 모양입니다. 어쨌거나 이로써 도시는 과잉 노동력을 해소함으로써 위기를 연착륙시킬 수 있었습니다. 그러나 농촌의 입장에서는 짐을 더 떠안아야 했으니 황당했겠죠. 실질 노동력에 별반 도움도 되지 않았으니까요. 당혹스럽기는 당사자들도 마찬가지였습니다. 정부의 부름에 응해 "내 청춘을 조국의 대지에 바친다"며 뛰어들었지만 벽촌에서의 시간이 길어지면서 회의를 품지 않을 수 없었겠죠. 덩샤오핑 정부가 들어선 1980년대 초까지 도시로 돌아오지 못한 '지청'이 3천만 명에 달했으니까요. 이런 식으로 중국은 몇 번의 위기를 어렵게 넘기며 발걸음을 이어 갔습니다.

출구를 찾아서

1960년대에 들어 중앙정부는 국가생산체제 전반에 대한 구조조정을 모색합니다. 군수산업과 중공업에 편중된 '스탈린 모델'로부터 농업·

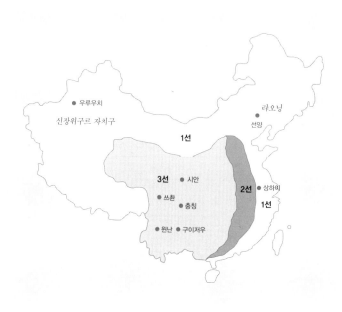

중국 국토의 삼선 체계 국토를 3단계로 구분해 1선 지역에 집중 분포된 중공업 시설을 3선 지역으로 이전함으로써 전쟁이 발발해도 국가 건설에 필요한 엔진을 안정적으로 가동하려던 것이 '삼선건설'의 목적이다.

경공업·중공업이 상생하는 모델로 전환을 고민하게 된 거죠. 그러나 이미 정착된 소련식 체제는 '자력갱생' 체제와 마찰하며 나날이 모순을 더해 갔습니다. 문제는 여기에 그치지 않았습니다. 중국을 둘러싼 지정학적 환경이 날로 악화되어 갔습니다. 타이완 해협에서는 국민당의 도발이 잇따랐고, 인도와의 국경에서는 분쟁이 끊이지 않았으며, 인도차이나 반도에서는 미국과 베트남이 막 전쟁에 돌입한 상태였습니다. 이뿐만이 아니었습니다. 미국은 여전히 해안을 봉쇄하며 영해와 영공을 마음대로 드나들었고, 소련은 소련대로 핵 공격을 입에 올리며 끊임없이 중국을 위협하고 있었습니다. 중국의 두려움은 극도에 달했습니다. 중난하이(中南海: 중국 정치의 심장부)는 당시의 세계정세를 3차 대전 전야로 인식할 정도였으니까요. 이리하여 중국은 준전시 체제에 돌입하게 됩니다.

중앙정부는 두 방면으로 만약의 사태에 대비합니다.

그 하나는 1963~1964년에 추진된 '삼선건설'(三線建設)입니다. 전시를 대비해 동부 연안 지역과 둥베이 지역의 주요 중공업 시설을 서부 내륙 최후방으로 이전한다는 계획이 그것이었습니다. 이 무지막지한 사업은 당시 중국이 가진 두려움의 크기를 대변해 줍니다. 심지어 전멸만은 막자며 수뇌부 인사들을 전국으로 분산 배치하기까지 했으니 말입니다. 방공호를 파느라 전국이 개미굴로 변한 것도 이때였습니다. 이 사업은 그렇지 않아도 어려운 국가경제를 한층 어렵게 만들었습니다. 1965~1975년엔 국가 기초자본 투자액의 거의 절반을 여기에 쏟아 붓게 되니까요. 나중에 이 사업은 호된 비판에 직면하지만 당시 상황에서는 불가피한 측면이 없지 않았습니다. 어쨌거나 전시에도 안전하게 운용할 수 있는 후방을 확보하게 되었습니다. 1999년에 개시된 '서부대개발'은 이런 토대가 없었다면 아마 불가능했을 겁니다. 그런데 이 사업은 심각한 재정 적자를 야기했고, 이 때문에 중국은 또 한 번 호된 대가를 치릅니다. 1968년에 실시된 두 번째 '상산하향운동'이 바로 그것이었습니다.[19]

또 하나는 핵 개발이었습니다. 당시 마오쩌둥이 남긴 유명한 말이 있습니다. "동냥을 하려 해도 개를 두들겨 팰 몽둥이가 있어야 한다." 그의 이 한마디는 당시 중국의 처지를 실감나게 대변해 줍니다. 이리하여 중국은 핵 개발에 착수하는데, 1964년 10월 원자폭탄 실험에 성공함으로써 마침내 핵보유국이 됩니다(1967년 수소폭탄 실험 성공, 1970년 인공위성 발사 성공). 그런데 핵을 보유하자마자 적대적 태도를 취하던 프랑스가 수교를 요청하고 나섭니다. 그러자 미국도 이에 주목하지 않을 수 없게 된 거죠. 그러나 소련의 입장은 강경했습니다. 이리하여 1968~1969년 사이에 둥베이 접경지대에서 군사 충돌이 벌어집니다. '중소국경분쟁'이 그것인데, 이때 소련은 중국의 핵 시설 타격을 작전계획에 포함시킵니다. 다급해진 중국은 놀랍게도 미국 쪽에 화해의 메시지를 보냅니다. 냉전의 역학 관계를 이용하려 한 거죠. 그런데 그 방식이 재밌습니다. 1930년대 공산당의 대장정(大長征)을 동행 취재했던—이 취재록이 잘 알려진 『중국의 붉은 별』(The Red Star of China)—미국 기자 에드가 스노(Edgar Snow, 1905~1972)를 1969년에 베이징으로 초빙한 것인데, 미국이 이 초빙에 담긴 미언대의(微言大義)를 알아채지 못하는 겁니다. 그러자 1971년 3월 일본 나고야에서 열린 세계탁구선수권대회에 참가한 뒤 귀국 중이던 미국 대표단 비행기로 재차 타전을 날립니다. 이것이 그 유명한 '핑퐁외교'인데, 이 사건은 중국의 앞날을 새로운 방향으로 이끌게 됩니다.

당시 미국은 이 메시지조차 제대로 읽어 내지 못했습니다. 그러다가 1971년 키신저(Henry Kissinger)가 비밀리에 베이징을 방문한 뒤에야 메시지의 전모를 확인하게 됩니다. 그리고 얼마 뒤 대중국 봉쇄를 해제한다는 선언이 발표되더니 마침내 1972년 2월 역사적인 닉슨(Richard Nixon, 1913~1994)의 중국 방문이 성사됩니다. 이때 마오쩌둥이 했던 말이 있습니다. "핵 개발은 미국과 서방의 문을 여는 데 있어 최고의 전략이다." 여기서 방점은 문을 연다는 데 있습니다. 그러니 내부의 저항이 만만치 않았겠죠. 핵 개발로 2인자의 지위에 오른 린뱌오(林

彪, 1907~1971)의 반대가 그것이었는데, 이것이 '린뱌오 쿠데타 미수 사건'의 전말입니다. 이 대목에서 흥미로운 것은 일본의 움직임입니다. 닉슨의 방문이 있은 뒤 다나카(田中角榮, 1918~1993) 수상이 베이징으로 달려가는데, 이 자리에서 중일 관계 개선에 관한 합의가 이루어집니다. 그러고는 미국이 중국에 약속한 차관의 일부를 일본이 분담하기로 합니다. 미국과 일본의 관계를 적나라하게 보여 주는 장면입니다.

이로써 중국은 '두 번째 대외개방'을 한 셈입니다. 흔히 중국하면 '죽의 장막'을 떠올리지만 이는 사실과 거리가 멉니다. 여태까지 보아온 바대로 중국은 소련 쪽으로 문을 과도하게 열어 홍역을 치르고 있던 중이었으니까요. 중국의 입장에서 미국과의 관계 개선은 소련의 압박에 대한 대응이라는 측면이 있었지만, 다른 한편 필요의 산물이기도 했습니다. 자력갱생 체제와 날로 마찰을 더해 가는 소련식 체제를 어떻게 해서든 개조해야 하는데, 그럴 자본이 없었던 거죠. 그러니까 달러를 빌려 국가 기간산업에 대한 구조조정을 단행하려 했던 거죠. 외채로 나라 살림을 꾸린다는 것이 얼마나 위험한지, 또 그로부터의 '탈종속'이 얼마나 어려운 것인지 뼈저리게 느끼고 있었지만 달리 대안이 없었습니다(소련 차관은 1965년에 상환 완료).

결국 중국은 서방세계로부터 외자를 도입하는 데 성공합니다. 주로 설비와 서비스의 형태였는데, 43억 달러 규모에 달한다고 하여 이를 '43방안'이라고 부르기도 합니다. 이 자본은 연해 공업 벨트에 투입되어 군사 중공업 편향의 '스탈린 모델'을 개조하는 데 쓰입니다. 얼마 뒤 또 한 민 대가를 치르게 되지만 밀입니다. 1974년에 실시된 세 번째 '상산하향운동'이 바로 이것 때문이었으니까요.[20] 우리는 덩샤오핑을 중국 개혁개방의 설계자로 알고 있지만, 사실에 입각해 보면 이 '43방안'에서 이미 개혁개방의 토대가 마련됩니다. 덩샤오핑식 개혁개방은 외자 규모를 한층 확대하면서 담론화 작업을 병행한 데 불과합니다. 어떤 의미에서는 장차 '세계의 공장' 역을 맡게 될 이 나라의 하부 엔진이 사실상 이때 장착된 셈이죠.

그런데 여기서 이런 질문을 한번 던져 보죠. 미국은 왜 중국의 관계 개선 요구에 적극적으로 응했던 것일까요? 그것도 서태평양 안보 라인(애치슨라인Acheson line)의 전초 기지인 타이완을 포기하면서까지 말입니다(타이완은 1979년에 UN에서 퇴출). 이를 소련 견제나 시장 확보를 위해서라고 해 버리면 문제를 너무 단순화하는 것입니다. 대체 어떤 사정이 있었던 걸까요? 이 물음에 답하기 위해서는 전후 세계 질서의 재편 과정에 대한 이해가 뒷받침되지 않으면 안 됩니다. 그러니 번거롭더라도 세계 대전이 마무리되던 그 시간대로 잠시 돌아가 보기로 하죠.

중화인민공화국 60년의 길 〔2〕

전후의 자본주의 세계체제

2차 대전 종전 무렵 세계의 상황은 이랬습니다. ①자본주의 체제를 떠받치는 기본적인 '사회관계'의 심각한 훼손 ②파시즘과 전쟁에 협조한 자본가의 권위 상실 및 자본의 사회 통제력 약화 ③조직화된 노동자계급의 세력 강화 ④식민지 독립과 민족주의 고양 ⑤영국의 쇠퇴와 미국의 지배권 확립 ⑥소련의 부상으로 불확실해진 세계 질서와 이로 인한 세력권 재편의 가능성. 이런 상황에서 자본주의 진영의 최선의 전략은 모종의 자유주의적 기획, 즉 노동자계급과 소련의 연계를 봉쇄하고, 신생 독립국에서 급진적 민족주의의 빌흥을 차단하면서, 기존의 식민지적 경제 관계의 배타성도 제거하는 그런 기획이 될 수밖에 없었습니다.[1](→286면) 그리고 이 일을 미국이 주도하게 될 거라는 것은 자명해 보였습니다.

이때 미국은 실질적으로 세계의 중심국이 되어 있었습니다. 세계 금 보유고의 3분의 2 이상이 미국의 포트 녹스(Fort Knox)에 있었고, 이를 바탕으로 전후 재건 및 구호 사업을 주도하고 있었으니까요. 당시 미국의 최대 관심사는 이것이었습니다. "미국 상품의 수출을 위해 가능한 최대의 시장을 확보하는 것, 그리고 수익성이 높은 곳은 어디에나, 특히 원료의 확보를 위해 필요한 곳은 어디에나 자유롭게 투자하는 것." 그러기 위해서는 "유럽과 일본 및 그들의 식민지에 대한 경제적 침투"가 선결되어야 했습니다. 여기서 관건은 이것, 즉 "영국을 미국이 지배하는 국제 경제 질서 속으로 종속시키는 것"이었습니다.[2]

헤게모니의 교체는 국제통화와 무역제도 규칙을 둘러싸고 한층 격화됩니다. 자본주의는 국제적 분업이 발전할 수 있는 무역 체계와 지불 체계를 필요로 하는데, 공황과 전쟁으로 이것이 파괴되었습니다. 이리하여 1944년 뉴햄프셔주의 브레튼우즈(Bretton Woods)에서 44개국 대표가 모여 연합국 통화금융회의가 열리는데 미국과 영국이 여기서 격돌합니다. 당시 케인스(John Keynes, 1883~1946)가 영국 측 대표였는데 대세를 거스르기엔 역부족이었습니다. 달러를 기축통화로 하는 금 본위 고정환율제의 시대가 여기서 시작되니까요. 이 회의를 통해 국제통화기금(IMF)과 국제부흥개발은행(IBRD)이 설립되고 1947년 관세와 무역에 관한 일반협정(GATT)이 결성됨으로써 논의가 마무리되는데, 이 일련의 규칙과 시스템을 통틀어 '브레튼우즈 체제'(BWS)라고 부릅니다.

이와 함께 세계경제의 불균형 — 국제수지 적자와 재정 적자, 인플레이션 — 을 타개할 특단의 대책이 필요했는데 1947년 미국이 주도한 마셜플랜(Marshall Plan)과 일본 전후 복구 사업이 그것이었습니다. 마셜플랜은 '트루먼독트린'(Truman Doctrine)이 선포되고 몇 달 뒤 착수됩니다. 그런 만큼 냉전 질서의 형성과 불가분의 관계를 가질 수밖에 없겠죠. 미국이 이 플랜에 착수하게 된 배경에는 노동자계급의 움직임에 대한 우려, 즉 이들의 분노를 방치했다가는 자본주의 체제 전체가 위태로울지도 모른다는 우려가 있었습니다. 진정한 적은 소련의 공산주의가 아니라 경제적 불균형으로 인한 '공산주의적 위협'이었던 거죠. 또 다른 배경은 당시 애치슨(Dean Gooderham Acheson, 1893~1971)이 했던 한 연설에서 읽어 낼 수 있습니다. '애치슨라인'(Acheson line)을 그은 바로 그 당사자 말입니다. "미국 경제의 재전환(전시에서 평화시로) 과정이 완료되면, 우리는 우리 경제가 익숙해진 수준의 사업 활동을 유지하기 위해 전쟁 전보다 더욱 수출에 의존할 것이다. ……우리는 유럽과 아시아 대륙의 궁극적인 부흥에 있어 결정적인 역할을 할 두 개의 큰 공장(독일과 일본)의 재건을 추진해야 한다."[3]

이러한 토대와 엔진에 힘입어 자본주의 체제는 1950~1960년대 '황금기'를 구가합니다. 이보다 좋은 호시절이 없었다고 다들 입을 모았으니까요. 여기에는 우리 땅에서 벌어진 전쟁도 한몫을 했습니다. '한국전쟁 특수'라는 용어가 있었을 정도였으니 말입니다. 혹자는 이 시절을 이렇게 증언합니다. "호황의 가장 놀라운 특징은 생산의 숨 막히는 성장이었다. 1973년 선진 자본주의국들의 생산은 1950년보다 180% 컸다. 이는 거의 두 배에 이르는 성장이었다. 이 25년 동안에 생산된 것은 그 이선의 75년 동안 생산된 것보나 많았으니, 인간 역사상 어떤 25년보다도 몇 배나 많았다. 이러한 규모의 성장으로 생산은 매 16년마다 배가되었다. 만약 이러한 성장률이 계속된다면, 해마다 인구 증가율이 1%일 경우, 각 세대는 대략 그의 부모 세대보다는 2배 더 잘 살게 되고, 그의 조부모 세대보다는 4배 더 잘 살게 될 것이다."[4]

그런데 1960년대로 접어들면서 달러를 기축으로 하는 체제가 한계를 드러내기 시작합니다. 달러의 모순적 역할을 둘러싸고 문제가 가시화된 거죠. 이를 테면 이런 이야기입니다. 달러가 기축통화가 된다는 것은 미국의 적자가 전제되어야 합니다. 물론 무역적자가 아니라 원조, 차관 등 정부의 해외 지출로 인한 적자겠죠. 그런데 1950~1960년대 호황을 통해 해외의 달러 보유액이 급증하면서 문제가 발생합니다. 상대적으로 미국의 금 스톡이 줄어들면서 달러의 금 태환성이 불안정해지고 이로부터 달러의 지위가 흔들리게 된 거죠. 여기에는 베트남전쟁도 한몫을 합니다. 전비 조달을 위해 통화 발행량을 늘리자 인플레이션이 발생해 달러의 가치가 하락합니다. 그러자 일부 국가들이 금 태환을 요구하고 나선 거죠. 이에 1971년 8월 15일 닉슨은 금 태환 정지를 선언하게 되는데 이것이 이른바 '닉슨쇼크'(Nixon shock)입니다. 이는 사실상 브레튼우즈 체제의 종결 선언에 다름 아니었습니다. 이 충격을 진정시키기 위해 특단의 조치들을 가동해 보지만 상황을 돌이킬 수는 없었습니다. 이로부터 자본주의 체제는 1973년의 '오일쇼크'와 1974년의 소공황을 계기로 호시절을 마감하게 됩니다. 이리하여 이제 새로운 버전의 게임 규칙을 고민하게 되는데, 1980년대 레이건(Ronald Reagan, 1911~2004), 대처(Margaret Thatcher, 1925~2013)의 등장과 함께 가동되는 '자본의 금융화 전략'이 그것입니다. 바야흐로 글로벌 정치금융의 시대가 도래하게 되는 거죠.[5]

여기서 경제사의 기본 지식을 늘어놓은 까닭은 중국이 걸어온 길이 자본주의 세계체제의 운동과 무관하지 않다는 점 때문입니다. 이를 테면 미국이 20여 년간 실시하고 있던 중국 봉쇄를 해제한 시점이 '닉슨쇼크'가 벌어진 그때였습니다. 그러고는 반 년 뒤 닉슨이 마오쩌둥을 만나러 베이징으로 날아옵니다. 이것이 의미하는 바가 무엇일까요? 이쯤 되면 이제 이야기가 많이 달라져야겠죠. 그렇다면 중미 간의 관계 개선은 보다 근본적인 차원에서 재조명해 보아야 할 겁니다. 자본주의 세계체제의 자기 조정이라는 차원에서 말입니다. 중국이 자본주의 세계체제에 첫 발을 들이게 되는 것은 마오쩌둥의 시대─덩샤오핑의 시대가 아니라─그것도 문화대혁명의 구호가 여전히 울려 퍼지던 그 무렵이었습니다.

개혁개방의 민낯

자본주의 세계체제의 그물에 첫발을 들인 이상 한 걸음을 더 떼는 것은 어려운 일이 아니었습니다. 문화대혁명의 수습을 맡으면서 권력을 잡은 화궈펑(華國峰, 1921~2008)은 1977년 덩샤오핑 등 지도자들과의 논의 하에 '82방안'이란 것을 발표합니다. 일본과 구미로부터 78억 달러에 이르는 산업 설비를 도입하고 여기에 50억 달러 규모를 추가로 도입하겠다는 것이 그 골자였습니다. '10년 동란'으로 국가경제가 파탄이 난 상황이니 어쩔 수가 없었겠죠. 그래도 속도가 너무 빠르다는 비판은 피해 갈 수 없었습니다. 당시 이를 두고 1957년의 '대약진'(大躍進)에 빗대어 '양약진'(洋躍進)이라며 우려의 목소리가 높았으니까요. 이로써 1978년 덩샤오핑이 정권을 이어받았을 때 중국의 재정 적자는 100억 위안에 달하게 됩니다.[6] 그런데 설상가상으로 남쪽 접경지대에서 문제가 발생합니다. 무슨 일이 있었던 걸까요? 저간의 사정은 이랬습니다.

중국이 미국에 문호를 개방하자 가장 배신감을 느낀 나라는 베트남이었습니다. 당시 베트남은 세계 최강국 미국에 맞서 외롭게 민족해방전쟁을 수행하고 있었으니까요. 승전 이후 베트남은 라오스와 캄보디아를 포함한 인도차이나연방 구상을 내놓습니다. 그러곤 캄보디아를 침공해 '킬링필드'의 주역 크메르 루주 정권을 무너뜨리고 친 베트남 정권을 수립합니다. 중국의 입장에서 이는 묵과할 수 없는 일이었습니다. 배후에 소련이 있다고 판단했으니까요. 중국 포위가 목적이라고 본 거죠. 이에 덩샤오핑은 미국·일본·동남아를 돌며 지지를 호소합니다. 그러고는 1979년 베트남을 침공합니다. 미국 역시 이를 묵인하며 지원하기까지 합니다. 이때 카터(Jimmy Carter) 대통령이 남긴 말이 있죠. "강한 중국은 미국의 이해에 부합한다." 소련의 세력 확장을 우려한 양국의 이해가 일치한 결과였습니다. 이 전쟁으로 중국은 막대한 출혈을 하게 됩니다. 100만의 대군을 투입했으니까요. 이리하여 1979년의 재정 적자는 200억 위안을 초과하기에 이릅니다. 나라 살림에 빨간불이 들어온 거죠. 여기서 생각해 볼 게 있습니다. 외채는 결국 빚입니다. 개인경제 차원의 빚과는 성격이 다르지만 그래도 본질은 변하지 않습니다. 그러면 중국은 이 위기를 어떻게 헤쳐 나갔을까요?

문제는 상황이 예전 같지 않다는 데 있었습니다. 이전엔 위기가 닥치면 농촌으로 리스크를 떠넘길 수 있었지만 이제는 더 이상 '상산하향운동' 같은 이데올로기적 설득이 통하지 않습니다. 그러니 이제 리스크를 도시가 고스란히 떠안아야 하는 상황이 된 거죠. 더욱이 농촌으로 떠난 5천여만 명의 '지청'들이 속속 도시로 돌아오고 있었습니다. 이들 개개인의 '잃어버린 청춘'은 어떤 형태로든 보상되지 않으면 안 되었습니다. 현실은 이미 혁명과 작별을 고하고(告別革命) 있었으니까요. 문제는 여기서 그치지 않았습니다. 필요에 의해 외자를 끌어들이는 순간 상부구조 조정 요구에 직면해야 했으니까요. 건국 초기 소련 자본이 들어왔을 때도 이 요구에 맞닥뜨렸습니다. 그래서 국가 시스템 전 분야에 걸쳐 '사회주의적 개조'를 단행한 거니까요. 그런데 이제는 서구 자본이 도입되었습니다. 그러니 여기에 걸맞은 상부구조가 또다시 요구되겠죠. 여기에 중국은 어떻게 답해야 할까요? 1980년대 안팎의 현실은 이에 대한 답을 요구하고 있었습니다.

덩샤오핑의 대답은 이것이었습니다. '짐 보따리'를 내려놓겠다는 것. 이 보따리란 다음의 세 가지를 의미했습니다. 첫째는 농촌입니다. 당시 정부는 전체 인구의 80%를 차지하고 있는 농촌에 10% 정도의 재정을 투입하고 있었는데 이마저 포기한 거죠. 그 결과 농촌에서는 인민공사가 해체되고 예전의 향촌 질서가 복구됩니다. 개별 농가에 인구수에 따른 토지 사용권을 분배한 뒤 자율적으로 경작해 농업세를 내도록 한 거죠. 이것이 '가족생산청부제'(家庭聯産承包制)란 것인데 일종의 하청·도급제였습니다. 건국 초 토지개혁 때처럼 소유권을 주진 않았지만 전통적 '소농경제'로의 회귀는 묵인한 셈이죠. 둘째는 기업입니다. 국유 기업에 대해 더 이상 재정지출을 하지 않을 테니 독자적으로 경영해 기업세를 내라는 것이죠. 이로써 기업의 성격 자체가 바뀌게 되었습니다. 인민공사 생산대대가 운영하던 사대기업(社隊企業)이 향진기업(鄕鎭企業)으로 전환한 것도 이 때문이었습니다. 셋째는 지방정부인데, 중앙과 지방 간에 주머니를 따로 관리하는 재정 분권을 실시한 거죠. 당시 정부는 이를 '권한 이양과 이익 양도'라는 이름으로 포장했습니다. 그러나 실은 사회주의적 책임을 이제 내려놓을 테니 각자도생하라고 요구한 거죠. 이것이 덩샤오핑이 말한 '개혁'의 실상이었습니다.[7]

그런데 개혁의 결과가 좋지 못했습니다. 아이러니하게도 그 원인은 개혁의 산물 자체에 있었습니다. 개혁으로 탄생한 기업이 부패한 관료와 결탁하여 거액의 자본을 조성해 매점매석에 나섰던 거죠. 정부도 책임이 없지 않았습니다. 말로만 개혁을 외쳤을 뿐 속수무책이었으니까요. 처음 겪는 일이니 그럴 만도 했겠죠. 이리하여 물가상승률이 30%까지 폭등합니다. 이에 황급히 조정에 나섰지만 이번엔 생산성 정체가 시작되었습니다. 이런 상황에서 관료와 기업의 부패를 규탄하는 시위가 벌어졌는데, 당시 사망한 정치 지도자 후야오방(胡耀邦, 1915~1989)의 추모식과 연결되어 급기야 정치적인 풍파로 확산되기에 이릅니다.[8] 이것이 1989년 6월 4일의 '톈안먼사건'인데, '피의 일요일' 정부는 인민에게 총부리를 겨눔으로써 돌이킬 수 없는 도덕적 타격을 입게 됩니다.

어떤 의미에서 '톈안먼사건'은 서구 자본의 상부구조 변혁 요구에 대해 중국 측이 보인 자기 조정의 측면이 없지 않습니다. 당시 톈안먼광장을 가득 메운 정치민주화의 목소리와 스티로폼으로 만든 자유의 여신상이 이를 대변하고 있었으니 말입니다. 그렇다면 이제 이런 질문이 필요할지도 모르겠습니다. 외자도입으로 현실화된 '개방'과 덩샤오핑이 제시한 '개혁'은 어떻게 연계되어 있을까요? '개혁개방'이라는 새로운 현실은 세계체제 내부의 운동과 어떻게 연계되어 있었을까요? 이 점을 이해하기 위해서는 다시 시선을 세계체제의 심장부로 옮겨 볼 필요가 있습니다.

브레튼우즈 체제 붕괴 이후의 세계

1950~1960년대 유례없는 호황을 누린 자본주의 세계체제는 '과잉축적'의 시대에 돌입합니다. 그 결과 1960년대 중반에는 완전고용이 현실화되면서 노동력의 수요와 공급 간에 모순이 발생합니다. 일자리는 넘쳐나는데 노동력이 부족했던 거죠. 이리하여 노동자들의 실질임금이 상승하면서 노동시간 단축, 노동조건 향상, 복지 등에 대한 요구도 높아집니다. 그럼에도 기업은 이 비용을 가격에 충분히 전가시킬 수 없었습니다. 국제경쟁력 상실을 우려했으니까요. 그러니 안팎으로 이윤 압박이 대단했겠죠. 이에 정부는 디플레이션 등의 정책 조정을 통해 노동운동을 압박합니다. 여기에 또 작업 규율과 교섭 방식을 문제삼으며 사용자들의 반격이 이어집니다. 그러자 노동자들의 불만이 가중되어 일시에 파업의 형태로 분출하게 됩니다.[9] 1960년대 후반 전 세계에 좌파 운동의 물결—프랑스의 '68년 5월' 혁명, 미국의 반전운동, 히피운동 등—이 몰아치게 된 데는 이런 배경이 있습니다. 밥 딜런의 〈The Times They Are a-Changin'〉이나 비틀즈의 〈Let it be〉 같은 노래가 대중의 가슴을 파고들었던 것도 이때였으니까요.

이런 상황에서 선진국들은 세계적 범위의 산업 구조조정을 단행합니다. 노동집약형 산업을 개발도상국으로 이전하고 자기들은 기술집약형 혹은 자본·기술집약형 산업에 치중하기로 한 거죠. 이 국제적 분업의 우선 대상이 된 것은 냉전 구도의 최전선에 위치한 국가들이었습니다. 한국, 타이완, 싱가포르, 홍콩 등이 그들인데 이들 국가는 일본으로부터 주로 섬유·피혁·신발 같은 노동집약형 산업을 이전받아 수출지향형 모델을 만들어 갑니다. 유교 문화의 토대와 값싼 노동력 덕분에 이렇게 '아시아 네 마리 용'의 신화가 만들어진 거죠. 1960~1973년 사이에 우리나라는 연평균 20.4%의 성장을 구가했습니다. 이것이 어떻게 가능했을까요? 1973년 한국의 임금 비용은 미국의 5%였습니다.[10] 거의 착취에 가까운 수준이었죠. 이것이 '한강의 기적'의 슬픈 이면인데, 지금은 이 업종들이 전부 동남아 국가로 옮겨졌습니다. 토지·자원·노동력의 요소 가격이 더 낮은 지역을 찾아 떠나 버린 겁니다. 세계체제는 이처럼 국제분업을 통해 먹이사슬의 구조를 강화해 갔습니다.

자본주의의 황금기가 끝난 뒤에도 아시아 지역 신흥공업국들 (NICs)의 약진은 이어졌습니다. 첨단기술 부문이나 조선 등 중공업 부문으로 영역을 확장해 가면서 말입니다. 그리고 1980년대에 들어 이 대열에 중국이 동승합니다. 이로써 중국은 덩샤오핑 체제의 출범과 함께 1980~1987년에 수출 11.7%, 투자 19%, GDP 10%라는 놀라운 성장률을 기록하게 됩니다. 그런데 여기에는 함정이 있습니다. 외채 덕분에 약진이 가능했다는 게 그것인데, 문제는 이것이 브레튼우즈 체제 종결 이후 금융화 단계로 진입한 자본주의 중심부의 속사정과 무관치 않았다는 데 있습니다.

호황이 끝나 선진국들의 경기 침체로 투자용 대출 수요가 급격히 감소하자 월스트리트의 은행들은 적당한 정부 고객을 찾는 데 혈안이 되어 있었습니다. 돈놀이를 통해 국제수지를 강화하려고 만만한 먹잇감을 물색하고 있었던 거죠. 리스트에 오른 고객은 대개 라틴아메리카와 아시아 국가들이었습니다.[11] 그런데 흥미로운 것은 리스트에 오른 순간 대개 그 나라의 상부구조에 문제가 발생한다는 점입니다. 쿠데타가 발발한 뒤 어김없이 친미 성향의 군사정권이 들어서는 거죠. CIA가

단골로 등장하는 할리우드 영화에서 익숙하게 보던 장면이죠. 이는 자본의 요구에 다름 아니었습니다. 당시 가장 인기 있는 고객은 우리나라였습니다. 실제로 가장 많은 외채를 끌어왔으니까요. 그렇다면 이것과 베트남전 파병의 관계나 이것과 '10월 유신'의 관계는 어렵지 않게 유추해 볼 수 있겠죠.

그런데 우리는 그나마 설비투자－가공무역의 선순환을 이루어 내서 이를 갚아 갈 수 있었지만, 라틴아메리카 국가들은 대체로 그렇지 못했습니다. 그래서 이들은 모두 대규모 외채국이 되고 말았습니다. 그런데도 월스트리트의 은행들은 이들 국가에 여전히 자본을 쏟아 부었습니다. 이로써 이들 국가는 그들 요구대로 철저한 개조를 당하게 됩니다. 민족자본이 성장할 수 있는 토대 자체를 아예 없애 버린 거죠. 그 결과는 지금 우리가 목도하는 대로입니다. 모라토리엄과 디폴트, 금융시장의 상시적 불안정과 대도시 주변의 빈민가, 범죄 및 마약과의 전쟁이 일상화된 작금의 현실 말입니다. 이것이 라틴아메리카 문제의 본질입니다. 여기서 주목해야 할 것은 이러한 점들이 1980년 이후 채택된 레이건 행정부의 신경제정책―군비 지출 증가, 조세감면, 엄격한 통화긴축과 결합된 정부 재정 적자를 특징으로 하는―과 상당한 관계가 있다는 점입니다. 선진국 내부의 경제적 사태들과 특히 미국 행정부의 공격적이고 이기적인 정책으로 말미암아, 다시 한 번 제3세계는 위기상태에 빠지게 됩니다. 금융자본주의 단계에서 외채는 이런 식으로 새로운 종류의 '국가 대 국가' 간 식민주의를 창출하는 데 일조하고 있었던 거죠.[12]

개혁개방의 이면

이렇게 놓고 보면 1974년 중국이 도입한 43억 달러 차관의 성격이 어느 정도 이해됩니다. 그래서 이때를 세계체제의 그물에 첫발을 들여놓은 시기라고 한 거니까요. 어쨌거나 덩샤오핑 체제는 이 기반을 딛고 신흥공업국 대열에 본격적으로 합류합니다. 그러면 중국은 어떻게 하면 라틴아메리카 국가의 전철을 밟지 않을 수 있을까요? 그런데 말씀드린 대로 상황이 이미 변했습니다. 이전엔 위기가 발생하면 이를 농촌집체에 넘겨 가까스로 연착륙을 할 수 있었지만 이제는 그럴 수가 없게 되었습니다. 그러니 투자와 비용 부담을 최소화하는 방향으로 경제구조를 조정할 수밖에 없겠죠. 이때 덩샤오핑이 했던 유명한 연설이 있습니다. "마오쩌둥 사상의 기치를 높이 들고 실사구시의 원칙을 견지하자." '개방'의 굵은 원칙이 이 연설에서 제시되는데, 그간 지방정부와 기업에 불허하던 차관 도입과 외국자본과의 합자 경영도 이로부터 가능하게 되었습니다. 정부 입장에서는 이렇게 하면 부담도 덜고 책임을 분담하는 안전망도 확보할 수 있었으니까요. 그러니까 덩샤오핑이 말한 '실사구시'는 이런 고민과 모색에 대한 고도의 정치적 레토릭이었던 셈입니다.

이리하여 1980년대 중반에는 이를 뒷받침할 수 있는 이론과 전략들—'경사이론'(gradient theory), '선부론'(先富論) 등등—이 쏟아졌고, 이를 적용할 수 있는 14개의 경제특구와 3개의 연해 개방구가 설치되기에 이릅니다. 외향형 경제체제에 쉽게 나타나는 '하드 커런시'(hard currency), 즉 자본결핍국 공업화 추진→외자 도입→대외채무 상승과 외환보유고 하락→재정 압력과 외채 압력의 가중이라는 악순환에 대

62

한 중국 나름의 대응이었던 셈이죠. 이것이 '원재료도 국외에서, 판매도 국외에서'(兩頭在外, 大進大出)라는 슬로건인데, 이는 1980년대 말부터 연해 지역 발전을 장려하는 외향형 경제와 수출을 통해 외화를 벌어들이는 정책을 상징하는 대명사가 됩니다. 그러니까 연해 지역 중심의 발전 전략은 근본적인 배경이 외채의 압력에 있었던 거죠.[13]

1991년 세계사적 지각을 뒤흔든 소련과 동유럽 진영의 해체는 개혁개방을 추진하고 있던 중국의 입장에서도 충격적인 사건이었습니다. 이때 중국은 현지 조사를 진행해 다음과 같은 결론을 얻습니다. 소련 붕괴의 원인은 서방세계의 호언처럼 "사회주의나 공산주의의 실패라고 여겨서는 안 된다." "이는 스탈린주의적 관료주의의 상부구조와 교조주의적 이데올로기가 산업자본 단계의 경제적 토대에 반작용하여 초래한 실패다." "구소련이 주도한 경제상호원조회의(COMECON)에 소속된 국가들은 오랫동안 '물물교환무역' 체제를 유지했고, 그래서 '경제의 화폐화 수준'을 높이기가 어려웠다. 하물며 미국처럼 저비용 금융의 무제한 확장을 특징으로 하는 가상 경제를 실행하는 것은 더욱 불가능했다. 따라서 소련이나 기타 동유럽 국가 모두 화폐화를 통해 적절한 규모의 금융자본을 형성하지 못했고, 국제 금융자본의 제국주의가 주도하는 글로벌 경쟁에 참여할 수도 없었다." 그러므로 "이는 구소련을 대표로 하는 전통적인 산업자본 제국주의가 미국을 대표로 하는 금융자본 제국주의와의 경쟁에서 패배한 것이다."[14]

여기서 중국은 큰 교훈을 얻습니다. 세계자본이 금융화 단계로 진입한 마당에 화폐화를 미룰 경우 맞이하게 될 결과를 미리 학습한 셈이니까요. 소련과 동유럽이 반면교사가 된 거죠. 이리하여 덩샤오핑은 1992년 '남방순시연설'(南巡講話)을 통해 '사회주의 시장경제 신체제'

를 공식화하면서 화폐경제 단계로의 진입을 선포합니다. 1992년은 그래서 '화폐화 원년'으로 불립니다. 이를 위해 먼저 사회주의 경제를 지탱하던 증표제를 폐지합니다. 증표란 집체 내에서만 통용되는 쿠폰 같은 것으로 일종의 준 화폐였습니다. 사회주의 시절엔 쌀표, 기름표 등 별의별 증표가 다 있었습니다. 이것만 있으면 생활에 전혀 지장이 없었습니다. 그러니 공식 화폐의 역할이 제한적일 수밖에 없겠죠. 이런 시스템으로 시장경제를 실시할 수는 없었습니다. 더욱이 이것이 막대한 재정 부담으로 작용하고 있었으니 말입니다. 그래서 이를 폐지하게된 거죠. 그러고는 토지·선물·주식 3대 자본시장마저 개방합니다. 그런데 이 단계로의 진입이 순탄치 않았습니다. 1993년에 들어 3대 투기성 시장이 과열되면서 재정·외환·금융 3대 영역에서 심각한 적자가 발생했습니다. 화폐에 내재된 가상성의 위력과 자본금융화란 것의 본질을 이때 처음 실감하게 된 거죠. 이는 1993년에 동아시아 전역에서 발생한 금융 질서의 혼란과도 무관치 않았습니다. 나중에 알게 된 사실이지만, 이는 미국이 '스타워즈'에 투입하던 군수산업 위주의 산업구조를 냉전 체제 붕괴 이후 데이터산업으로 변화시키는 과정에서 비롯되었습니다. 실리콘밸리 신화와 빌 게이츠(Bill Gates)라는 명사(名士)가 탄생하는 과정에 동아시아 국가와 민중들의 고통과 희생이 요구된 거죠. 이해에 중국의 국가 부채는 GDP 규모를 훌쩍 넘어섭니다. 이리하여 갓 출범한 장쩌민(江澤民) 체제(1993~2003)는 극단의 조치를 들고 나오기에 이릅니다.

1994년은 그래서 중국인들에게는 고난의 해로 기억됩니다. 3대 개혁의 후폭풍이 실로 거대했으니까요. 그 첫 번째는 환율 개혁입니다. 이중환율제로 운영되던 기존 제도를 단일환율제로 조성했는데, 위안화를 달러에 연동(peg)시키는 과정에서 인민폐의 가치를 한꺼번에 33%나 평가절하했습니다. 참 어마어마하죠. 1월 1일부로 "정부가 통제하는 '계획무역'에 사용했던 '공정환율'과 실제 시중의 수급 상황을 반영한 '시장환율'로 분리됐던 위안화 환율을 일원화하면서 당시 달러당 5.8위안이었던 공정환율을 8.7위안으로 기록적으로 평가절하"[15]한 것입니다. 이 부담은 고스란히 인민들에게 돌아갔지만 어쩔 수가 없었습니다. 적자를 해소할 방법이 이것뿐이었으니까요.[16]

두 번째는 세제 개혁입니다. 중앙정부와 지방정부가 세수를 따로 관리하는 분세제(分稅制)가 그것인데, 80년대 초반의 세제 개혁으로부터 한 걸음을 더 나아갔습니다. 이번에는 중앙정부가 핵심 세수를 모두 가져가고 쭉정이만 지방정부에 남겨 준 거죠. 이에 지방정부의 세수가 일시에 절반으로 줄어 버렸습니다. 그러자 이번엔 지방정부가 그 결손분을 농민들에게 부과합니다. 그러니 농민들의 부담이 한층 가중되었겠죠. 개혁개방 이후 농민들의 집단시위가 처음으로 발생한 것이 이때였습니다.

세 번째는 국유기업 개혁입니다. 이는 산업구조조정과 소유권 개혁 두 방향으로 이루어졌는데, 그 결과 기존 국유기업의 90%가 사영화(privatization)되었고 성격 역시 주식제 기업으로 바뀌었으며, 소속 노동자들의 지위도 '공장의 주인'에서 '계약에 기초한 임금노동자'로 변모하게 됩니다.[17] 이 과정에서 국유기업 직원 4500만 명이 일자리를 잃습니다. 사회보험이나 실업보험, 의료보험도 제공하지 않은 채 '알몸으로 쫓아낸'(裸體下崗) 거죠. 심지어는 퇴직금을 주고는 근무 경력을 말소시키기까지 했습니다.[18] 이 과정에서 '딴웨이' 체제는 사실상 해체를 맞습니다(복지 차원에서 구성원들에게 공동소유 주택을 제공하던 제도도 1998년에 폐지). 이로써 1958년 이래 도농 이원 체제를 떠받치던 두 시스템, 즉 인민공사와 딴웨이 체제가 모두 사라지게 되었습니다.

이 극단적인 처방으로 위기를 넘길 수 있었지만 여파가 만만치 않았습니다. 도시든 농촌이든 구매력이 생길 여력이 없었으니까요. 이리하여 내수시장 전반의 침체가 이어졌습니다. 더욱이 당시는 GDP에서 내수가 차지하는 비율이 절반을 넘던 시절이었습니다. 그러니 거시경제가 말이 아니었겠죠. 이리하여 정부는 경제 운용의 방향을 해외로 돌리게 됩니다. 외수라는 엔진으로 성장을 견인하려 한 거죠. 이리하여 중국은 외수 위주의 체질로 전환을 가속화합니다. 이 속도가 얼마나 빨랐냐 하면 1994년 이전 40% 내외를 차지하던 외수 비중이 3년 뒤엔 70%를 초과합니다. '세계의 공장' 신화가 이렇게 시작된 거죠. 이리하여 중국은 글로벌화 단계로 들어섭니다. 결과적으로 1994년의 개혁이 이를 촉진시킨 계기가 된 거죠.[19]

자본의 금융화 시대와 중국

이 무렵 자본주의 세계체제도 글로벌화 단계로 진입하고 있었습니다. 앞서 거론한 전 지구적 산업 이전 과정에서 조용한 변화가 발생합니다. 브레튼우즈 체제가 붕괴된 이후 화폐 신용의 유일한 근거는 정치적·군사적 힘이었습니다. 1980년대에 들어 자본주의 중심부는 이를 통해 정치금융의 단계로 들어섭니다. 금융자본은 다양한 파생상품을 통해 가상자본을 확장해 갑니다. 그래서 이를 반영할 수 있는 통계 규칙이 필요했는데 이것이 GDP입니다. 우리는 어떤 나라의 국력을 산정할 때 흔히 GDP를 떠올리죠. 그런데 이 게임 규칙에 내재된 이데올로기를 간과합니다. 이 규칙에 의하면 3차 고부가가치 산업에 치중하는 나라가 절대적으로 유리합니다. 농업국이나 실물경제에 머물러 있는 나라는 자연히 하위에 랭크될 수밖에 없겠죠. 이리하여 선진국과 후진국을 가르는 기준은 이제 가상자본의 규모에 있게 됩니다.[20]

이 게임 규칙이 본격적으로 가동되는 것은 레이건과 대처 시대입니다. 1980년대 초 람보(Rambo)의 등장과 함께 출현한 레이거노믹스는 고도의 '정치화폐 전략'을 통해 무소불위의 힘을 발휘합니다. 그리고 이를 신자유주의 이데올로기로 포장했습니다. 이 전략과 이데올로기를 통해 월스트리트는 전 세계 금융자본의 메카가 됩니다. 그런데 주목해야 할 것은 이 전략을 수립하고 정책을 결정하는 주체가 미국 연방준비제도이사회(FRB, 이하 연준)라는 사실입니다. 연준은 사영 은행가 연합 조직입니다. 은행들의 은행인 셈이죠. 그렇다면 한낱 민간 조직이 세계경제를 쥐락펴락하고 있다는 것이 되는데 이게 말이 되는 걸까요?

이들이 전가의 보도로 사용한 것은 고금리정책이었습니다. 금리만 인상하면 전 세계의 자본이 미국으로 몰려든다고 생각했으니까요. 사실이 그랬습니다. 그런데 이때마다 세계체제의 주변부에 채무 위기와 금융 위기가 발생합니다. 주요 희생자는 독재라는 수단에 의존해 실물경제를 발전시켜 온 공업화 단계의 국가들이었습니다. 필리핀, 태국, 페루, 브라질, 아르헨티나 등에서 유지되던 독재정권이 1980년대 들어 붕괴한 데는 이런 배경이 있습니다. 이는 우리 현대사의 80년 팡주나 87년 '서울의 봄', 문민정부 탄생에서 'IMF사태'에 이르는 과정을 이해하는 데 있어서도 어느 정도 유효합니다.

소련과 동유럽이 무너진 것도 이런 맥락이었습니다. 경제상호원조회의(COMECON)의 구상무역 시스템으로는 이 무지막지한 금융자본의 공세를 당해낼 수가 없었던 거죠. 그런데 이들이 향유하던 방대한 자원자산과 실물자산이 서방의 자본시장을 통해 화폐화를 거치는 과정에서 정당한 평가를 받지 못합니다. 그리고 그 결손분은 고스란히 서방의 자본시장으로 유출되었습니다. 한마디로 약탈을 당한 거죠. 세계 자본의 중심국들은 이를 통해 1990년대 달콤한 성장을 맛보게 됩니다. 그리고 이 과정에서 그들이 유포한 신자유주의 이데올로기가 보편적 가치로 승인받기에 이릅니다. '역사의 종말'(프랜시스 후쿠야마)이란 담론이 자본주의의 승리를 증언하고 나선 것이 이때였으니까요.

이런 상황에서 출현한 것이 세계무역기구(WTO)입니다. 브레튼우즈 체제의 산물인 GATT를 대체한 거죠. WTO는 우루과이라운드(UR)가 해결하지 못한 농업과 금융자유화의 문제를 말끔히 해결하며 글로벌 시대의 본격적인 출현을 알렸습니다. 이와 동시에 출현한 것은 지역 블록화입니다. 유럽연합(EU)과 북미자유무역지대(NAFTA)의 출범은 글로벌화가 금융자본의 자유로운 흐름을 보장하기 위한 명분에 지나지 않는다는 것을 여실히 보여 주었습니다. 핵심은 경제 통합을 통한 지역일체화(glocalization)에 있었고 이러한 게임장의 재조정을 통해 얻어지는 제도적 수익에 있었으니까요.

이런 전후의 환경 속에서 발생하는 것이 1997년 동아시아 금융 위기입니다. 그렇다면 이 위기 역시 위의 맥락과 무관하지 않겠죠. 그 원인이 이랬으니까요. 냉전 체제가 종식되자 스타워즈(MD: Missile Defense, 미사일 방어 체계)에 투자된 컴퓨터, 통신 등의 기술이 민수용으로 전환되어 미국의 실리콘밸리 신화를 만들어 냅니다. 이에 동아시아 지역 실물산업에 투자된 일정 자본이 빠르게 회수되어 미국의 IT산업으로 흘러들어 갑니다. 그러자 동아시아에 자본 공백이 생기게 되는데 이 틈새를 조지 소로스(George Soros) 같은 국제 투기자본이 파고들어 약탈을 한 거죠.[21] 그 결과는 한국, 태국, 인도네시아, 필리핀, 말레이시아에 이르기까지 실로 엄혹했습니다. 'IMF사태'가 우리에게 남긴 굵은 상처들이 아직도 선연하니까요.

중국도 이 위기로부터 자유롭지 못했습니다. 더욱이 처음 맞이하는 외래형 위기라는 점에서 더욱 긴장할 수밖에 없었습니다. 그런데 이번엔 태도를 바꾸어 정부가 적극 개입하는 방식으로 이를 헤쳐 갑니다. 대량의 국채 발행과 대규모 사회간접자본 투자를 통해 성장 동력을 잃지 않았던 거죠. 당시는 성장률 7% 레드라인(紅線)은 반드시 사수해야 한다(七上八下)는 철칙 같은 것이 작동하고 있었으니까요. 1999년에 착수된 '서부대개발'이나 2001년의 둥베이 공업기지 재건, 2003년의 '중부굴기전략', 2005년의 '사회주의 신농촌 건설' 사업 등등은 모두 이런 기조의 산물이었습니다. 외래형 위기로부터 국민경제를 지킬 수 있는 안전판을 마련하기 시작한 거죠.[22]

2000년 2월 장쩌민은 '개혁개방'의 엔진 광둥성을 시찰하는 자리에서 '3개 대표론'(三個代表論)이란 것을 제시합니다. 중국공산당은 '가장 광대한 인민의 근본이익'을 대표하고 '선진문화가 나아가는 방향'을 대표할 뿐 아니라 '선진사회 생산력의 발전 요구'까지 대표해야 한다는 겁니다. 그러니까 노동자·농민의 이익과 선진적 신지식뿐 아니라 새로 등장한 사영 기업가의 요구까지 대표해야 한다는 이야기입니다. 이는 1997년 동아시아 금융 위기로 성장률이 추락하고 있는 상황에서 어떻게든 성장 동력을 다잡으려는 차원에서 제시된 것인데, 이 세 번째 항목이 당헌에 추가됨으로써 중국공산당은 명목상의 혁명 정당의 정체성마저 내려놓게 됩니다. 그리고 이즈음 중국은 '100년의 결핍'을 끝내고 생산과잉의 단계에 들어섭니다. '샤오캉(小康) 사회 전면 건설'이란 목표를 제기한 것도 이 무렵입니다. 그런데 이때 미국에서 IT산업의 버블이 폭발합니다. 그러자 여기에 투자된 자본이 유출되어 이번에는 중국으로 몰려옵니다. 고도의 성장을 이어 가고 있던 중국의 실물산업에서 이윤을 노린 겁니다. 이리하여 2001년 중국은 외국인 직접투자(FDI) 1위 국가가 되는데, 이때 유입된 자본은 21세기 중국 경제의 고성장을 이어 가는 발판이 됩니다.[23] 그리고 이해에 중국은 WTO 정식 회원국이 됩니다. 세계 자본시장의 요구와 중국의 요구가 맞아떨어진 결과였겠죠. 그러자 이젠 화폐 주권과 자본시장에 대한 통제권을 지키는 일이 당면한 과제로 떠올랐습니다. 바야흐로 새로운 차원의 전쟁이 시작된 거죠.

제2장

코끼리의
급소 하나: 삼농

농촌 문제의 존재 방식

지난 논의를 정리하며

지금까지 우리는 중화인민공화국 출범에서부터 금세기 초반까지의 역사를 국가 공동체의 생존 전략이라는 프레임으로 그 윤곽을 그려 보았습니다. 중화인민공화국 전반기 30년과 후반기 30년의 역사는 어떤 의미에서 2차 대전 이후 형성된 냉전의 두 축을 가로지르는 모험의 여정 같은 것이었는지도 모르겠습니다. 돌이켜보면 이 두 시간대는 그 표층적 양상의 이질성에도 불구하고 연속적 자기 전개의 과정으로 서 있는 것처럼 보입니다. 이런 자기 전개의 과정에 힘입어 중국은 새로운 세기 초입에 들어서며 '백년의 결핍'과의 결별을 선언하고 '샤오캉'(小康) 단계로의 진입을 선포합니다. 그리고 또 한 차례 위기를 딛고 일어선 2010년 즈음, 중국은 일본을 제치고 세계 두 번째 규모의 경제체로 우뚝 서게 됩니다.

그러자 여기저기서 이 나라의 급성장 비결을 배우려는 시도들이 있었는데, 대개 2차 대전 이후 독립하여 힘겹게 근대화를 추구하고 있던 제3세계 국가들이었습니다. 또 한쪽 관심을 보인 곳은 미국이었습니다. 1990년대 초 사회주의 진영을 무너뜨리고 '단극 패권'을 향유하던 차에 새로운 경쟁자가 등장했으니 촉각을 곤두세울 수밖에 없었겠죠. 당시는 '9.11' 사태(2001년 발생)의 여파로 언제 무슨 일이 터질지 모르던 시절이었습니다. 이런 분위기에 편승하여 중국을 바라보던 미국 내의 시선도 기존의 '중국 붕괴론'에서 '중국 위협론'으로 급속히 무게중심을 옮겨 가던 중이었습니다. '테러'의 범주를 확장하여 중국을 포함시키기에 이른 거죠.

이런 험악한 분위기 속에서 2004년 무렵 장편의 논문 하나가 발표되었는데, 그 작성자는 『타임』지 편집장을 지낸 바 있는 조슈아 쿠퍼 레이모(Joshua Cooper Ramo)라는 인물이었습니다. 「베이징 컨센서스」라는 제하의 이 논문은 '굴기(崛起)하는 중국'이라는 의제를 공론장에 처음으로 올려놓았다는 점에서 세계의 이목을 집중시켰습니다. 뿐만 아니라 부정적인 시각 일색이었던 대중국 프레임을 벗어나 색다른 시선으로 중국의 부상을 설명하고 있다는 점에서도 관심의 대상이 되기에 충분했습니다. 더욱이 당시는 갓 출범한 후진타오(胡錦濤) 체제가 개혁개방의 성과를 바탕으로 '세계에서의 자리 찾기'를 위한 프로세스에 착수하던 무렵이었습니다. 그러니 중국 내부에서의 관심도 대단했겠죠.

레이모는 그간 중국을 사고하는 데 존재하는 두 가지 모델의 오류, 즉 중국과 접촉할 것인가 고립시킬 것인가라는 서구 쪽의 시고방식과 중국의 굴기가 국제사회에 위험이 되지 않는다는 중국 쪽의 사고 방식을 문제 삼으며 입론의 틀을 가설합니다. 그는 이 두 가지 오류를 가로지르는 프레임을 힘과 질량, 밀도와 에너지 등 물리학의 일반적 공리에서 발견합니다. 그는 '베이징 컨센서스'(Beijing Consensus, 北京共識)라는 개념을 "혁신과 도전에 대한 단호한 의지, 국경과 국익의 확고한 수호, 비대칭적으로 힘을 표출하는 수단을 신중하게 축적하는 것" 등으로 정의합니다. 이는 "실용의 추구이면서 동시에 이데올로기"이고 "이론과 실천을 구별하지 않는 중국 고대 철학관의 반영이기도 하다"는 겁니다.[1](→287면)

이 글을 접한 중국 내부의 반응은 뜨거웠습니다. 내심 하고 싶었던 이야기를, 그것도 영향력 있는 미국의 한 인사가 나서서 해 주니 얼마나 고마웠겠습니까. 그럼에도 불구하고 이를 마냥 반길 수만은 없는 처지였습니다. 덥석 받아들였다가 무슨 일을 당할지 모르는 상황이었으니까요. 어떤 의미에서 이 부담스런 호명은 독이 발린 초대장과도 같은 것이었습니다. 이 초대장을 받고 레이거노믹스가 가설한 게임장에 발을 들였다가 끝내 해체를 당하고 만 소련의 사례를 목도한 것이 불과 10여 년 전 일이었으니 말입니다. 그러니 조바심을 낼 만도 했겠죠. 그럼에도 불구하고 어떤 형태로든 대응은 있어야 했습니다.

그들은 먼저 우리는 여전히 고민과 모색의 과정에 있고 레이모가 말하는 '컨센서스'라는 것을 아직 도출해 내지 못했다는 점을 분명히 합니다. 그런 한편 이제 일련의 물음에 대해 답해야 할 때가 되었다는 점도 충분히 인정합니다. 그 물음이란 이렇습니다. "중국이 지난 30년간 겪어 온 변화를 설명할 틀을 가지고 있는가? 만약 '컨센서스'가 존재하지 않는다면, '중국의 경험'이나 '중국의 길' 같은 것을 제시할 가능성은 없는가? 그저 모두가 볼 수 있는 표면적인 현상을 나열하는 것이 아니라, 그것을 개괄하고 더 나아가 하나의 '모델'로 제시할 수는 없는가?" 이리하여 중국 내부에서도 '중국 모델'에 관한 논의가 본격화되는데, 이들 논의에서 개혁개방 30여 년의 성적표는 이렇게 정리됩니다.

중국적 특색을 지닌 발전의 길이란 도대체 어떤 것인가? ……그것은 다음과 같은 몇 가지 층위의 (비교적 하드한) 의미를 포괄한다. 즉 중국은 ①10억이 훨씬 넘는 인구가 ②거의 30년 동안 ③매년 평균 8% 이상의 GDP 성장률을 기록했으며, 같은 기간에 ④거의 3억이 넘는 농촌 인구가 절대빈곤에서 벗어났고, ⑤2억 명 이상이 (해당 지역이나 또는 다른 지역에서) 비농업 부문으로의 전환을 실현했으며, ⑥파급력이 비교적 큰 내부 혼란(혁명, 봉기, 폭동, 자연재해)이 일어나지 않았고, ⑦대규모의 해외 이민, 식민지화, 전쟁, 침략 등이 발생하지도 않았으며, 발전이 지속되는 가운데 자기 조정을 수행하고 있고, ⑧새로운 발전 전략을 제기하여 전면적이고 조화로우며 지속 가능한 발전을 추구함으로써, ⑨조화로운 사회, 즉 민주와 법치, 평등과 정의가 실현되는, 질서 있고 안정적이며 활력이 충만한, 인간과 자연이 상호 조화를 이루는 사회를 건설하고 있다는 것이다. 이는 영국이 공업화를 이룩한 이래, 더 나아가 유사 이래로 한 번도 전례가 없었던 일이라고 할 수 있다.[2]

어떤 항목에 대해서는 문제를 제기할 사람도 있겠지만, 대부분 지표로 검증된 것들입니다. 이런 급성장의 비결은 무엇이었을까요? 당시 제3세계 국가들이 가장 배우고 싶어 했던 대목이 바로 이것이었습니다. 이를 이해하기 위해서는 60여 년 시간 속에 각인된 어떤 패턴에 주목해 보아야 합니다. 국가자본의 절대적인 부족→대외개방을 통한 외자 유치→자본의 원시적 축적을 위한 정부기업주의 전략→사회적 자원을 고도로 조직화(집단 체제, 국가 동원 체제)→도시와 농촌 간에 비대칭적 이원 구조 고착→국가 공업화에 따른 제도적 비용을 농촌에 전가, 이런 식의 알고리즘 말입니다. 이런 '비(非)전형적' 개발주의가 현대사 전반에 '경로의존성'으로 매핑(mapping)되어 있는데, 중국이 유사한 조건을 가진 인도나 라틴아메리카 국가들에 비해 더 높은 효율을 창출해 낼 수 있었던 것은 순전히 이 덕분입니다.

여기서 주목해야 할 것은 이 패턴의 마지막 고리를 구성하고 있는 농촌이라는 장소입니다. 여기서 농촌은 국민경제의 하치장─비용과 리스크가 최종적으로 전가되는 장소라는 점에서─이자 저수지─무한한 자본의 원천(capital pool)이자 노동력의 원천(labor pool)이라는 점에서─로 기능하고 있습니다. 이런 의미에서 농촌은 중국이라는 체제의 가장 약한 고리가 되는 셈입니다. 이 고리는 현재 '중국 문제'의 핵심 디렉터리가 되어 있습니다. 2004년부터 2013년까지 중앙정부가 생산하는 '1호 문건'은 그해의 최고 중점 과제를 '삼농'(三農: 농민·농촌·농업) 문제로 적시하고 있습니다. '개혁개방' 30여 년의 시간이 양산해 낸 '3대 격차'─공업과 농업의 격차, 도시와 농촌의 격차, 정신노동과 육체노동의 격차─의 한 끝단에 이 문제가 자리하고 있기 때문입니다. 후진타오 체제가 내건 "조화로운 사회를 건설하자!"는 슬로건은 이 위험한 징후에 대한 대응 전략에 다름 이닙니다.

이제 중국의 농촌 현장으로 들어가 '삼농' 문제의 존재 방식과 해법을 위한 고민에 초점을 맞추어 보기로 하겠습니다. 사안이 단순하지 않은 만큼 검토해야 할 사례나 자료의 분량이 만만치 않을 겁니다. 그래서 이번 강좌는 제법 인내를 요합니다. 그러니 잠시 호흡을 가다듬고 중국의 향촌 현장 내부로 들어가 보기로 하죠.

농촌의 내부 구조

중국의 향촌은 우리와 사정이 많이 다릅니다. 근대 이후 서로 다른 길을 걸었고 다른 제도를 운영했으니 당연한 이야기겠죠. 그런 만큼 그 내부를 들여다보기 위해서는 향촌사회를 구동하고 있는 제도적 메커니즘을 이해하지 않으면 안 됩니다. 먼저 향촌이라는 개념에 대해 잠시 짚어 두기로 하죠. 중국 행정 시스템의 최하 단위는 향진(鄕鎭)입니다. 촌(村)은 향진의 하부를 구성한다는 점에서 행정 시스템의 일부—우리 농촌의 리(里)처럼—이지만 내부에 고유한 자치 질서가 존재한다는 점에서 이 시스템을 일정 정도 벗어나 있습니다. 사례를 하나 보겠습니다. 산둥성(山東省) 쯔보시(淄博市) 북쪽에 위치한 환타이현(桓臺縣)에는 2개의 직할 가도(街道)와 7개의 향진이 있습니다. 이 가운데 싱지아향진(邢家鄕鎭)에는 29개의 촌—이를 행정촌(行政村)이라고 부름—이 있는데, 환타이현의 경우 촌의 숫자는 향진의 규모에 따라 24개에서 65개까지 다양합니다. 1990년 여름에서 1995년 겨울에 걸쳐 싱지아향진 동잉촌(東營村)—이 촌은 행정조직 개편에 따라 현재 여러 개의 행정촌으로 분리되었음—에서 진행된 현지 조사 하나는 향촌 구조의 기본 틀을 보여 준다는 점에서 유효한 표본이 됩니다.[3]

　동잉촌은 1962년 인민공사가 설립되면서 싱지아공사 동잉대대 — 인민공사는 복수의 생산대대 하에 복수의 생산(소)대로 구성 — 가 됩니다. 1982년 공식적으로 인민공사제가 철폐되고 향이 부활함에 따라 다시 동잉촌이 되지만, 사람들은 아직도 대대라는 말에 익숙합니다. 이 마을의 인구는 1993년 기준 621가구 2,426명으로 감소 추세에 있는데, 개혁개방 이후 비농업 인구의 증가와 도시로의 전출이 주요 원인입니다. 이 마을에서 도시 후커우(城市戶口)를 갖고 있는 사람은 133명인데 퇴휴직공과 현직 국가직공, 고등학교 재학생들입니다. 이들은 농촌인구로 잡히지 않지만 촌집체로부터 토지를 위탁받아 농업에 종사할 수도 있습니다. 농촌 후커우(農村戶口) 중에서도 순수 농업인구는 60% 정도밖에 되지 않습니다. 중국의 여느 농촌이 그렇듯 이 마을도 몇 개의 씨족으로 구성되어 있습니다. 종(宗)씨가 50%, 징(荊)씨가 26%, 티엔(田)씨가 11%, 저우(周)씨가 7%를 차지하고 있는데 씨족 간의 거주 구획도 어느 정도 정해져 있습니다. 이는 마을의 질서와 권력 구도에도 중요한 역할을 합니다.[4]

1982년 인민공사가 폐지됨에 따라 싱지아향에도 공산당 촌지부와 촌민위원회가 결성되었습니다. 촌민위원회는 촌락자치제의 기본 조직으로 촌 행정의 집행 기구이자 최고 의결 기구인데, 촌민위원회(촌위로 약칭) 주임이 촌민대표회 주석을 겸합니다. 이를 흔히 촌주임(村主任)이라 부르는데, 촌장(村長)이라는 옛 명칭을 쓰기도 합니다. 촌장은 촌 주민들이 선출한 마을 대표이면서 향진 정부의 행정을 보조하는 대리인입니다. 그는 정식 공무원이 아니며 공식 급여도 없습니다. 그럼에도 거기에는 어전히 전통시회의 관료 상(像), 즉 '부모관'(父母官)의 관념이 남아 있습니다. 마을공동체의 어버이 같은 존재라는 거죠. 촌위 산하에는 민정, 발전계획, 계획생육, 치안, 조정해결, 위생교육, 상혼

례를 담당하는 이사회가 있는데, 마을에서 운영하는 촌판(村辦)기업과 백화점을 관장하는 경제연합사도 촌위 소속입니다.

촌위가 명목상 마을 자치의 공식 기구지만 실제 권력은 촌서기(村書記)로부터 나옵니다. 촌서기 티엔수밍(田淑明)은 인민공사 시절 생산 대대 대대장이었습니다. 그는 공산당원입니다. 1995년 6월 현재 이 마을엔 58명의 당원이 있는데, 촌위를 비롯하여 민병련(民兵聯), 경제연합사, 공산주의청년단(共青團), 부녀연맹(婦聯) 등의 조직을 이들이 주도합니다. 마을의 주력사업은 서기가 직접 관리합니다. 그렇다고 서기가 절대적인 권력을 행사할 수 있는 것은 아닙니다. 그는 국가권력의 대행자지만 마을 성원 중 1인일 뿐입니다. 기층 간부로서의 그의 권위는 당에 의해 보장되지만 실제 지도력은 촌민의 지지에 의해 결정됩니다. 더욱이 씨족연합체인 이 마을의 경우 이 문제는 한층 복잡합니다. 그래서 그는 씨족 간 세대 간 관계를 잘 활용해야 합니다. 서기의 위상은 다음 장면에서 잘 드러납니다. 길을 가다가 그를 만나면 대부분 촌민들은 자전거에서 내려 존경을 표합니다. 그러나 티엔 씨 노인들만은 그에게 인사하지 않습니다. 문중의 질서가 엄연하니 말입니다. 이처럼 외부 질서와 내부 질서, 공적 질서와 사적 질서는 둘이면서 하나인 독특한 관계를 유지하고 있습니다.[5] 이 점을 이해하는 것이 중요합니다.

이 마을에서도 분규는 중요한 문제입니다. 씨족연합체라는 특수한 상황에서 일단 분규가 발생하면 해결이 쉽지 않습니다. 사적인 분규는 그냥 당사자들에게 맡겨 둡니다. 그러나 이를 촌위에 호소해 오면 그때부터 조정해결(調解)위원회가 가동됩니다. 조정해결의 유형도 다양합니다. 고부갈등의 경우 부녀연맹과 연합하여 먼저 시어머니에게 관용을 베풀 것을 요청합니다. 부부싸움의 경우는 좀 더 미묘합니다. 부인이 친정을 가서 돌아오지 않으면 대책이 없습니다. 남편이 처가로 찾아가면 비난뿐 아니라 체면에 심대한 타격을 입을 수 있습니다. 그래서 촌위에서 부인의 친정으로 찾아가 양자의 화해를 이끌어냅니다. 가장 흔한 논밭의 물대기 싸움은 단순한 말다툼인 경우 그냥 지켜봅니다. 그러다 조정해결위원이 나서 "문명촌민이 그러면 쓰나" 하는 정도로 끝이 납니다. 그러나 주먹다짐이 오가면 이야기가 달라집니다. 치안위원이 나서 진상을 조사한 뒤 치료비와 벌금을 물리기도 하는데 심한 경우 특별조정해결위원회를 구성해 양자를 불러 비판교육을 한 뒤 잘못을 지적하기도 합니다. 가장 위험한 것은 씨족 간의 분규입니다. 같은 씨족이라고 편을 들었다간 '악질적' 봉건잔재로 심각한 비판의 대상이 됩니다. 이 경우 눈을 감고 귀를 닫는 것이 최선인데 그래도 진정되지 않으면 촌위가 개입합니다. 체면이 목숨보다 중요한 이 사회에서 공개적으로 면박을 주는 일은 금물입니다. 저우씨 거주 지역에 분규가 났을 때 촌서기 티엔수밍이나 촌주임 종지롱(宗繼榮)이 개입해서도 안 됩니다. 저우씨 전체의 체면을 손상시키는 행위가 되니까요. 이 경우 저우씨 중 항렬이 높은 위원이 나서 문제를 해결합니다.[6]

이것만 놓고 보면 이 마을에서는 협치(governance)에 기반한 사율적 자치 시스템이 작동하고 있는 것처럼 보입니다. 일견 이 마을에서는 불미스런 송사가 들어설 여지도 많지 않은 듯합니다. 이는 촌서기의 정치력이나 마을의 경제 수준과도 무관하지 않는데, 씨족 질서의 자기조질 기능에서 기인하는 바도 석지 않습니다. 그런데 과연 국가권력과 향촌 자치 사이에 하등의 문제도 없는 것일까요? 이 물음에 대해 위의 조사는 충분한 답을 주지 못합니다. 그런데 여기에 매개변수—

촌의 외부, 즉 향진 정부나 현(縣) 정부와의 관계 등등―를 상정해 보면 상황이 제법 달라집니다. 더욱이 굵직한 이권이 개입되어 있으면 전혀 다른 양상이 펼쳐집니다. 다음 사례를 통해 한 걸음 더 들어가 보기로 하죠.

농촌 문제의 구성 요소들

우칸촌 사건

2011년 9월 21일 광둥성(廣東省) 산웨이시(山尾市)에 소속된 루펑시(陸豊市) 역내 우칸촌(烏坎村) 주민 3~4천 명이 루펑시 정부 청사와 파출소 앞에 모여 시위를 벌였습니다. "우리 땅을 팔아먹은 부패 공무원을 징벌하라." 이렇게 시작된 이 시위는 '우칸촌 사건'으로 명명되면서 중화인민공화국 출범 이래 촌민들이 조직한 집단시위의 이정표가 됩니다. 대체 무슨 일이 있었던 걸까요? 저간의 사정은 이랬습니다.

몇 년 전부터 촌위 간부가 주민들에게 알리지도 않고 집체 소유 경작지 3,200무(畝)를 지방정부에 조금씩 팔아넘겼는데, 그 규모가 무려 7억여 위안에 달했습니다. 그렇다면 보상비라도 제대로 들어와야 하는데, 가구당 배분된 금액이 겨우 550위안 수준이었습니다. 그 많은 돈은 다 어디로 간 것일까요. 시 정부 공무원들을 포함한 누군가의 주머니로 들어갔겠죠. 루펑시 정부로부터 이 땅을 매입한 이는 홍콩의 한 부동산 업자였는데, 그는 태평양을 바라보는 이 땅에 해변주택지구를 건설해 분양할 계획이었습니다. 그는 우칸촌에 조적(祖籍: 본적)을 둔 인물로 홍콩의 하이루펑(海陸豊) 상인회 회장을 맡고 있으면서 광둥성

인민대회 대표를 겸하고 있었습니다. 거물이 연루되어 있었던 거죠. 이에 이 사실을 알게 된 20여 명의 우칸촌 청년들이 2009년 6월부터 2011년 3월까지 루펑시 신방국(信訪局: 민원국)과 광저우(廣州) 소재 광둥성 신방국을 십수 차례 찾아가 탄원을 넣었습니다. 그러나 모두가 약속이나 한 듯 묵묵부답입니다. 이런 답답한 나날들이 쌓이고 쌓여 이날 마침내 집단시위로 터져 나왔던 겁니다.

연일 계속된 시위는 결국 경찰과의 충돌을 불러옵니다. 그러자 주민들은 '우칸촌민임시대표이사회'를 조직해 사태를 주도할 지도부를 구성합니다. 12월 9일 시위로 또 한 차례 충돌이 발생하는데, 이때 변수가 생깁니다. 이날 쉐진보(薛錦波) 등 다섯 명의 촌민이 형사구류를 당했는데 사흘 뒤 쉐진보가 시신으로 발견된 것입니다. 이 일은 시위대에 기름을 부었을 뿐 아니라 중국의 네티즌은 물론 해외 매체들의 이목을 집중시키는 계기가 됩니다. 이제 전국을 넘어 국제적인 사건이 되어 버린 거죠.

사태가 이렇게 확산되자 루펑시 정부는 부랴부랴 대표를 파견해 임시대표이사회와 협상을 벌입니다. 급기야 공산당 광둥성 위원회 부서기까지 나서 직접 협상에 임하는데, 주민들은 그가 제시하는 안을 수용하며 한 발짝 뒤로 물러납니다. 이듬해 2월 1일 우칸촌에서는 언론과 정부의 감시 하에 선거가 열리고 여기서 촌민 대표와 7개 촌민소조 조장이 새로 선출됩니다. 쉐진보 문제도 90만 위안의 위로금과 장례비를 지급하는 조건으로 합의가 이루어집니다. 여기에 더해 '우칸촌민생발건계획인'을 제시하는 한편 시 정부 서기에 내한 소사노 착수합니다. 사건은 이렇게 일단락되는 듯 보였습니다.

그런데 사건이 일단락된 뒤에도 토지 반환 문제는 여전히 미해결

상태였습니다. 이에 2016년 6월, 새로운 집행부는 이 문제를 재차 촉구하기 위해 19일 촌민 대회를 열기로 계획을 세웁니다. 그런데 17일에 경찰이 들이닥쳐 새로 선출된 촌위 주임 린주롄(林祖戀)을 연행해 갑니다. 그러자 다음 날 주민들은 그의 석방을 요구하며 다시 시위에 돌입하는데 이번엔 시 정부와 성 정부의 입장이 강경합니다. 9월 8일, 린주롄에 대해 수뢰 혐의로 3년 1개월 징역에 벌금 20만 위안을 선고하는 한편, 9월 13일 새벽 마을을 급습해 다수의 촌민 대표를 다시 체포해 갑니다. 이리하여 주민과 경찰 간에 전면적인 충돌이 벌어지는데, 이는 최근 벌어진 집단 유혈 사건 가운데 최대 규모로 기록됩니다.[7]

이 사건에는 농촌 문제의 일반문법 같은 것이 새겨져 있습니다. 뿐만 아니라 농촌 문제를 구성하는 기본 요소들이 총망라되어 있습니다. 그럼 이제부터 이 요소들을 하나씩 검토해 보면서 일반문법의 윤곽을 한번 그려 보기로 하죠.

농가생산위탁책임제

위 사건의 기저에는 농가생산위탁책임제(家庭聯産承包責任制)라는 제도가 자리하고 있습니다. 1982~1983년 전국적으로 실시된 이 제도는 기본 형식이 도급제(包干制)입니다. 즉 "국가에 납부하고 집체에 남기고 나머지는 갖는다"는 원칙에서 출발하여 생산수단에 대한 사용권과 그 산물에 대한 소유권을 인정하는 방식을 말합니다. 실시 초기 두 가지 형태의 도급 방식이 있었는데, 호별생산책임제(包産到戶)는 개별 농가가 생산 책임을 초과하여 생산한 몫에 대해 추가 노동점수(工分)를 부여해 더 많은 배분을 받도록 하는 한편 책임을 달성하지 못한 농가에 대해서는 불이익을 가하는 방식입니다. 이에 반해 호별경영책임제

(包幹到戶)는 생산대의 사후 분배 기능마저 제거한 것으로 생산 책임을 초과한 몫은 모두 개별 농가로 귀속시키는 방식입니다. 이 경우 개별 농가는 작부(作付) 계획에서부터 생산·투자에 이르기까지 스스로 결정할 권한을 부여받습니다. 1982~1983년 즈음이 되면 전국적으로 호별경영책임제가 지배적인 방식으로 정착되기에 이릅니다.[8]

그렇다면 도급은 어떤 방식으로 이루어질까요? '토지도급법' 제2조에 의하면 농촌 토지란 농민집체가 소유하거나 농촌집체가 사용하는 국가 소유의 밭·임지·초지 및 법에 따라 농업에 사용되는 기타 토지를 가리킵니다. 제3조에 의하면 농촌 토지에 대한 도급은 농촌집체 내의 가정도급과 기타 형식의 도급으로 분류되는데, 여기서 기타 형식이란 야산·구릉·시냇가 등을 대상으로 한 입찰·경매·협상 등의 형식을 일컫습니다. 문제는 도급의 권리 주체가 불분명하다는 데서 발생합니다. 현재 향촌 토지는 대부분 촌민소조(村民小組: 인민공사 체제의 생산(소)대에 해당, 규모도 50~60가구로 동일) 소유로 되어 있는데, 이 경우 촌민소조가 도급 주체가 되어야 하지만 일부 권리는 촌위가 행사하고 있습니다. 그래서 동일 토지에 대한 도급권을 촌민소조와 촌위가 동시에 행사하여 동일 토지가 복수의 도급 객체에게 불하되는 경우도 더러 발생합니다. 문제는 촌민소조의 경우 도급권은 가지고 있지만 법인 자격이 없고, 촌위의 경우 도급권을 행사할 수는 있지만 촌민소조 소유 토지에 대한 소유권을 변경할 수 없다는 데 있습니다.[9] 토지에 대한 소유권과 점유권·사용권이 분리될 수 있다는 사회주의의 이원적 소유권 개념을 이해하지 못하면 이런 상황을 납득하기가 쉽지 않습니다. 이런 현실에서 흠결 없는 도급계약을 기대하기란 사실상 어렵습니다. 이것이 농촌 문제를 논의하기 위한 출발점입니다.

간부라는 존재와 지방정부

　최근 증가하고 있는 향촌 집단소송의 원인은 대개 마을 간부들의 비리나 불공정에 있습니다. 그리고 그 이면에는 어김없이 친척이나 인맥 같은 문제가 자리하고 있습니다. 이 경우 마을 주민들이 촌위를 상대로 소송을 걸어 계약 무효를 주장할 수 있지만 원고가 다수이다 보니 해결이 여간 어렵지 않습니다. 뿐만 아니라 최근에는 전직 간부와 현직 간부 간의 이익 충돌로 발생하는 분쟁도 한몫을 차지하고 있습니다.[10] 만약 이 마을이 광산촌이라면 문제는 한층 첨예해집니다. 광산의 탄갱도 도급 대상이니 말입니다. 이 경우 지부서기나 촌장이 사업에 직접 달려드는 경우는 물론이고 권력을 등에 업은 외부 인사가 마을 내 친인척 명의로 도급을 따내는 경우도 빈번합니다. 도급만 받으면 엄청난 이익이 보장되니까요. 역으로 탄광 경영주가 촌장 선거에 직접 뛰어드는 경우도 있는데, 이 경우 선거가 혼탁해지는 것은 불을 보듯 뻔합니다.[11]

　우칸촌 사건 역시 촌위 간부의 전횡에서 출발합니다. 사건의 발단은 이랬습니다. 지방정부가 토지를 매입하는 과정에서 향촌 간부가 횡령을 했는데, 이를 알게 된 촌민들이 장부 공개를 요구했고 이를 근거로 지방정부에 탄원을 넣었는데, 지방정부가 탄원을 외면하면서 사건이 커졌던 거죠. 이 사건에서 특징적인 것은 그 발단이 향촌 내부에서 비롯되었다는 점입니다. 마을 자체에서 해결이 어렵게 되자 지방정부에 개입을 요청했는데, 어쩐 일인지 향진 정부→현 정부→시 정부로 갈수록 해결은커녕 갈등과 모순이 더 심화됩니다. 이 문제를 캐들어가다 보면 보이지 않던 모순들이 줄줄이 얼굴을 내밉니다. 현장의 농촌학자는 이를 농민들의 권익수호운동이나 지방정부에 대한 저항운동이라는 프레임으로만 바라보면 사태의 본질을 짚어 내기가 어렵다고 지적합니다.[12] 이것이 무슨 말일까요?

향촌 간부는 지방정부의 대리인이자 향촌사회의 일원입니다. 지방정부가 토지징수를 단행할 때면 그래서 그의 역할이 중요해집니다. 향촌 간부가 나서서 발이 되어 주지 않으면 지방정부는 토지징수와 같은 일을 효과적으로 진행할 수 없습니다. 게다가 토지징수에는 언제나 막대한 이익이 걸려 있습니다. 일단 이익이 확인되면 향촌 간부는 부패의 위험에 노출됩니다. 향촌 간부가 이익을 독식하는 것은 위험하기 때문에 상급 정부에서 보호막을 찾게 됩니다. 일종의 보험을 들어 두는 거죠. 그러면 뇌물을 받은 관료는 향촌 간부를 감싸고돌 수밖에 없습니다.[13] 우칸촌 사건은 여기서 출발했습니다. 그런데 충돌이 격화된 데는 또 다른 변수가 있습니다. 단기간에 주민을 동원하게 만든 원동력은 다름 아닌 문중의 조직력이었습니다. 이 지역에 강하게 남아 있는 공동체 내부의 씨족 질서가 흐지부지될 수도 있었던 사안을 다잡는 동력이 되었던 거죠.

그러나 이 사건에서 주목해야 할 부분은 최근의 농촌 문제를 만들어 내는 어떤 구조입니다. 이 사건에서는 촌민 – 투자자 – 지방정부라는 세 주체가 삼각 구도를 이루고 있습니다. 그런데 하나하나의 주장을 따져 보면 삼자 모두 나름대로 합당한 이유가 있고 또 억울한 대목도 있습니다. 시비가 명쾌하게 가려지거나 선악의 잣대로 양단될 수 있는 사안이 아니라는 거죠. 그 속사정은 이렇습니다.

먼저 촌민의 입장에서 생각을 해 보죠. 그들의 주장은 간난하고 이치에도 합당합니다. 잃어버린 3천여 무의 토지를 돌려 달라, 이것입니다. 집체 소유 토지를 넘기는 과정에서 그들은 이 사실을 제대로 인지하지 못했고 배상을 받은 적도 없습니다. 게다가 이 땅은 최근 지가가 대폭 상승했습니다. 그러니 분노가 배가되는 건 당연하겠죠. 한편 투자자의 입장에서 보면 그들의 말에도 일리가 없지 않습니다. 10여 년 전 루펑시 공무원이 찾아와 온갖 호들갑을 떨면서 투자를 요청했습니다. 게다가 토지징수 등 여러 측면에 특혜를 주기도 했습니다. 뿐만 아니라 토지를 징수할 당시에는 촌민들도 별다른 문제를 제기하지 않았습니다. 기백만 기천만의 배상금도 이미 지불한 상태입니다. 그리고 토지 사용에 관한 수속도 합법적으로 처리되어 계획한 사업이 한창 진행 중에 있습니다. 그런데 이제 와서 촌민들이 난리를 피우며 징수 건은 몰랐으니 무조건 땅을 돌려달라고 요구합니다. 그러면 이미 투입된 기천만의 자금은 어쩌란 말인가요? 다른 한편 지방정부의 입장에서 보면 그들의 고충도 이해가 됩니다. 그들이 정말 멍청하고 대민 업무를 이해하지 못해 민중의 탄원을 묵살해 버렸을까요? 실상은 그리 간단하지가 않습니다. 시 정부가 자금을 출자해 투자자로부터 토지를 회수한 뒤 촌민들에게 다시 돌려주면 되지 않겠느냐고요? 그런데 문제는 지방정부에 그럴만한 돈이 없다는 것입니다. 설령 돈이 있다 하더라도 여전히 문제는 남습니다. 앞으로 이런 유사한 요구가 발생한다면 그때는 또 어쩌란 말인가요?[14]

실타래가 참 복잡하죠. 통계에 의하면 농촌 집단 소요의 65%는 토지문제 때문에 발생합니다. 여기에도 몇 가지 유형이 있는데, 농민의 동의를 거치지 않은 강압적인 토지징수로 인한 경우, 지나치게 낮은 보상금으로 인한 경우, 낮은 보상금조차 농민의 손에 돌아가지 않은 경우, 부패 공무원이 보상금을 유용한 경우 등이 그렇습니다.[15] 우칸촌 사건은 이 네 가지 모두가 얽혀 있습니다. 그리고 이 문제의 한복판에는 토지징수라는 낯선 제도가 자리하고 있습니다. 그렇다면 지방정부는 왜 농민들의 토지를 징수하려 할까요?

지방정부의 토지징수

토지징수란 농가생산위탁책임제 실시 이후 개별 농가에 부여된 토지사용권을 지방정부가 공적인 목적을 위해 사들이는 행정절차를 말합니다. 우리에게는 낯선 개념이다 보니 아무래도 선뜻 이해가 어려울 겁니다. 그런데 문제는 '공적'이라는 것의 기준이 불분명할뿐더러 징수 과정도 대개 순탄치 않다는 데 있습니다. 최근 빈번히 발생하는 농촌 집단시위에는 거의 이 문제가 자리하고 있습니다.

인민공사 체제에서 토지의 소유 주체는 공사와 국가입니다. 그런데 위탁책임제 실시 이후 소유권은 국가 또는 농촌집체—정확히 말하면 농민소조—에 남긴 채 개별 가정엔 일정량의 사용권을 주는 형태로 규칙이 바뀝니다. 그리고 이것의 집행·관리 권한을 해당 촌의 촌위에 넘겨준 거죠. 농경지의 위탁은 가족 수가 기준이 되는데, 1인당 1무(畝) 남짓, 가구당 5~10무 정도가 기본 규모입니다. 1무는 우리식으로 환산하면 200평 정도가 되니 가구당 위탁 규모는 축구장 절반에서 하나 정도의 크기가 되는 셈입니다. 전국의 농가 2억 1400만여 가구 가운데 85% 정도가 여기에 해당합니다.

우칸촌 사건에서 문제가 된 토지는 촌위가 관리하는 공유지였습니다. 그런데 지방정부가 이를 사들여 땅장사를 한 거죠. 여기서 지방정부가 나선 것은 농경지에 대한 용도변경의 주체가 지방정부이기—중앙정부의 승인을 거쳐야 하지만—때문입니다. 용도가 변경되지 않으면 아무리 넓은 땅을 갖고 있어도 비농업 용도로 개발할 수가 없으니 말입니다. 우칸촌 주민들이 문제 제기의 대상을 지방정부로 삼은 것도 이런 이유입니다. 일차적인 책임이 지방정부에 있으니까요. 그렇다면 지방정부는 촌민들을 상대로 왜 이런 짓을 할까요? 그것도 "인민을 위해 복무한다"는 기치를 내건 채 말입니다. 이 점을 이해하기 위해서는 이 사건에서 전혀 얼굴을 드러내지 않는 존재, 즉 중앙정부라는 존재를 소환해 볼 필요가 있습니다. 그리고 이를 위해서는 국민경제가 위기를 맞이하던 1990년대 초반 상황으로 잠시 돌아가 보지 않으면 안 됩니다.

세계사를 보다 보면 15~16세기 무렵 인클로저운동이라는 것이 등장합니다. 잉글랜드의 봉건영주들이 농경지에 울타리를 치고 농민들을 몰아낸 사건이 그것인데, 모직공장에 원료를 대기 위해 양을 키우려 했던 것이 그 출발이었습니다. 농사를 짓는 것보다 양을 기르는 것이 이윤이 훨씬 컸으니까요. 영국 자본주의의 본격적인 출범과 맞물려 있는 이 사건은 영국 농민들의 삶을 근본적으로 바꾸는 계기가 됩니다. "농업적 생산수단에 대한 인간의 관습적인 관례들을 파괴한 수백 년 긴 과정의 정점"[16]이 바로 이 사건이었습니다. 그런데 몇 백 년 뒤 중국에서도 이와 유사한 일이 벌어집니다. 차이가 있다면 양모 때문이 아니라 토지 때문이라는 것일 뿐 나머지는 크게 대차가 없습니다. 토마스 모어(1478~1535)의 『유토피아』의 한 구절 "양이 사람을 잡아먹는다"에 이를 빗대면 "땅이 사람을 잡아먹는" 그런 디스토피아가 도래한 거죠. 그런데 농촌 혁명을 딛고 일어선 이 나라에서, 그것도 토지 공유를 지고의 원칙으로 삼는 이 나라에서 어쩌다가 이런 일이 벌어진 걸까요?

중국식 인클로저(圈地)운동의 연원은 개혁개방 초기로까지 거슬러 올라갑니다. 당시 인민공사는 생산원가 상승과 저곡가정책으로 부채가 눈덩이처럼 불어 가던 중이었습니다. 그도 그럴 것이 도시 중공업이 생산한 화학비료와 농기계를 비싼 가격에 떠안고 싼 가격에 곡물을 넘겨 왔으니 당연한 결과였습니다. 공정한 심판 역할을 해야 할 중앙정부가 도시 중공업에 유리한 쪽으로 경기를 운영하고 있었으니 이런 결과가 초래된 거죠. 그런데도 정부는 낮은 생산력에 불만이었습니다. 그래서 농촌의 공업화와 중소도시화(城鎭化)에 박차를 가합니다. 이리하여 인민공사 생산대대가 운영하던 사대기업은 향진기업으로 성격이 바뀌게 되는데, 이때부터 향진기업은 1988년까지 연평균 30% 이상의 생산증가율을 기록하며 국민경제 전체의 성장을 이끄는 동력이 됩니다.[17]

    그런데 이 과정에서 향진기업과 농촌 주택 건설 수요로 인해 경작지가 무단으로 점유되고 남용되는 사례가 빈번히 발생합니다. 이것이 '제1차 인클로저운동'인 셈인데 그 정도가 심각해 중앙정부가 「토지관리 강화와 경작지 무단점유 저지에 관한 통지」(1986. 3. 21)를 발동할 정도였습니다. 그러나 '공업으로 농업을 보완'하려 한 비상조치의 산물이었던 만큼 한계가 있을 수밖에 없었습니다. 결과적으로 대규모 농촌 토지징수를 통해 1980년대 고성장을 이끌어 낸 셈이니까요. 그런데 이 대목에서 중앙정부는 경작지를 비농업 용지로 전환하는 권한을 회수할 필요를 느끼게 됩니다. 이리하여 1988년에 국가토지관리국을 설립해 이에 관한 전권을 행사하게 되는데, 아이러니하게도 이 순간 토지의 상품으로서의 성격이 확립되기 시작합니다. 이에 정부는 "토지사용권을 법률 규정에 의거하여 양도할 수 있다"는 조항을 헌법 (1988년 수정안)에 기입함으로써 토지를 유상으로 사용할 수 있는 길이 합법적으로 열리게 된 것입니다. 여기에 국무원(國務院)이 「도시 국유 토지 사용권 매각 및 양도 임시조례」(1990. 5. 19.)를 발표해 토지사용권의 매각·양도·임대·저당에 관한 문제를 공식화하는데, 이때부터 토지는 사실상 상품의 성격을 띠게 됩니다.[18]

중앙정부의 이런 조치는 불가피한 측면이 없지 않았습니다. 결과적으로 농촌 토지를 자본화함으로써 1990년대 초반의 경제 위기를 넘길 수 있었으니까요. 그런데 여기서 정부는 한걸음을 더 나아가 분세제(分稅制) 개혁을 단행합니다. 중앙정부 산하 기업의 수입 및 관세 수입과 기타 수입은 중앙정부로 귀속시키고, 지방정부 산하 기업의 수입과 소금세, 농업세, 공상소득세 정도만 지방정부로 남겨 준 거죠. 그러자 하루아침에 지방정부의 재정이 반토막 나고 맙니다. 이에 지방정부는 그 결손분을 농민들에게 떠넘기는 한편 사방에 지천으로 널린 땅에 주목하게 됩니다. 웬만한 성(省) 하나가 한반도 크기를 넘어서고 웬만한 현(縣) 하나가 우리의 도(道)를 넘어서니, 제도만 허락한다면 그야말로 노다지가 되는 거죠. 하지만 비농업적 토지에 대한 사용전환 권한은 여전히 중앙정부가 쥐고 있었습니다. 그런데 분세제로 지방정부를 내팽개친 마당이니 지방정부의 숨통은 어떻게든 틔워 줄 수밖에 없었겠죠. 이리하여 1992~1995년에 지방정부에 의한 농촌 토지징수 열풍이 일기 시작했는데 이를 '제2차 인클로저운동'이라 부릅니다. 판도라의 상자가 본격적으로 열린 거죠.

그런데 여기서 생각해 볼 게 있습니다. 첫 번째 인클로저운동은 그래도 '생산적 성격의 메커니즘'을 띠고 있었습니다. 향진기업을 일으키기 위한 불가피한 조치였으니까요. 뿐만 아니라 농촌 토지의 '비농업화' 과정에서 발생한 부가가치 수익도 향촌집체에 돌아갔습니다.

그러나 두 번째 인클로저운동은 그 본질이 '소비적 성격의 메커니즘'으로 변하고 말았습니다. 토지 거래를 통한 이윤의 극대화 자체가 그 목표였으니 말입니다. 그 정도가 얼마나 심했냐 하면, "일부 현급 지방정부는 재정 수입의 20~30%가, 일부 진급 지방정부는 예산 외 수입의 80%가 토지 매각 수익"일 정도였습니다.

　　그런데 이 과정에서 부가가치 수익의 분배 방식에 변화가 발생합니다. 토지 사용의 주체인 농민들이 여기서 소외되고 만 거죠. 비록 보상이 있기는 했지만 일회적이었고, 이후 토지에서 발생한 부가가치 수익은 이제 그들과는 무관한 것이 되어 버리고 말았습니다. 이로써 농민과 토지와의 연계는 사실상 단절되고 맙니다.[19] 한 통계에 의하면 2003년까지 7년 동안 이런 식으로 4천여만 명의 농민들이 땅을 잃었는데, 그중 60%에 가까운 농민들이 현재 생활고를 겪고 있습니다. 이런 식으로 지방정부가 얻은 이익은 무려 50,000억 위안에 달합니다.[20] 이를 비율로 환산해 보면 이렇습니다. "토지 원가를 100위안이라고 했을 때, 농민은 불과 5~10%만 가져갔고, 촌집체 경제 조직이 25~30%를 가져갔으며, 60~70%는 정부 각 부문의 차지였다." 게다가 "촌집체 경제 조직이 가져간 25~30%조차도 종종 촌 간부들이 좌지우지했다."[21]

탄원 제도

　　상황이 이렇다면 농민들은 권익 수호를 위해 어떻게 대처할 수 있을까요? 별다른 방도가 없었으니 집단시위로 표출되었겠죠. 그런데 그 이전에 한 단계의 대처 과정이 있었습니다. "우칸촌 청년들이 2009년 6월부터 2011년 3월까지 루펑시 신방국과 광저우 소재 광둥성 신방국을 십수 차례 찾아가 탄원을 넣었다"는 대목이 그것인데, 이 절차의 의미에 주목해 볼 필요가 있습니다. 왜냐하면 중국의 농촌 문제에서 어김없이 등장하는 것이 탄원 제도이기 때문입니다. 탄원(上訪, 공식 용어로는 信訪)이란 힘없는 라오바이싱(老百姓)들이 기댈 수 있는 최후의 수단이자 사회적 약자들이 목소리를 낼 수 있는 공적 채널입니다. 그래서 각급 정부는 모두 신방국을 운영하고 있습니다. 베이징 남쪽에 위치한 중앙 신방국 인근에는 '상방촌'(上訪村)이 형성되어 있는데, 여기서 거주하며 심지어 몇 년간 탄원 투쟁을 벌이는 사람도 있습니다. 그런 만큼 이 제도에는 기층 사회의 현실과 문제점, 원한과 분노가 생생하게 각인되어 있습니다.

탄원에 관해서는 대다수 중국인들이 떠올리는 이름이 있습니다. '치우쥐'(秋菊)라는 여성인데, 장이머우(張藝謀)의 영화 〈치우쥐 소송 이야기〉(秋菊打官司, 1992)의 주인공입니다. 이 여성은 남편을 구타한 촌장의 권력에 맞서 탄원과 행정소송을 통해 억척스런 투쟁을 벌임으로써 개혁개방 시기 중국에서 '불굴의 중국인'의 대명사가 됩니다. 치우쥐가 탄원의 낭만주의 버전이라면, 리얼리즘 버전의 끝판왕은 따로 있습니다. 안후이성(安徽省) 린취안현(臨泉縣) 왕잉촌(王營村)에서 벌어진 일련의 사태는 그 곡절과 파장이라는 측면에서 좀 남다릅니다. 분세제 실시 이후 지방정부의 과다 세금 징수에서 비롯된 이 탄원은 3년의 시간 동안 다섯 차례 베이징을 오간 끝에 결국 승리를 거두는데, 이 승리도 1명의 자살과 74명의 촌민이 목숨을 걸고 톈안먼광장에 선 뒤에야 가능한 것이었습니다. 이 과정에서 있었던 좌절과 고통, 상처와 희생은 필설로 형언하기가 어려울 정도입니다.[22]

그런데 최근에 보고되는 향촌 현장의 상황들을 보면 탄원은 더 이상 힘없는 약자들의 최후 수단이 아니라 밀고 당기는 게임의 패 같다는 느낌마저 들게 합니다. 이것이 무슨 말일까요? 탄원 제도에는 양면성이 있습니다. 중앙정부의 입장에서 탄원 제도는 지방정부의 횡포를 제어할 수 있는 장치로 기능합니다. 한편 농민들의 입장에서는 정부 간 힘의 위계 차를 이용한 고도의 전술로 기능합니다. 일단 탄원이 단계를 넘어 상급 기관에 접수되면 하급 기관에게는 강한 압력으로 작용할 수밖에 없습니다. 그리고 이 압력은 인사상의 불이익이나 징계 등 다양한 형태로 되돌아옵니다. 그러니 지방정부 입장에서는 탄원 자체가 골칫거리일 수밖에 없습니다. 그래서 역내의 문제는 반드시 역내에서 마무리하려고 기를 씁니다.

탄원자들은 이 점을 잘 알고 있습니다. 그래서 그들은 단계를 뛰어넘음으로써 압력의 강도를 높이려 하고, 지방정부는 한사코 이를 저지하려 합니다. 이 과정에 회유와 협박이 동원되기도 하고, 심지어는 구금, 폭력, 고문 등이 가해지기도 합니다. 왕잉촌 사례의 경우 탄원 차 상경하는 촌민들을 체포하기 위해 현(縣) 정부 공안들을 베이징으로 급파하는 사태까지 벌어집니다. 그런데 최근에는 상황이 변했습니다. 중앙정부는 "조화로운 사회를 건설하자!"는 슬로건을 내걸고 있고, 언론은 언론대로 눈을 부라리고 있으며, 네티즌들은 또 그들대로 비판과 감시를 늦추지 않고 있습니다. 상황이 이렇다 보니 예전처럼 강압적인 상황을 연출하기가 점점 어려워졌습니다.

이뿐만이 아닙니다. 최근에는 '일표부결'(一票否決)의 원칙이란 것이 있어서, 지방정부의 발목을 꽁꽁 묶어 놓고 있습니다. 공무원 인사고과에서 다른 실적이 아무리 많다 하더라도 평가 항목 가운데 하나만 탈락되면 승진을 할 수가 없습니다. 이 항목이 탄원과 관련되어 있다면 더더욱 문제가 됩니다. 그래서 심지어 지방정부가 돈으로 문제를 해결하는 상황까지 벌어지기도 합니다. "인민의 모순을 인민폐로 해결"하는 상황이 오고야 마는 거죠. 그런데 각도를 달리하면 "이는 중앙 정부와 농민이 탄원이라는 제도로 동맹을 맺어 지방정부를 제약하는 것"으로도 볼 수 있습니다. 그러니 지방정부 입장에선 수세적이 될 수밖에 없겠죠. 이는 "탄원의 성격 자체가 질적인 변화를 겪고 있다"는 것을 의미합니다.[23]

　　최근의 상황들은 이런 변화를 여실히 보여 줍니다. 일단 사고가 났다 하면 지방정부를 찾아가 소란을 피우는 것은 기본이 되어 버렸습니다. 여기에 어떻게 하면 정부로부터 더 많은 보상을 받아 낼 수 있는지를 조직적으로 컨설팅해 주는 업체까지 생겨났습니다. 뿐만 아니라 시위에 동원되는 전문 인력 부대도 생겨났습니다. 하루 50위안에 담배 한 갑을 받고 지방정부 청사 앞을 가로막고 서 있는 노인들을 목도하는 일이 그리 어렵지 않게 되었습니다.[24] 이런 부작용을 해소하기 위해 국가 신방국은 '3급 탄원종결'제를 실시하기도 했지만 좀처럼 효과를 보지 못하고 있습니다.

　　가장 곤혹스러운 부분은 재판과 관련된 탄원입니다. 법치사회의 보루는 법원이어야 하지만, 패소 판결이 나면 불만을 품고 탄원 제도로 달려가는 일이 다반사입니다. 심지어 원고와 피고 쌍방이 탄원을 신청하는 경우도 있습니다. 그러다 보니 판사들도 소신껏 판결을 내리지 못하고 질질 끌며 합의와 조정으로 당사자들을 유도합니다. 일부 지방에서는 민사소송의 80%를 합의와 조정으로 끝내라고 하급 법원에 요구하기도 합니다. 이렇게 해서 조정이나 합의가 성사되면 이후 탄원이 제기되는 경우가 아무래도 드물어지니까요.[25]

이런 기이한 상황은 기층 파출소의 치안 사건에서도 자주 발견됩니다. 공권력을 집행하는 과정에서 불미스런 사고라도 발생하면 일단 경찰이 불리한 입장에 처하게 됩니다. 그래서 110(경찰 신고)으로 상해 사건 신고가 접수되면 사건에 착수는 하면서도 처리를 미적거리는 경우가 허다합니다. 그러면서 한편으로 사건 당사자들이 공히 신뢰하는 중개인을 물색합니다. 그러고는 그에게 사법권의 일부를 넘겨주기도 합니다. 이때 중개인은 대개 마을 유지로 경찰과 밀접한 관계를 맺고 있는 경우가 대부분입니다. 엄밀히 말해 이는 국가권력의 영역에 사적 권력이 개입하는 것을 묵인하거나 심지어 장려하는 경우인데, 중국적 법치 구현의 또 다른 형태로 볼 수 있습니다. 여기에 서구적 법치 개념을 기계적으로 적용시키면 많은 것을 설명할 수가 없습니다. 여기에 '중국적 법치'의 특수성과 딜레마가 있습니다.[26]

이상의 몇 가지 사항이 농촌 문제를 구성하는 기본 요소입니다. 중국의 농촌 문제는 이 요소들 간의 복잡한 얽힘 위에서 형성됩니다. 그래서 이를 단선적으로 설명하기가 좀처럼 어렵습니다. 그러니 해법은 더욱 난망하겠죠. 그런데 개혁개방의 과정에서 공동체의 형식이 변모함에 따라 농촌 곳곳에서 낯선 상황들이 출현하고 있습니다. 일단 농가생산위탁책임제 실시로 집체 시스템이 해체의 길로 접어들면서 향촌사회가 가지고 있던 공동체적 역량과 공공재적 기능이 급속히 약화되었습니다. 여기에 서구적 법치 관념의 보급으로 주민들의 권리 의식이 신장되면서 일탈 행위를 제어하기가 더욱 어렵게 되었습니다. 이런 상황에서 마을 내부의 '비주류집단'이 고개를 들기 시작했고, 이른바 '끌짓거리'(刁民)들이 본격적으로 자기 목소리를 높이기에 이른 것이죠.[27] 더욱이 최근에는 지방정부의 토지징수가 일반화되면서 이에 대응하는 다양한 전술까지 등장했습니다. 이리하여 중국의 농촌은 거대한 게임장 같은 상황을 연출하기에 이르렀습니다.

5강

농촌 문제의 심층구조

농촌 문제의 새로운 양상

알박기 가구

2012년 11월 저장성(浙江省)의 현급(縣級) 도시인 원링시(溫嶺市)의 한 농민이 시 당국의 철거 계획에 맞서 자신의 집을 사수하며 투쟁에 돌입합니다. 원링 '알박기 가구'로 알려진 이 사건은 언론과 네티즌까지 가세하면서 여론전의 양상마저 띠었는데, 11월 27일자 CCTV 〈뉴스 1+1〉의 보도는 이 사안을 바라보는 중국 사회의 시각을 어느 정도 대변해 줍니다. "토지수용 제도를 개혁해서 농민들이 토지 가치의 증가분을 가져갈 수 있도록 해야 한다. 이는 이제 더 이상 논란이 어지가 없는 사실이다. 우리는 농촌에 제시할 답안을 기다리고 있다."[1](→288면) 이것만 놓고 보면 이 사안에도 지방정부의 토지징수가 관건인 듯 보입

알박기 가구　도로 한가운데 남은 뤄바오건의 집. 중국의 전형적인 알박기 가구의 사례다.

니다. 그런데 사태의 전말을 검토해 보면 이 보도가 사안의 핵심을 잘
못 짚고 있다는 것을 알게 됩니다. 그렇다면 이 사안의 본질은 무엇이
었을까요?

　　뤄바오건(羅保根)의 5층집은 원링 기차역 주변에 위치해 있었는
데, 이 기차역은 2009년에 완공되었지만 주변 일대 정비와 도로 건설
미비로 아직 개통을 못 하고 있던 상태였습니다. 이에 골머리를 앓고
있던 시 정부는 26만 위안의 보상비를 제시하며 이전을 요구합니다.
그러나 그는 5층집을 짓는 데 60여만 위안이 들었는데 말도 안 된다며
홀로 버티기에 들어갑니다. 이 상황만 놓고 보면 뤄바오건의 싸움은
정당성이 충분해 보입니다. 그런데 시 정부의 보상안을 들여다보면 이
야기가 좀 달라집니다. 애초 시 정부는 두 가지 보상안을 제시했는데,
1안은 별도의 주택 부지를 제공하고 보상 비용으로 제곱미터당 300위
안을 지급하는 것이었고(이를 근거로 뤄바오선에게 26만 위안의 보상비가 책정),

100

2안은 인근 농민아파트로 이주하는 것이었습니다.

1안은 원래 살던 부지보다 면적이 조금 작지만 국유 토지여서 토지증명과 주택증명, 거래증명까지 제공되기 때문에 매매와 담보까지 가능했습니다. 2안은 살던 주택의 면적(618m²)에 따라 보상을 받기 때문에 뤄바오건의 경우 아파트 네 채를 받게 되는데, 이 아파트는 향촌 집체 소유여서 재산권 증명이 제공되지 않고 시세도 주변보다 낮은 2000위안 정도이지만 120m²의 상가 점포를 제공받게 되어 적지 않은 수익을 기대할 수 있었습니다. 뤄바오건을 포함한 대부분 농민들은 이 두 가지 중 1안을 선택했습니다. 첫 번째 안이 더 이익이 되었으니 그랬겠죠. 그렇다면 얼마나 이익이 될까요? 시 정부 보상안에 따라 뤄바오건의 경우를 계산해 보면, 2안을 선택할 경우 400만 위안의 보상비를 받게 되는데, 최초 비용 120만 위안(618×2000위안)을 제한다 해도 280만 위안(한화 4억 6천만 원 정도)의 순수익이 남게 됩니다. 여기에 120m² 상가 점포까지 덤으로 해서 말입니다. 그런데도 주민들은 2안을 선택하지 않고 대부분 1안을 선택했습니다. 왜 그랬을까요?

1안의 매력은 국유 토지라는 데 있습니다. 그렇다면 사실상 자가 단독주택에 가까워 매매에 아무런 제한이 없습니다. 뤄바오건이 받게 되는 26만 위안의 보상비는 적을 수 있지만 대출 등의 방식으로 주택을 짓기만 하면 가격이 폭등할 것은 자명했습니다. 당시 시세로 동일 면적의 집을 짓는데 80만 위안이 든다 하더라도 일단 완공만 되면 600만 위안을 호가하는 건 문제도 아니었습니다. 그래서 대부분 주민들은 높은 이자를 물고 융자를 내서라도 1안을 선택한 것이었습니다. 그들이 보기에도 그것이 더 이익이었기 때문이죠.

뤄바오건 역시 1안을 선택했습니다. 다만 그가 추가로 요구한 것은 동일 면적의 주택 건축 비용이었습니다. 자기 돈을 내거나 돈을 빌려 집을 짓기가 싫었던 거죠. 뿐만 아니라 나중에는 5층짜리 단독주택을 아예 지어 달라고 뻗대고 나섰습니다. 그러니 시 정부의 입장도 참 난감했겠죠. 뤄바오건도 1안이 이익이 크다는 걸 모르지 않았습니다. 그런데 자기 주머니에 들어올 몫은 입도 벙긋 않고 불리한 부분만 부각시키며 억지를 부리고 있었던 거죠. 심지어 언론의 눈을 끌기 위해 알몸으로 퍼포먼스를 벌이는 등 갖은 연출을 다해가며 말입니다. 그런데 언론의 집중 조명 덕택에 사태의 진상이 드러나고 말았습니다. 사태가 불리해지자 뤄바오건은 슬그머니 26만 위안을 받아들이고 1안에 따라 집을 지은 뒤 이주를 했습니다. 사태는 이렇게 끝이 납니다.[2]

한편으로 이해가 되기도 하면서도 왠지 씁쓸하죠. 그런데 문제는 현재 중국 농촌에서 이런 일들이 비일비재하다는 데 있습니다. 도심 한가운데 위태롭게 서 있는 나 홀로 집은 어느덧 익숙한 풍경이 되고 말았습니다. 더욱이 문제는 대다수 농민들이 철거를 기회 삼아 조상 대대로 살아왔던 향촌을 떠나 도시로 나가고 싶어 한다는 데 있습니다. 더욱이 철거가 엄청난 보상금을 안겨다 주는 현실에서 이를 저지하기란 사실상 불가능합니다. 이리하여 향촌 공간은 다양한 힘과 지략이 난무하는 '게임장'이 되어 가고 있는 것이 현실입니다.

농촌 문제의 신국면

향촌 현장에 몸담고 있는 학자들은 농촌사회에 이미 구조적으로 중요한 변화가 발생했다고 진단합니다.[3] 사례를 하나 더 볼까요.

어느 마을에서 중형 저수지 보수 사업이 진행되고 있었는데, 중앙 정부가 2천만 위안을 투입한 중요 사업이었습니다. 매일같이 대형 차

량들이 마을을 들락거리며 자재를 운반하고 있었는데, 어느 날 마을의 몇몇 불량배들이 차를 막아 세우고서는 통행료로 5만 위안을 요구합니다. 차량으로 인해 마을 도로가 훼손된다는 게 그 이유였습니다. 그런데 마을 도로는 비포장 흙길이라 애초에 훼손될 것도 없었습니다. 그런데도 불량배들은 5만 위안을 받으면 모두에게 몫이 돌아갈 거라고 주민들을 선동합니다. 이렇게 동원된 촌민들이 차량을 막아선 채 실랑이를 벌이고 있었던 것입니다. 이에 현(縣) 수리국(水利局)은 분노합니다. 그도 그럴 것이 저수지 보수 사업이 끝나면 그 수혜자가 바로 그들이기 때문입니다. 그런데 진(鎭) 정부의 태도가 좀 이상합니다. 그들은 사태를 수습해 작업을 재개할 생각은 않고 오히려 그들과 협상에 나섭니다. 일이 커지는 것이 두려웠던 거죠. 결국 작업반은 주민들에게 2만 위안을 내어주며 작업을 계속하게 됩니다.[4]

참 어이가 없죠. 그런데 이런 장면이 지아장커(賈樟柯)의 영화 〈천주정〉(天注定, 2013)에도 등장하는 걸 보면 예외적인 상황만은 아니었던 모양입니다. 여기서 흥미로운 것은 지아장커가 이 상황을 해석하는 방식입니다. 그는 위의 상황에서 한 걸음 더 나아가 중앙정부와 지방정부의 힘겨루기 같은 국면을 슬쩍 끼워 넣습니다. 〈천주정〉의 세 번째 에피소드에 나오는 위안산진(遠山鎭) 외곽 화물 부두 장면이 그것인데, 여기서는 몇 명의 덩치들이 공사장 트럭을 상대로 통행료를 뜯고 있습니다. 이 트럭은 인근의 선눙지아(神農架) 공항 건설 현장 차량인데, 이 사업은 중앙정부가 발주를 했습니다. 흥미로운 것은 이 덩치들을 지휘하는 인물이 위안산진 진 정부 간부라는 점입니다. 이 영화에 관한 현장 비평들은 이들을 단순히 불량배나 조폭으로 치부해 버리는데 실상은 지방정부 공무원입니다. 이들은 지아장커에 의해 이내 응분의 대가를 치르게 되지만, 지방정부 간부가 마을 불량배들을 동원해 중앙정부를 향해 돈을 뜯어낸다는 문제 설정 자체는 이 영화가 보여 주고 있는 현실 인식의 깊이를 유감없이 드러냅니다.

위의 저수지 보수 사업의 사례에서는 향촌사회와 지방정부 사이에 힘과 지략의 장이 펼쳐지고 있습니다. 이에 반해 영화 속 공항 건설 현장의 사례에서는 향촌사회와 지방정부, 중앙정부 사이에 보다 미묘하고 복잡한 세력의 장이 펼쳐지고 있습니다. 그리고 그 바탕에는 분세제 실시 이후 지방정부가 처한 현실이 자리하고 있습니다. 이처럼 하나의 고리는 다른 고리를 만들어 내고 이런 고리들의 연쇄가 복잡하게 어우러져 향촌 현장의 현실을 연출해 가고 있습니다. 이를 국가에 대한 향촌의 저항으로 일반화해 버리거나 부모관과 사회적 약자의 관계로 치환해 버리거나 개인의 도덕과 윤리 문제로 축소해 버리면 진실을 호도하거나 은폐하는 결과가 초래될 수도 있습니다. 그러니 현실의 내적 논리에 대한 균형 있고 깊이 있는 시선이 필요한 거죠. 향촌 현장에 오래 몸담은 농촌학자의 증언은 그래서 더 무겁고 암울하게 들립니다.

법이 향촌사회로 진입하면서 향촌사회의 정치가 사라지고 있다. 다수는 더 이상 소수를 결정짓지 못하며, 소수는 더 이상 다수에 복종하지 않는다. 향촌사회의 재분배 기제 역시 사라지고 있다. 향촌사회의 정치가 사라지면 국가와 사회, 개인의 전통적인 삼각관계가 국가와 개인의 일대일 관계로 바뀌게 된다. 사회가 사라지면 알박기 가구나 철면피 가구가 국가와 직접 '지략 대결'에 나서게 된다.

중앙이 직접 모든 개인과 마주하기 힘들기 때문에 관료 체계가 그 통로로 이용된다. 이전의 향촌이 사회의 한 부분이었다면, 지금의 향촌은 국가 행정 체계의 한 부분이자 기층에 위치한 중앙의 대리인이다. 국가는 이 대리인을 통해 사회가 해체된 이후에 등장한 개인을 대면하고 있다. 전통적인 방식은 이미 개인을 구속할 수 있는 힘을 잃었는데, 현재 관료 체계에서의 기층은 반드시 중앙의 요구에 책임감 있게 임하면서 기본 질서를 유지해야 한다. 법으로 문제를 해결하기 힘들 때, 기층의 대리인은 법 이외의 회색지대에서 문제를 해결할 방법을 찾는다. 가장 좋은 힘이 바로 흑사회(黑社會)다. 만약 기층의 대리인이 흑사회와 결탁하면, 기층에서 문제가 발생할 확률은 더욱 커지고, 그러면 그럴수록 중앙은 더욱 마음을 놓지 못한다. 이와 달리 농민을 위장한, 혹은 농민의 대표를 자처하는 알박기 가구 등은 순식간에 탄원자가 되어 중앙에 기층의 상황을 알리는 탄원을 넣는다.

이런 식으로 이전의 국가, 사회, 개인의 삼각관계가 중앙, 지방, 알박기 가구의 삼각관계로 변하게 된다. 이 얼마나 놀라운 변화인가![5]

해법을 위한 모색들

충칭 실험의 경우

"토지징수 제도를 개혁해서 농민들이 토지 가치의 증가분을 가져갈 수 있도록 해야 한다. 이는 이제 더 이상 논란의 여지가 없는 사실이다. 우리는 농촌에 제시할 답안을 기다리고 있다." 원링에서 알박기 가구 문제가 불거졌을 당시 CCTV는 이런 입장을 밝힌 적이 있습니다. 이 문제와 관련해 주목해 볼 필요가 있는 것은 충칭(重慶)에서 진행된 일련의 실험입니다.

충칭직할시는 8만여 제곱킬로미터의 넓이에 3천만여 인구가 사는 서부 내륙의 거점 도시입니다. 느낌이 잘 오지 않는다면 대한민국에서 제주도와 거제도를 뺀 정도의 크기라고 생각하면 됩니다. 이 가운데 3분의 2는 농촌인구인데, 중국에서 도농 간 격차가 가장 큰 지역이 바로 이곳입니다. 그러므로 충칭시가 도농이 상생·공영할 수 있는 길을 개척한다면 중국 현대화 과정의 가장 큰 난제를 푸는 실마리를 찾는 셈이 됩니다.

지난 세기말 충칭에서는 모종의 움직임이 포착됩니다. 이 움직임은 2001년 황치판(黃奇帆)을 부시장으로 영입하면서 보다 구체성을 띠게 되는데, 그는 상하이 '푸둥모델'(浦東模式)을 설계한 장본인이었습니다. 여기에 당시 유력한 대권주자였던 보시라이(薄熙來)가 2007년 충칭시 당서기로 부임하면서 국무원은 충칭을 '전국 도농통합 종합개혁 실험지구'로 지정하게 됩니다. 이 과정에서 '신좌파' 계열의 지식인들이 가세하고 이것이 다시 2008~2009년 세계적인 금융위기와 맞물리면서 충칭은 국가 중장기 종합 프로젝트의 실험장 같은 성격마저 띠게 되었습니다.

'충칭모델'(重慶模式)로 명명된 이 실험에서 주목해 볼 필요가 있는 것은 토지문제에 관한 정책적 상상력입니다. 이 실험의 기본 철학은 여기에 있습니다. 토지는 공공재라는 것. 그런데 앞선 사례들에서 알 수 있듯이 현실은 이 방향을 역행하고 있습니다. 공업화와 도시화는 불가피한 현실이고 어쨌거나 이를 위해서는 농경지가 건설용지로 전환되어야 합니다. 그런데 중앙정부는 식량안보의 차원에서 2006년 「중화인민공화국 국민경제와 사회발전을 위한 제11차 5년 계획 강요」를 통해 '18억 무 레드라인'(十八億畝紅線)이란 것을 공식화하고 있습니다. 이에 따르면 전국적으로 최소 1억 2천만 헥타르(중국 전통 도량형으로 환산하면 18억 무) 이상의 농경지가 상시적으로 확보되지 않으면 안 됩니다. 그렇다면 상충하는 이 두 요구를 어떻게 동시에 충족시킬 수 있을까요? 어려움은 바로 여기에 있습니다.

이에 대해 충칭이 내놓은 아이디어는 '용지지표'(用地地票)라는 것이었습니다. 지표란 실체가 아니라 사용하지 않는 농촌의 건설용지—농가 주택용지와 그 부속시설 용지, 향진기업 용지, 농촌 공공시설 용지 등—를 농경지로 복원함으로써 확보된 건설용지 활용지수를 가리킵니다. 도시화가 진행됨에 따라 도시 인근의 농촌은 토지 가치 상승에 따른 수익을 누리게 되지만 도시에서 멀리 떨어진 농촌은 이 혜택을 누리지 못합니다. 그런데 지표거래를 통해 도농 건설용지의 규모 증감을 연계시킨다면 도시에서 멀리 떨어진 농촌 지역도 토지 가치가 상승될 수 있겠죠. 이런 방식으로 도시와 농촌이 윈윈할 수 있다는 것이 이 실험의 요지입니다. 이를 위해 충칭시는 2008년 전국 최초로 토지거래소를 설립합니다. 그리고 여기서 확보된 지표를 건설용지가 필요한 개발업자에게 판매하게 합니다. 그러자 아이디어가 곧바로 현실로 드러납니다. 예를 들면 충칭 도심에서 600킬로미터 떨어진 청커우현(城口縣)의 복원 경작지 61.89무는 현지 양도 가격이 1무당 11,300위안입니다. 그런데 충칭 토지거래소에서 거래된 이 땅의 지표 가격은 1무당 무려 115,700위안에 달했으니 말입니다.

이뿐만이 아닙니다. 지표 거래에는 또 다른 이점이 있습니다. 그 하나는 절대농경지를 보호한다는 것입니다. 충칭의 경우 2009년 절대농경지는 2008년에 비해 1,700헥타르나 증가했습니다. 또 하나는 오랫동안 농민을 제약했던 후커우제(戶口制)를 개혁하는 데 도움이 된다는 것입니다. 2010년 충칭시는 후커우제 개혁을 단행하는데, 충칭 도심 지역에서 5년 이상 일했거나 구(區)나 현(縣)에서 3년 이상 일한 경우, 부도심에서 1년 이상 일한 농민에게 충칭의 후커우를 발급함으로써 양로·거주·의료·취업·자녀 교육 등에서 기존의 충칭시민과 동일한 대우를 누리게 했습니다. 농민은 농민대로 도시로 흡수하고 재정 수익은 또 수익대로 끌어올리려 했던 거죠. 그 결과는 어땠을까요? 대성공이었습니다. 놀랍게도 2001년 이전 2억 위안에 불과했던 충칭시의 토지 재정 수익이 2010년에 이르러 980억 위안에 달했습니다.[6]

그렇다면 당연히 이런 의문이 들겠죠. 이런 아이디어를 통해 도농 간의 상생이 가능하다면 이를 전국적으로 실시하면 되지 않겠느냐고 말입니다. 그런데 현실이 그리 녹록하지 않습니다. 무엇이 문제일까요? 혹자는 이 실험이 지나치게 이상주의적이라고 비판합니다. 그리고 여기에 내포된 문제점을 이렇게 지적합니다.

첫째, 시 정부가 추가적인 도시 건설용지를 확보하기 위해서는 먼저 농민이 제공한 주택부지를 징수한 뒤 경작지로 만들어야 한다. 그런데 경작지를 개간했다고 해서 건설용지가 확보되는 것은 아니다. 중앙정부가 지방정부의 건설용지 공급 계획을 승인해 주어야 한다. 충칭시는 실험 지역인데다 직할시여서 특별히 이를 승인해 주었다. 그런데 전국의 모든 지방정부가 이를 요구한다면 어떤 상황이 벌어질까? 만약 이를 다 들어준다면 중앙정부가 세운 건설용지 공급 계획은 의미가 없게 된다. 뿐만 아니라 '18억 무 레드라인'도 방어할 길이 없어진다. 충칭 실험은 중앙정부의 지원과 특별한 혜택 때문에 가능한 것이다.

둘째, 설령 시 정부가 건설용지를 확보했다고 해서 이것이 이윤 창출로 이어지는 것은 아니다. 건설용지에 대한 수요가 생기려면 도시

경제의 성장이 뒷받침되지 않으면 안 된다. 그런데 충칭 이외의 도시들이 얼마나 이런 역량이 있을지 의문이다. 더욱이 전국의 도시들이 경쟁적으로 건설용지를 내놓는다면 어떻게 될까? 이윤을 창출하기는 더욱 어려워질 것이다. 투자 유치를 위해 기업에게 무상으로 땅을 제공하고 있는 현실에서 말이다. 뿐만 아니라 농민들이 내놓은 토지에 대한 징수비용을 별도로 부담해야 함은 물론 그들을 위한 임대주택과 사회보장, 실업보험 비용이 추가로 제공되어야 한다. 그런데 충칭 이외의 지방정부들이 얼마나 이런 재정 능력을 가지고 있을까?

셋째, 충칭시는 투자 유치가 순조로우면 이주 농민들에게 일자리를 제공할 수 있을 거라고 생각한다. 그런데 이주 농민의 입장에서는 도시 생활을 영위하기 위해 상당한 수준의 임금 소득이 필요하다. 농촌의 토지를 도시 후커우와 맞바꾼 만큼 임금소득만으로 생활이 가능해야 한다. 왜냐하면 더 이상 돌아갈 곳이 없기 때문이다. 그렇지 않다면 이들은 빈민으로 추락할 수밖에 없다. 한편 기업의 입장에서 생각해 보면 이 경우 비용의 상승과 이에 따른 이윤의 하락은 불가피하다. 그러면 이 지역의 비싼 노동력을 채용하는 대신 타 지역의 값싼 농민공(農民工)을 채용하려 들 것이다. 그런데 기업들이 과연 이런 비용과 번거로움을 감수하면서까지 충칭에서 사업을 하려고 할까?[7]

하나하나 따져 보면 대부분 타당한 지적입니다. 그렇다고 해서 이것이 충칭 실험의 의의 전체를 부정한다고 볼 필요는 없습니다. '청두 모델'(成都模式) ─ 이 모델의 목표도 도농 간의 모순 해결에 있음 ─ 에서도 지표거래가 채택되는 걸 보면, 이 실험의 의의는 이미 공적인 승인을 얻었다고 보아도 무방할 듯합니다. 건국 이래 온갖 굴곡진 역사의 하치장이 농촌이었던 만큼 복잡하게 엉킨 실타래가 한꺼번에 풀릴 수는 없겠죠. 그렇다면 문제의 본질은 결국 농촌에서 찾을 수밖에 없습니다. 농촌의 삶을 떠받치고 있는 토지 그 자체에서 말입니다.

토지제도를 바라보는 입장들

청두모델을 설계한 저우치런(周其仁) 같은 이는 토지징수 제도의 본질을 국가에 의한 민간자산의 몰수 내지 탈취로 파악합니다. 더욱이 이 제도가 심각한 경제적 비효율성을 양산한다는 점에서 문제적이라고 봅니다. 특정 지역의 토지 용도를 결정하는 주체는 소유권자나 사용권자여야 하는데, 정부가 주체가 되다 보니 수요 공급의 불균형이 초래될 수밖에 없다는 거죠. 이에 대한 해결책으로 그는 공급 주체의 다원화를 주장합니다. 토지징수 제도를 폐기하거나 축소하고 대신 농업용 토지 사용자가 토지시장의 공급 주체가 되어야 한다는 것이죠. 수요 공급의 균형은 시장 기제를 통해서만 가능한데, 현재의 제도는 소유권과 사용권의 내용이 제한적이어서 개인이 시장에 참여할 길이 없습니다. 그러니 먼저 소유권 자체를 명확히 해 두지 않으면 안 된다는 겁니다. 시장 기제를 형성하기 위해서는 먼저 사용자 개개인에게 권리를 돌려줌으로써 그 땅에 대한 실질적인 능력을 부여할 필요가 있다는 것이죠.

그러나 허쉐펑(賀雪峰) 같은 학자의 생각은 좀 다릅니다. 그는 토지 공급과 징수의 불균형은 토지징수 제도와 무관하다고 생각합니다. 건설용지 계획은 중앙정부의 관리 하에 있기 때문에 지방정부가 임의로 징수할 수도 없을뿐더러 중앙정부의 계획도 나름의 합리성을 가지고 있다는 것입니다. 그는 오히려 현행 징수 제도가 중국의 도시화에 적극적인 역할을 하게 될 것으로 예상합니다. 도시화가 진행될수록 건설용지가 필요할 수밖에 없는데 현행 징수 제도만큼 효과적인 방식이 없다는 게 그 이유입니다. 만약 저우치런의 주장처럼 농민들로 하여금 시장 거래의 주체가 되게 한다면 지방정부의 효율적인 토지 이용은 어려워질 뿐 아니라 그들의 협상력이 더 높아져 '알박기' 같은 기형적인 현상이 심화될 것은 불가피할 테니 말입니다. 그래서 그는 토지징수의 용이성을 단점이라기보다는 장점으로 봅니다. 상대적으로 적은 비용으로 토지 공급을 원활히 할 수 있는 일종의 '제도적 보너스'로 받아들이는 거죠.

그렇다면 징수한 토지로 지방정부가 재정을 늘려 가는 현실에서 농민들은 이를 지켜봐야만 하는 걸까요? 따지고 보면 그 부가가치는 농민의 몫이 되어야 하는데 말입니다. 저우치런은 이것이 도농 간의 격차를 벌리는 요인일 뿐 아니라 농촌 집단 소요의 주범이라고 생각합니다. 농민들의 박탈감을 가중시켜 지방정부와 농민들 간에 갈등을 조장한다는 거죠. 여기에는 지방정부의 이중적 성격, 즉 토지를 징수할 때는 법 집행관의 태도를 취하다가 부동산시장에 토지를 공급할 때는 장사꾼의 면모를 보이는 양면성이 개입되어 있습니다. 이런 상황에서 시장이 정상적으로 작동하기를 기대하기는 어렵습니다. 그러니 농민들로 하여금 시장에 직접 참여하게 하면 그들의 이익을 지켜 주는 것은 물론 분쟁도 줄이고 도농 간 격차도 줄일 수 있다는 것이 그의 생각인 거죠. '정부와 개인'의 이해관계를 '개인과 개인'의 이해관계로 전환시킴으로써 지방정부의 이중성은 이중성대로 바로잡으면서 왜곡된 시장은 시장대로 균형을 찾을 수 있다는 이야기입니다.

그러나 허쉐펑은 이러한 논지를 수긍하면서도 여기에 내포된 나이브함을 지적합니다. 요지인즉슨 이렇습니다. 농촌의 토지징수는 주로 대도시와 연해 지역을 중심으로 발생하는데 이는 중국 농촌의 10%에 불과하다. 이런 상황에서 토지 사용자들로 하여금 부동산시장의 주체가 되게 한다면 이는 대다수 농민의 이익을 보장해 주는 것이 아니라 일부 농민들의 주머니를 채워 주는 셈이 되는데 이것이 과연 정당한가?

현행 제도는 토지를 이용하여 부를 축적하는 개인이나 집단이 존재할 수 없습니다. 적어도 공식적으로는 그렇습니다. 따라서 현재 발생하는 문제는 제도적 개선과 보완을 통해 해결해 가야 할 것이지 현행 토지제도의 합리성을 부정하는 근거가 되어서는 안 된다는 것입니다. 더욱이 징수된 토지에서 발생하는 부가가치가 노동의 산물이 아닌 만큼, 이를 통해 농촌사회의 불평등을 조장할 것이 아니라 지방정부에 귀속시켜 공적으로 사용하는 것이 더 바람직하다는 거죠.

여기서 주목할 것은 양도권(轉讓權) 개념이 탄생하는 과정입니다. 이전까지 토지는 어떤 유통도 인정되지 않았기 때문에 이 개념이 필요치 않았습니다. 그런데 1987년 선전(深圳)에 경제특구가 만들어지면서 토지사용권이 유통될 필요성이 대두되자 국유토지에 한해서 양도권이라는 개념을 인정하게 된 것입니다. 그러고는 뒤이어 헌법 수정과 법률 제정을 통해 경제특구 이외의 지역에서도 토지사용권의 유통을 공식적으로 인정하게 됩니다. 이로써 양도권의 개념이 공식적으로 확립된 거죠. 그 최초 권한은 지방정부에게 주어졌는데, 이는 분세제 개혁을 통해 지방 재정을 중앙 재정으로부터 분리시키는 과정의 산물이었습니다. 농촌 분규의 대부분은 지방정부가 이 권한을 행사하는 과정에서 발생합니다. 그런데 저우치런이 보기에 현재 국유토지에 한해서만 사용권의 양도가 인정되는 상황은 문제가 있습니다. 국유토지의 양도권을 지방정부가 독점하고 있는 상황 또한 개혁개방의 본질과 거리가 멉니다. 개혁개방 초기 중앙정부가 지방정부에 토지 양도의 권한을 이양했던 것처럼 지방정부가 개인에게 그 권한을 이양할 때가 되었다는 것이 그의 입장입니다.

그러나 허쉐펑의 생각은 여기서도 차이를 보입니다. 그가 보기에 중국의 토지제도는 지금까지 사회주의 시기의 공유제 성격을 상실한 적이 없습니다. 중국 토지시장에서 유통되는 것은 소유권이 아닌 사용권이며, 이것의 주체 또한 지방정부와 집체로 국한됩니다. 이를 통해 지방정부가 막대한 이익을 취하고 있는 것은 사실이지만 그 이익이 극소수 개인의 주머니로 들어가는 것이 아니라 공공재정으로 편입되어 토지보상비와 기초인프라 건설에 사용되고 있는 현실을 볼 필요가 있다는 것입니다. "불어난 가치는 공공의 것으로 귀속된다"는 게 그것입니다. 토지징수 제도는 적지 않은 문제를 드러내지만 보상을 일정 수준 이하로 제한하고 있기 때문에 중국의 토지제도는 여전히 '공유'의 성격을 유지하고 있습니다. 그는 이것이 개혁개방을 성공적으로 이끌 수 있었던 '비밀'이라고 생각합니다. 어쨌거나 토지에서 발생한 수익은 고스란히 국가재정으로 편입되었고, 염가의 산업용 토지가 먼저 있었기 때문에 해외자본을 손쉽게 유치할 수 있었으며, 이를 발판으로 '세계의 공장' 신화가 가능할 수 있었다는 것이죠.[8]

어떤가요? 참 복잡하고도 어렵죠. 이 논쟁에서 시비를 따지는 일은 쉽지 않습니다. 각자의 입장이 저마다 설득력을 가지고 있기 때문입니다. 이 논쟁의 분기는 결국 "중국의 경험을 어떻게 바라볼 것인가", "중국의 '특수성'을 어떻게 이해할 것인가?"라는 문제로 수렴됩니다.[9] 나아가 중국 사회가 지향하는 공동체의 성격에 따라 해법의 방향도 달라질 수밖에 없을 겁니다. 중국 사회가 나아가야 할 방향이 서구적 자유주의 모델이라고 믿고 있다면 저우치런의 입장에 동의하겠죠. 반면 사회주의라는 역사적 경험의 장점을 보듬고 가야 된다고 생각한다면 허쉐펑의 입장에 동의할 수밖에 없을 겁니다.

현재 학계를 기준으로 보자면 두 입장 가운데 저우치런으로 대표되는 입장이 '주류 담론'의 지위를 점하고 있는 것처럼 보입니다. 그러나 이는 어디까지나 담론장 내에서의 일이고 현실 정치의 영역에서는 또 다른 차원의 고민이 있을 수밖에 없습니다. 그러니 섣부른 판단은 잠시 유보하고 문제를 다음 강좌로 이월해 보기로 하죠. 다음 장에서는 중국의 농촌 문제가 세계화의 문제와 어떻게 연결되어 있는지를 검토해 보도록 하겠습니다. 중국의 농촌이 자본주의 세계체제 속에 어떠한 고리로 편입되어 있는지가 분명히 밝혀진다면, 지금까지와는 다른 높이에서 이 문제를 생각해 볼 수 있는 여지가 마련될 것입니다.

제3장

코끼리의 급소 둘: 세계의 공장

6강

폭스콘은 어떤 장소인가

앞선 장에서 우리는 중국이라는 코끼리의 핵심 급소, '삼농' 문제의 내면을 들여다보았습니다. 이번 장에서는 또 하나의 급소, 즉 개혁개방이 만들어 낸 구조적 문제에 대해 진단을 해 보도록 하겠습니다.

2010년 중국이 일본을 제치고 세계 두 번째 규모의 경제체로 올라선 데에는 1980년대 농촌 지역 향진기업의 약진과 1990년대 연해 지역을 중심으로 시작된 '세계의 공장' 역할이 절대적입니다. 그러나 이 과정에서 불가피하게 '3대 격차'가 양산되었고, 이를 해소하기 위해 후진타오 체제는 '조화로운 사회를 건설하자!'는 구호를 내걸었고, 2005년경부터는 '사회주의 신농촌 건설' 사업이 착수되었습니다.

그런데 양극화 문제는 농촌에만 국한된 것이 아니었습니다. 1990년대 후반부터 본격화된 '농민공의 물결'(民工潮)은 '삼농'(농민·농촌·농업) 문제를 '세계의 공장' 벨트로 확장시키면서 '농민공 문제'라는 새로운 화두를 중국 사회에 떠안깁니다. 일종의 성장통인 셈인데, 그 대가가 너무 가혹했습니다. 이와 더불어 가시화된 것은 자본주의 체제에의 예속화입니다. 'G2'라는 용어가 익숙한 시대에 '예속화'란 단어는 좀 의아하게 들릴지도 모르겠습니다. 그런데 그 예속의 정도가 거의 먹살이 잡혀 있다고 해도 과언이 아닌 정도입니다. 이 역시 급속한 성장에 대한 일종의 급부였던 셈이죠. 2018년부터 불거지기 시작한 미국과의 무역분쟁에서 온갖 수모를 당하면서도 끝내 트럼프(Donald Trump)에게 끌려 다닐 수밖에 없었던 것은 이런 속사정 때문입니다.

이 같은 중국의 현실을 실감하기 위해서는 자본주의 세계체제의 위상학(topology)이라는 문제 틀이 필요합니다. 자본주의 세계체제의 그물에서 중국이 어느 지점에 어떤 입장으로 서 있는지가 먼저 규명되어야 한다는 이야기입니다. 그래야 세계화 문제가 왜 중국의 급소가 되는지 좀 더 명확히 드러날 것이기 때문입니다. 그럼 지금부터는 중국의 남방 광둥성(廣東省)에 위치한 폭스콘이라는 장소(topos)를 통해 자본주의 세계체제의 논리가 어떻게 관철되는지, 글로벌 자본은 어떤 전략으로 자신의 욕망을 관철시켜 나가는지, 그리고 중국의 '삼농' 문제는 여기에 어떻게 연결되어 있는지를 검토해 보도록 하겠습니다.

2010년, 광둥, 폭스콘

조립라인 백열등에 불이 들어오면
무수한 노동자들이 일렬로 늘어선다
빨리, 더 빨리

그 가운데 서서

나는 라인장의 절박한 재촉소리를 듣는다

그 누구든

일단 작업장에 온 이상

복종을 택할 수밖에 없다

흘러간다 흘러간다

부품과 내 피가 같이 흘러간다

왼손은 주간반용 오른손은 야간반용

굳은살이 밤낮없이 성장한다

아, 작업장

내 청춘은 여기서 좌초한다

나는 눈을 부릅뜨고 지켜본다

내 청춘이 너의 품속에서

밤낮으로 연마되고 압착되고 광택되고 성형되는 것을.

— 쉬리즈, 「작업장, 내 청춘은 여기서 좌초한다」 중에서

2010년 1월에서 12월까지 중국 각지에 산재한 폭스콘(Foxconn, 중국명 富士康) 공장들에서 18건의 연쇄 투신자살 사건이 발생합니다. 세계를 놀라게 한 이 일련의 사건은 여기서 그치지 않고 2016년까지 총 30건의 투신자 명단을 더 추가한 뒤에야 비로소 잠잠해집니다. 위 인용문은 2014년 9월 스스로 몸을 던진 폭스콘 공장 노동자 쉬리즈(許立誌, 1990~2014)가 쓴 시의 한 대복입니다. 1990년 광능에서 태어나 고등학교를 졸업한 후 2011년 광둥 폭스콘에 입사한 그는 폭스콘에서의 노동의 일상을 193편의 시로 기록합니다.[1](→289면) 거기선 삶이 곧 기

계이고 분절된 시간의 연속이지만, 그의 실존적 삶의 마감이 공장 경내가 아니라는 이유로 공식 통계에조차 잡히지 못했습니다.

그런데 이런 시 구절은 왠지 낯설지가 않습니다. 더욱이 1980년 대에 대학을 다녔던 제 세대에게는 친숙함마저 듭니다. 그도 그럴 것이 1970~1980년대 구로공단에서, 청계피복벨트에서, 그리고 전국의 수많은 공단에서 익숙하게 접하던 현실이었으니 말입니다. 박노해 시인의 시 한 대목대로 "전쟁 같은 밤일을 마치고 난 새벽 쓰린 가슴 위로 차거운 소주를 붓는" 그런 현실 말입니다. 이들 시에서 우리가 마주하게 되는 것은 세계체제의 주변부 동아시아 지역에서 20~30년의 시차를 두고 재현되는 어떤 비동시적 동보성(同步性)입니다.

1970~1980년대 우리는 '아시아의 네 마리 용'의 일원으로 '세계의 공장' 역할을 수행하며 '한강의 기적'을 만들어 냅니다. 그러나 여기서 불거진 노동과 자본의 첨예화된 모순은 공동체의 삶에 수많은 문제를 양산합니다. 이때 우리가 뿜어내던 공해와 미세먼지는 1990년대로 접어들면서 그 진원지가 점차 중국 대륙으로 옮아갑니다. 그리고 중국은 '세계의 공장' 바통을 이어받으며 자본주의 세계체제의 하부 엔진 역할을 충실히 이어 갑니다. 그리고 2020년, '금융자본화' 단계에 진입한 중국은 자신들이 수행한 이 역할을 다시 동남아 국가들로 이월하고 있습니다. 그렇다면 1970년대 초부터 지금까지 자본주의 세계체제의 주변부 아시아 지역에서 세계 자본이 만들어 내는 이 차연(差延)의 운동을 어떻게 이해해야 할까요?

'폭스콘 사태'에 대해서는 그간 수많은 진단이 있어 왔고 이미 백서까지 나와 있는 상태입니다. 그럼에도 불구하고 다시 이 사태를 반추해 볼 수밖에 없는 것은 위와 같은 이유 때문입니다. 이 사안은 '세계의 공장의 흉터'² 정도로 치부하기에는 문제가 너무 큽니다. 뿐만 아니라 '신자유주의적 발전 모델'³ 같은 용어로 싸잡아 정리해 버리기에도 왠지 뭔가 미진합니다. 왜냐하면 여기에는 2차 대전 이후 재편된 자본주의 세계체제의 내재적 논리와 온갖 모순이 촘촘히 기입되어 있기 때문입니다. 그래서 폭스콘이 어떤 장소인지를 묻는 일이 중요해집니다.

폭스콘의 위상학

폭스콘은 홍하이(鴻海) 정밀공업(HongHai Precision Industry)의 자회사이자 위탁생산 거래 상호(trade name)입니다. 1974년 타이완에서 흑백 TV용 플라스틱 부품 생산업체로 출발한 이 기업은 1988년에 중국 선전(深圳)과 포산(佛山)으로 진출한 뒤 1991년 생산 거점을 쿤산(昆山)으로 확대하면서 대륙 석권의 기반을 마련합니다. 폭스콘은 현재 중국 내 20여 개 도시에서 100만 명 이상의 젊은 노동자를 고용하면서 전자통신 업계의 '제국'을 구축하고 있습니다. 중국 노동자들의 염가의 노동력에 힘입어 폭스콘은 2005년 세계 최대 핸드폰 위탁생산 공장이 되었고, 2010년에는 미국의 『포춘』지가 선정한 세계 500대 기업 중 112위에 랭크되기에 이릅니다.⁴

　홍하이가 단시간 내에 성장할 수 있었던 데에는 애플(Apple)사의 관계가 결정적입니다. 애플사의 대표적인 하청 협력업체인 홍하이는 2000년대에 들어서면서 본격적인 전자제품 위탁생산(EMS) 기업으로 성장합니다. EMS 기업이란 가치사슬 활동 가운데 생산을 전문적으로

특화하여 자사 상표 없이 수탁 생산하는 기업을 말합니다. 생산 아웃소싱을 수탁 받는다는 점에서 주문자 상표부착생산(OEM)과 유사하지만, OEM이 특정 기업의 제품을 단순 납품하는 위탁생산인 데 반해 EMS는 불특정 다수의 위탁을 받으며 제품 설계에서부터 부품 조달 및 물류에 이르기까지 주문자의 제조 기능 전체를 담당한다는 측면에서 차이가 있습니다.[5]

2001년 EMS 시장에서 시장점유율이 3%에 불과하던 홍하이는 생산 거점을 중국 내륙으로 확장하면서 세계 시장을 주도하게 됩니다. 홍하이의 주요 고객은 휴대폰 업체로는 노키아, 모토롤라, 애플 등이 있고, 통신 업체로는 IBM, 인텔, 시스코 등이 있으며, TV 업체로는 소니, 파나소닉, 바지오 등이 있고, PC 업체로는 HP, 델, 레노버 등이 있으며, 가정용 게임 업체로는 닌텐도, 마이크로소프트, 소니 등이 있습니다. 이렇게 보면 전 세계 전자통신 업계의 요람이 홍하이(폭스콘)라 해도 과언이 아닌 셈입니다. 이 가운데 최대 고객은 단연 애플입니다. 홍하이는 애플의 아이폰과 아이패드를 거의 독점적으로 생산하고 있는데, 그 규모는 애플 위탁생산량의 약 60%에 달합니다. 그러다 보니 홍하이의 전체 매출 중에서 애플이 차지하는 비중도 2010년 26%, 2011년 33%, 2012년 45%로 매년 꾸준히 증가 추세에 있습니다.[6] 그러니까 애플과 홍하이는 국제적 분업의 사슬에서 비대칭적 공동운명체의 관계로 서 있는 셈입니다.

이상이 폭스콘에 관한 간략한 프로필인데, 여기서 주목할 필요가 있는 것은 타이완에서 폭스콘이 창업을 하는 1974년이라는 시점과 중국 대륙으로 진출해 세계적 기업으로서의 토대를 마련하게 되는 1988~1991년이라는 시점입니다. 이 두 시점은 폭스콘이 어떤 '장소'인지를 규명하는 데 있어 중요한 의미를 지닙니다. 그리고 이 시점의 의미를 제대로 이해하기 위해서는 2차 대전 이후 세계자본의 운동과 추이, 그리고 이에 따른 전 지구적 산업 가치사슬(global industrial value chain)의 자기 조정 과정을 검토해 보지 않으면 안 됩니다.

앞서 우리는 현대 중국 60여 년의 길을 검토하면서 2차 대전 이후 새롭게 재편된 자본주의 세계체제의 질서와 운동 논리에 대해 윤곽을 그려 본 바 있습니다. 이를 전 지구적 산업 가치사슬의 자기 조정이라는 차원에서 재구성해 보면 이렇습니다. 종전을 전후해 세계의 이목은 미국과 소련의 움직임에 집중되지 않을 수 없는 상황이었습니다. 왜냐하면 이 두 나라의 선택과 행보가 전후 세계의 굵직한 질서를 좌우할 것이었기 때문입니다.

당시 미국의 최대 관심사는 이것이었습니다. "미국 상품의 수출을 위해 가능한 최대의 시장을 확보하는 것, 그리고 수익성이 높은 곳은 어디에나, 특히 원료의 확보를 위해 필요한 곳은 어디에나 자유롭게 투자하는 것." 그러기 위해서는 "유럽과 일본 및 그들의 식민지에 대한 경제적 침투"가 선결되어야 했습니다. 그러나 당시 미국은 자신이 "획득한 경제적 지배의 지위를 완전히 이용하는 방안"과 "미국의 무역과 투자를 위한 시장을 가능한 빨리 회복하는 것" 사이에서 타산을 따지다가 결국 후자로 방향을 결정합니다. 1947년에 개시된 마셜플랜과 일본 전후 복구 사업은 이런 결정의 산물입니다.[7]

한편 히틀러에 의해 체제가 거의 와해될 뻔했던 소련의 경우 "미래의 제국주의 공격에 대한 방벽으로서 동맹한 '완충 국가들'의 고리를 건설하는 것이 최우선 과제"였습니다. "만약 서유럽과 일본이 미국이 지배하는 블록 안으로 통합된다면 보다 통일된 강력한 적을 맞이해야 할 입장"이었지만, 대신 "소련은 그의 세력권이 지리적으로 근접해 있다는 군사적 이점을 가지고 있었습니다. 가장 중요한 점은, 동유럽과 서유럽 모두에서 사회주의 세력이 자본주의의 전면적인 복원을 선호하는 세력들보다 훨씬 더 강력했다는 사실"에 있습니다.[8]

이런 구도를 기반으로 1947년 '트루먼독트린'을 필두로 냉전 체제가 확립된 것인데, 이때부터 미·소 두 강대국은 자신의 지정학적 지배를 확립하기 위해 경쟁적으로 기러기식(Flying Geese-typed) 산업자본 수출 경쟁에 돌입하게 됩니다. 세계사에서 이는 글로벌 차원에서 수행된 '첫 번째 산업 이전'에 해당합니다.

한편 자본주의 진영은 달러를 기축통화로 하는 '브레튼우즈 체제'에 힘입어 1950~1960년대 '황금기'를 구가합니다. 그러나 1970년대 초반 '닉슨쇼크'로 사실상 브레튼우즈 체제가 와해되면서 자본주의 체제는 1973년의 '오일쇼크'와 1974년의 소공황을 계기로 호황을 마감합니다. 한편 황금기를 통해 '과잉축적' 단계에 돌입한 자본주의 체제는 노동력의 수요와 공급 간에 모순이 발생하면서 1960년대 중반 위기에 봉착합니다. 노동자들의 실질임금 상승과 노동시간 단축, 노동조건 향상, 복지에 대한 요구 등등이 비용을 가중시킨 거죠.[9] 이때 자본주의 체제는 또 한 번 글로벌 차원의 산업 이전을 단행함으로써 이 위기를 헤쳐 나가는데, 이것이 글로벌 차원의 '두 번째 산업 이전'입니다. 그 핵심은 "선진국이 노동집약형 산업을 개발도상국으로 이전하고 자신은 기술집약형 및 자본·기술 이중집약형 산업을 발전시키는 데 치중하여, 산업구조 고도화를 실현하는 것"이었습니다. 냉전의 최전선에 있던 지역이 우선적인 대상이 되었는데, 그 결과 탄생한 것이 한국, 타이완, 싱가포르, 홍콩 등 '아시아의 네 마리 용' 신화였습니다.[10]

이때 '애치슨라인'의 최전방에 위치하고 있던 타이완은 세계적 산업 가치사슬의 하부구조에 적극적으로 편입됨으로써 '아시아의 네 마리 용' 가운데 선두 주자의 지위를 차지하게 됩니다. 물론 여기에는 베트남 전쟁의 후방 지원 기지라는 성격도 한몫을 했습니다. 이리하여 1966년 타이완은 아시아 최초로 가오슝(高雄)을 '가공업수출지구'로 지정하는데, 당시 일자리를 찾아 가오슝으로 몰려들던 젊은이들의 상황은 허우샤오셴(侯孝賢)의 영화 〈펑꾸이에서 온 소년〉(風櫃來的人, 1983)에 잘 나타나 있습니다.[11] 이 시점은 우리의 마산(지금의 창원시)과 이리(지금의 익산시)에 '무역자유지역'이 지정된 1973년보다 몇 년 빠릅니다. 이런 토대에 힘입어 타이완은 1960~1973년간 연평균 투자성장률 14.2%를 기록하면서 두각을 나타냅니다. 1973~1977년 오일쇼크와 소공황이 세계를 휩쓴 열악한 상황에서도 연평균 투자성장률 5.0%를 기록할 정도였으니까요.

홍하이가 타이베이 신 지구에 전자부품 생산 플랜트를 설립한 것이 바로 이때입니다. 그러니까 홍하이라는 기업은 글로벌 차원에서 진행된 두 번째 산업 이전의 산물이었던 셈이죠. 그렇다면 이 기업이 중국 대륙으로 상륙하여 폭스콘이라는 거래 상호로 글로벌 기업의 입지를 다지게 되는 1988~1991년이라는 시점은 어떤 의미일까요?

자본주의의 황금기가 끝난 뒤에도 아시아 지역의 신흥공업국들은 약진을 이어 갑니다. 그리고 얼마 뒤 1980년대 이 대열에 중국이 동승합니다. 이 시점은 덩샤오핑 체제 출범과 정확히 맞물리는데, 일련의 개혁 드라이브에 힘입이 1980~1987년 중국은 수출 11.7%, 투자 19%, GDP 10%라는 성장률을 기록합니다.[12] 앞서 검토한 바대로 여기에는 향진기업의 역할이 절대적이었는데, 더 큰 동력은 외채에 있었습니다. 호황이 끝나 세계경제가 위축되면서 갈 곳을 못 찾고 있던 자본주의 중심부의 자금이 만만한 먹잇감을 찾아 마침내 중국 대륙에까지 상륙하게 된 거죠. 그러니까 닉슨의 중국 방문 이후 중국이 도입한 43억 달러 상당의 차관이나 '양약진'(洋躍進)으로 비판받은 78억 달러 상당의 차관은 따지고 보면 이런 성격의 자금이었습니다.

사정이야 어찌 되었건 이 자금은 중국을 신흥공업국 대열에 합류하게 만드는 토대가 됩니다. 이를 기반으로 공업화의 엔진을 본격적으로 가동할 수 있었으니까요. 그렇다면 중국은 이 부채 압박을 어떻게 헤쳐 나갔을까요? 여기에 덩샤오핑식 체제 '개혁'과 대외 '개방'의 본질이 있습니다. 투자와 비용 부담을 최소화하는 방향으로 경제구조를 조정하면서 가공무역을 위주로 하는 외향형 경제체제로 체질을 전환하는 것 외에 별다른 선택의 여지가 없었으니까요. 중국이 '아시아의 네 마리 용'의 바통을 이어받아 '세계의 공장' 역할을 도맡게 된 것은 바로 이때입니다. 뿐만 아니라 폭스콘이 대륙의 남방 경제특구 선전과 포산에 첫발을 디디게 된 것도 이때입니다. 이는 물론 타이완 자체의 문제와도 연관이 있었습니다. 타이완이 차지하는 위상 자체의 규모와 "영역이 협소했기 때문에, 글로벌 산업 이전에 따른 자본의 범람 효과가 발생하면서 그 지역 내 자원 요소 가격이 급속히 상승"[13]했던 것이 주요 요인이었으니 말입니다. 이 모든 것은 노동과 자본 간의 '생산함수'에 따른 자연스런 결과겠죠.[14]

1960년대 자본주의 체제의 중심부에서 시작된 자본의 운동은 이런 식으로 세계체제의 반(半) 주변부 타이완을 거쳐 마침내 주변부 중국 대륙에 상륙합니다. 이로부터 폭스콘은 서진과 북진을 거듭하며 중국 전역의 20여 개 도시 100만 노동자 대군을 거느린 전자 '업계 최강'(巨無覇)의 '제국'을 건설하게 되는데, 이것이 폭스콘이라는 비극의 서막이 되는 셈입니다. 대략 이 정도가 자본주의 세계체제의 그물에서 폭스콘이라는 글로벌 기업이 보여 주는 계서적(階序的) 위상학입니다. 그리고 이 기업은 현재 탈 중국을 선언하며 동남아시아로 재영토화를 꾀하고 있는 중입니다. 그렇다면 이제 이런 질문이 필요할지도 모르겠습니다. 글로벌 자본은 폭스콘이라는 장소를 통해 어떤 방식으로 자신의 욕망을 관철시키고 있었던 걸까요?

iPhone의 정치경제학

여기에 애플사의 iPhone4 한 대가 있습니다. 2010년 6월 애플의 CEO 스티브 잡스(Steve Jobs, 1955~2011)가 직접 프리젠테이션을 하면서 화제가 된 이 기기는 획기적인 디자인에 최초로 전면 카메라를 탑재하는 등 다양한 스펙으로 전 세계 소비자의 이목을 집중시켰습니다. 이 화려한 쇼의 이면에는, 그러나 그와 상반되는 어두운 현실이 드리워져 있습니다. 2010년 중국 각지의 폭스콘 공장에서 노동자들의 연쇄 투신자살 사건이 이어지던 당시 그들 손에 의해 생산되던 기기가 바로 이 버전이기 때문입니다. 그렇다면 여기서 이런 질문을 한번 던져 보죠. 이 기기 한 대를 생산할 때 중국은 얼마만큼의 수익을 얻을까요? 이 질문에 대한 흥미로운 보고서가 하나 있습니다. 2011년 미국에서 나온 한 보고서는 당시 미국의 스마트폰 소매시장에서 549달러에 판매되던 이 기기에 소요되고 투입된 가치의 항목을 이렇게 열거합니다.[15]

국가/ 기업	활동	iPhone4(2010)	
		비용($)	비율(%)
세계	소매가격	549	100
가치포획	가치포획 Total	401	73.0
미국	미국 Total	334	60.8
애플 미국 공급업자	디자인/마케팅 구성요소 생산	321 13	58.5 2.4
일본	구성요소 생산	3	0.5
한국	구성요소 생산	26	4.7
타이완	구성요소 생산	3	0.5
E.U.	구성요소 생산	6	1.1
불분명	구성요소 생산	29	5.3
직접노동	직접노동 Total	29	5.3
불분명	구성요소 생산 노동	19	3.5
중국	구성요소 및 조립 노동	10	1.8
세계	비노동 재료비용	120	21.9

　　현존 글로벌 네트워크에서 한 상품의 가치가 어떻게 생성되고 분배되고 귀속되는지를 적나라하게 보여 주는 이 목록은 전 지구적 산업가치사슬에서 중국이 처해 있는 위상을 실감나게 보여 줍니다. 중국 내 100만 폭스콘 노동자들의 "밤낮으로 연마되고 압착되고 광택되고 성형되는" 삶과 이를 견디지 못하고 스스로 몸을 던진 몇 십 명 청년들의 죽음에도 불구하고, 이들이 생산한 기기의 가치에서 중국이 차지하는 몫은 겨우 1.8%에 불과합니다. 이에 반해 가치의 60%는 이를 개발·설계하고 판매하는 주체인 미국에게 고스란히 귀속됩니다. 중국이 힘들여 푼돈을 벌면 미국은 앉아서 몇 십 배의 목돈을 버는 거죠. 이

같은 국제적 '앵벌이' 구조를 어떻게 받아들여야 할까요?

그런데 문제는 가치 배분의 비대칭성에 그치지 않습니다. 일반적으로 우리는 '세계의 공장' 중국이 아이폰／아이패드를 조립하니 거기서 당연히 많은 수익을 얻고 있을 거라고 생각합니다. 그러나 이는 오해일 뿐 그런 일은 절대 일어날 수 없습니다. 그것이 미국 기업의 유명 브랜드라면 더욱 그렇습니다. 왜 그럴까요? 전자제품 위탁생산(EMS)의 경우 1차 공급 업체에게 주어지는 이윤(지불된 임금은 제외) 할당은 그 기준이 기업 본사의 소재지가 됩니다. 애플사가 개발한 아이폰／아이패드의 경우 2011년 현재 이를 공급하는 1차 공급 업체가 중국에는 없습니다. 그렇기 때문에 이윤 할당의 대상은 타이완에 본사를 두고 중국 공장에서 이를 조립해 공급하는 폭스콘이 됩니다. 이는 중국에 대한 주요한 경제적 이익이 제품 조립 또는 여타 구성 요소 제작에 지불되는 임금의 형태에 국한된다는 것을 의미합니다. 아이폰／아이패드의 경우 중국 노동자에게 직접 지불되는 임금은 10달러 내지 이 수준을 밑도는 것이 현실입니다. 그럼에도 불구하고 미국 시장에서 아이폰 한 대가 549달러에 팔릴 때마다 중미 간의 무역역조(아이폰／아이패드 예상 공장 비용)는 229~275달러 증가하는 것으로 계수됩니다. 위 표에 드러나는 대로 전자제품 무역 통계에 반영된 중미 간의 무역역조는 중국의 소량의 직접 노동력 투입에 미국, EU, 아시아 몇 나라의 대량의 부품／구성 요소들(노동 포함) 투입이 더해진 결과인데도 말입니다.[16]

사정이 이렇다면 미국이 걸핏하면 대중 무역역조를 문제 삼으며 위안화 평가질상을 압박하는 것이 얼마나 부당한 저사인지가 분명해집니다. 그러니 중국 측에서 볼멘소리가 나오는 것은 당연하겠죠. 그렇다면 이런 부당성을 중국은 어떻게 항변할까요? 이때 중국이 제시

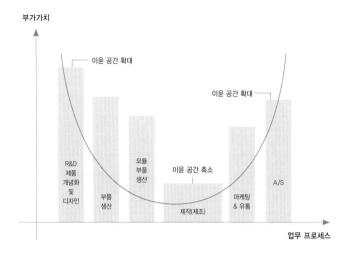

부가가치

이윤 공간 확대

이윤 공간 확대

R&D
제품
개념화
및
디자인

부품
생산

모듈
부품
생산

이윤 공간 축소

제작(제조)

마케팅
& 유통

A/S

업무 프로세스

미소곡선

하는 논거가 이른바 '미소곡선'(Smile Curve)이라는 것입니다.[17] '미소곡
선'은 타이완의 컴퓨터 기업 에이서(Acer)의 회장 스전룽(施振榮, Stan
Shih)이 제기한 것으로, 전 지구적 산업 가치사슬에서 어떻게 하면 타
이완의 전자산업이 높은 부가가치를 포획할 것인가를 모색하는 과정
에서 추출된 그래프입니다. 이 곡선은, y축을 부가가치(이윤율)로 설정
하고 x축을 업무 프로세스로 설정하여 R&D(제품 개념화 및 디자인)→부
품 생산→모듈 부품 생산→제작(제조)→마케팅&유통→A/S 순으로
배치할 경우, 양쪽 끝으로 갈수록 부가가치가 올라가고 중간의 단순
조립 공정에서는 부가가치가 내려가게 됩니다. 그 모습이 미소 짓는
입 모양과 닮았다고 해서 이런 이름이 붙여진 것인데, 이것에 의하면
초기 연구 개발자와 최종 판매자는 많은 수익을 남기는 반면 아웃소싱
을 받아 제작하고 조립하는 업체는 이윤이 낮습니다.

그런데 중국이 이 곡선을 항변의 논거로 제시한다는 것은 어찌 보면 아이러니에 가깝습니다. 1970~1980년대 세계 산업 가치사슬에서 타이완이 처한 위상학적 경험이 고스란히 반영된 이 곡선이 금세기 초 중국이 처한 위상학적 처지를 해명하는 논거로 제시된 셈이니 말입니다. 그렇다면 이 시간과 공간의 차이는 또 어떻게 받아들여야 할까요? 이 점을 온전히 이해하기 위해서는 1990년대 초 금융자본주의 체제의 중심부로 돌아가 보아야 합니다.

브레튼우즈 체제의 와해는 달러와 금의 태환 관계를 단절시켰습니다. 그렇다면 기축통화인 달러는 어떤 규칙에 의해 발행될까요? 1980년대 초 등장한 레이거노믹스는 그 답을 '미국의 신용'이라고 선포합니다. 그렇다면 이 신용의 근거는 무엇일까요? 정치적·군사적 힘이 그것인데, 이로부터 자본주의는 '정치금융의 단계'로 진입합니다. 이들의 '정치화폐 전략'에 의해 1990년대 초 사회주의권이 붕괴했고, 이때부터 "단극 헤게모니를 장악한 금융제국이 이익을 얻는 방식에 본질적인 변화가 발생"[18]합니다. 1995년에 창설된 WTO와 '세계화'(globalism) 이데올로기가 그 출발이었습니다. 그리고 이즈음 중국도 클린턴에 의해 이 질서 속으로 초대장을 받기에 이릅니다.[19]

이런 상황에서 20세기 말 21세기 초 전 지구적 차원의 '세 번째 산업 이전'이 단행됩니다. 고급 신기술 산업, 금융보험업, 무역서비스업, 강철·자동차·석유화학 등 중화학공업이 주요 대상이었는데, 그 본질은 "연구 부문을 자국에 그대로 두고 생산 부문만 시장에서 가까운 곳으로 옮기려는 선진국의 전략적 조정과 자국 시상을 선신국의 자본 및 기술과 바꿈으로써 공업화를 앞당기려는 후발 국가의 선택 사이의 거래"였습니다.[20]

이런 속사정에 비추어 보면 중국—'원재료도 국외에서, 판매도 국외에서'라는 슬로건을 내걸고 '세계의 공장'을 가동해 가공무역에 치중하고 있던—이 처한 곤경이 십분 이해됩니다. 그도 그럴 것이 "한편으로 국내 기업의 이윤과 노동 수입을 억누르는 '미소곡선' 메커니즘이 국내에 점차 보편화되었고, 다른 한편으로 원재료·생산품의 가격결정권과 관련 제도의 제정권이 '모두 외국에 있어서' 사실상 해외 이익집단이 국내의 제도 및 이와 관련된 이론의 변화를 제약하는 상황이 초래되었으니 말입니다. 이 가운데 후자가 사실 더 심각한 문제였습니다."[21] 그러나 이것이 엄연히 '선진국과 후발 국가의 상호 선택 과정'인 한 감내할 수밖에 없었습니다. 자본주의 세계체제가 금융자본화 단계에 진입한 마당에 공업화 단계의 문제는 더 이상 공업 자체의 문제가 아니게 된 것이죠.

이러한 상황을 중국 쪽에서는 '재가격결정이론'(再定價理論, external re-pricing theory)이라는 모형으로 설명하는데, 이것에 의하면 실물산업 부문에서 제도비용이 발생하는 가장 큰 원인은 '외부 가격결정+외부 가격결정권'에 있게 됩니다. 이는 단순히 기업 구조조정이나 업무 개혁 수준으로 해결할 수 있는 문제가 아닙니다. 이는 곧 공업의 문제가 공업 외부에 있음을 의미합니다. 그러면 이때의 외부성이란 무엇일까요? 그것은 다름 아닌 금융자본, 즉 단기성·집중성·유동성으로 무장한 산업자본으로부터 소외된 금융자본입니다. 문제는 이것이 실물경제와 자원경제, 즉 사회를 구성하는 대다수 성원들의 삶을 지탱하는 영역들이 떠안아야 될 '부정적 외부성'(negative externality)을 결정한다는 데 있습니다. 그런데 더 큰 문제는 이것이 산업의 차원에만 국한되지 않는다는 데 있습니다. 이 외부성을 금융자본화 시대 세계체제 전

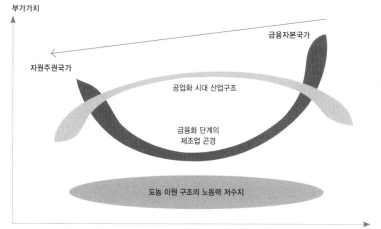

부가가치

금융자본국가

자원주권국가

공업화 시대 산업구조

금융화 단계의
제조업 곤경

도농 이원 구조의 노동력 저수지

가치생산 함수

글로벌 금융화 시대의 왜곡된 미소곡선

체로 확대해 보면 좀 의외의 비린내 나는 현실이 눈에 들어옵니다. 수익의 대부분은 금융자본의 중심국들이 차지해 버립니다. 이에 상응하는 비용과 리스크는 산업자본경제/자원집약경제 중심의 개발도상국으로 전가해 버리겠죠. 이렇게 해서 만들어지는 새로운 버전의 그래프가 이른바 '글로벌 금융화 시대의 왜곡된 미소곡선'이라는 것입니다.[22]

　위 그림에서 양단이 아래로 처진 상단의 곡선은 공업화 시대의 산업구조를 가리킵니다. 이 단계에서는 2차 산업 위주의 국가가 가장 높은 부가가치를 획득합니다. 반면 양단이 위로 솟은 곡선은 금융자본화 단계의 산업구조를 가리키는데, 이 곡선은 스전룽 버전의 고전적 모형에 비해 우측 상단이 더 올라가 있습니다. 그래서 '왜곡된 미소곡선'이라 부르는데, 오른편 치솟은 이 끝단에는 작금의 세계사적 분쟁과 충돌을 해명할 수 있는 단서들이 은밀히 감추어져 있습니다. '국가 경쟁력 미소곡선'이라 부를 만한 어떤 비밀이 이 끝단에 함축되어 있는 거죠.

위의 곡선에서 우측 상단이 뻐죽 올라가 있는 것은, 금융자본의 수익이 지나치게 높아지면 중단에 위치한 산업자본의 수익이 하락하게 된다는 것을 의미합니다. 금융자본의 메카 미국과 '세계의 공장' 중국의 관계가 이 경우에 해당하겠죠. 좌측 상단은 자원 주권을 회수한 러시아, 이란, 베네수엘라 같은 나라들입니다. 이들 나라는 금융자본의 유동성 증가에 '무임승차'하여 국민의 사회복지를 위한 비용을 지불함으로써 국민의 지지를 얻었습니다. 그러나 미국이 다시 그들을 원래 상태로 되돌려 놓고 말았죠. 자원집약형 경제 국가인 이라크나 리비아, 베네수엘라의 몰락은 이런 식으로 설명이 가능합니다. 이 나라들은 현재 애초의 출발점으로 되돌아갔으며 이윤 분배 45°선의 최하단에 자리하고 있습니다. 현재 미국에 의해 '정치적으로 불온한' 국가로 분류되어 경제적 봉쇄를 당하고 있는 러시아나 이란 같은 나라의 처지를 한번 떠올려 보십시오. 지금도 리비아에서 계속되고 있는 내전이 미국과 러시아의 대결 양상을 띠게 된 것도 이런 맥락입니다.[23]

그렇다면 위 그림에서 중국의 위치는 어디쯤 될까요? 2010년 현재 중국은 이 곡선의 최하단에 놓여 있습니다. 이 당시 미국은 중미의 전략적 관계가 '역사적으로 가장 좋은 시기'라고 떠벌리곤 했는데, 그 이유가 다름 아닌 중국이 이 지점에 위치해 있었기 때문입니다. 다시 말해 이윤을 나누는 데 있어 서로 충돌할 일이 없다는 뜻이죠. 이렇게 보면 중국은 자본주의 세계체제의 유지에 이중으로 공헌하고 있는 셈이 됩니다. 다시 말해, 미국으로 대표되는 금융자본 경제에 막대한 공헌을 하는 한편 자원 주권 국가에 대해서도 상당한 공헌을 하고 있으니 말입니다. 이 당시 중국이 양쪽 모두와 좋은 전략적 관계를 맺고 있었던 것도 이런 이유 때문입니다. 대략 이 정도가 2010년 전후 자본주의 세계체제에서 중국이 점하고 있던 위상학적 지위입니다.[24]

글로벌 가치사슬의 지리학

지리학자 데이비드 하비(David Harvey)는 세계 정치경제 질서에 있어서의 '지리적 팽창과 공간적 재조직화'에 관해 논의하면서 "자본축적의 내적 모순에 대한 '시공간적 조정'의 역할"을 문제 삼습니다. 그에 의하면, 지구 자본주의는 1970년대 이후 만성적이고 지속적인 과잉축적의 문제를 겪어 왔는데, "이러한 변동성의 조화로운 편성을 통해 미국은 지구적 자본주의 내에서 그 헤게모니적 지위를 보전"함으로써 '개방적 제국주의로의 이행'을 명백히 합니다. 그런 한편 기존의 기반에서 확대재생산을 통한 축적이 더 이상 불가능해짐에 따라 '탈취에 의한 축적'(accumulate by dispossession)의 시도가 등장하는데, 이는 '신제국주의'라고 부를 만한 어떤 것의 실체를 보여 주는 전형적 특징이 된다는 겁니다.[25] 이 작업에서 하비는 '공간적 조정'(spatial fix)의 또 다른 근거를 최근의 중국에서 발견합니다. 그가 중국을 문제 삼는 것은 "급속히 누적되는 자본의 잉여를 흡수하기 위해 세계 지리가 어떻게 만들어져 왔으며, 지금도 지속적으로 만들어지고 또 개조되고 심지어 파괴되는가를 예시하기 위해서"입니다. 도대체 중국 땅에서 "왜 이러한 일이 벌어지고 있을까?" 이에 대한 그의 대답은 이렇습니다. "자본축적의 재생산이 이를 요구하기 때문이다."[26]

　하비의 진단대로, 시진핑 체제가 본격적으로 출범하는 2013년 전후 중국은 본격적인 자본금융화의 단계로 진입합니다. 중국이 점유하고 있던 '전 지구적 산업 사슬의 밑바닥'[27]은 현재 세계체제의 주변부 베트남, 인도네시아 등 아세안(ASEAN, 중국 개념으로는 東盟) 국가들로 급속히 이동하고 있는 중입니다.[28] 그렇다면 지난 2018년부터 시작된 중미 간의 무역분쟁은 중국의 위상 변화에 따른 '살바잡기 싸움'의 성격이 강하겠죠. 아마 이 싸움은 코로나19 사태가 진정된 이후 본격적인 라운드로 돌입하게 될 겁니다. 더욱이 여기에는 인공지능(AI)이나 클라우드 기반 확립 등 4차 산업이라는 새로운 게임장과 게임 규칙을 둘러싼 주도권이 걸려 있으니 말입니다.

그렇다면 폭스콘이라는 문제는 지금까지와는 사뭇 다른 지평에서 재맥락화될 수밖에 없겠죠. 하비의 말대로 "우리가 계속해서 이러한 경로를 유지할 수 있을까, 아니면 그 근원에 자리 잡은 무한한 자본축적의 추진력을 멈추거나 폐지해야 하는가",[29] 바로 이 문제 말입니다. 더욱이 이번 코로나19 사태를 통해 자연이 인류에게 준엄히 던지고 있는 물음이 이것이기도 하니까요. 너희들 지금 제대로 살고 있는 거냐고 말입니다.

그런데 이는 지구촌 문명이 근본적으로 안고 가야 할 문제이고, 당장에 시급한 문제가 중국 앞에 놓여 있습니다. 지금도 컨베이어 생산 라인에 늘어서서 중국판 '모던타임스'를 연출하고 있는 농민의 아들딸들의 삶 말입니다. 그리고 이 문제는 농촌이라는 장소의 미래에 대한 물음으로 이어져 있습니다.

7강

농민공, 나의 집은 어디인가

농민공 30년의 역사

개혁개방이 본격화되면서 부각하기 시작한 '농민공'은 학술적으로 이렇게 정의됩니다. "도시에서 일하고 생활하지만, 후커우는 농촌에 둔 품팔이 집단"으로 "국가 주도의 개혁개방 과정의 산물이며, 후기 사회주의 시기 '노동의 상품화'라는 새로운 정세의 산물이다. 또한 중국이 스스로 '세계의 공장'이 되는 과정에서 만든 새로운 정책과 법률, 윤리 규범 및 도농 관계와 사회 양식의 산물이다."[1](→290면) 한 존재의 몸에 참 많은 역사와 우여곡절이 아로새겨져 있죠. 농민공 문제를 학술적으로 소환하기가 쉽지 않은 것은 이런 이유 때문입니다.

개혁개방 이전 중국 노동자는 대부분이 국유기업 소속이었습니다. 그들에게는 정치적·경제적·문화적 생활세계인 딴웨이(單位)가 있었고, 이 속에서 그들은 '사회주의 공업 역군'으로서 상대적으로 후한 대접을 받으며 생활할 수 있었습니다. 그러나 개혁개방 이후 등장한 농민공들의 상황은 많이 다릅니다. 일단 자신들을 보호할 집체(인민공사)가 이미 사라져 버렸습니다. 뿐만 아니라 자신들을 농촌에 묶어 두기 위해 시행한 후커우 제도 때문에 도시에서 시민으로서의 법적 권리를 온전히 누릴 수도 없습니다. 더욱이 고향과 가족을 떠난 이산(離散)의 생활은 시시각각 그들의 삶을 위기로 몰아넣고 있습니다. 그래서 이들에게는 자신의 정체성에 대한 물음이 중요해집니다. 대체 나는 누구인가? 농민인가, 노동자인가?

사회적 실존으로서의 농민공과 관련해 늘 따라다니는 것은 호칭 문제입니다. 이름이 실재를 규정하기도 하거니와 '이름을 부른다'(呼名)는 행위는 언제나 정치적이고 이데올로기적일 수밖에 없습니다. 후기 식민주의(post-colonialism) 담론의 한가운데에 이 개념이 자리하고 있는 것도 이런 이유 때문입니다.

사회적 실존으로서 농민공이 처음 출현한 것은 개혁개방이 시작되던 1970~1980년대 초반 무렵입니다. 인민공사 시절부터 남아돌던 농촌의 유휴 인력이 인민공사가 해체됨에 따라 그 지역의 향진기업으로 몰려들었고, 일부가 도시로 유출되었는데 당시 이들을 '농민공'이라고 불렀습니다. 농한기를 이용한 '계절성 이주 품팔이'의 형태가 주류를 이루었기 때문이죠. 이들의 출신이 농촌이라는 데 초점이 맞추어진 거죠. 그러다가 향진기업 신화가 가라앉은 1990년대 여기에 종사하던 향촌의 인력이 대거 도시로 향하게 됩니다. 이들 대다수는 더 이상 농업에 종사하지 않고 도시에 장기 거주하며 날품을 팔았는데, 이에 따라 '품팔이'(打工者), '외지노동자'(外來工), '공돌이'(打工仔), '공순이'(打工妹) 등등의 명칭이 새로 등장합니다. 명칭에서 드러나는 대로 여기에는 사회적 존재로서 이들의 위치나 목소리가 개입될 여지가 봉쇄되어 있습니다. 시장의 논리에 따라 그 초점이 노동의 상품적 성격으로 옮아간 거죠. '농민공 물결'(民工潮)은 2000년을 전후로 피크를 이룹니다. 이들의 규모가 커짐에 따라 수많은 사회적 문제가 양산되었고 이에 따라 국가도 법령을 통해 이들의 사회적 지위를 공식적으로 인정하기에 이릅니다. 이에 따라 '신노동자'(新工人)라는 개념이 새로 등장하는데, 여기에는 노동자로서의 자기 주체성과 계급으로서의 자각이 부분적이지만 선명하게 각인되어 있습니다. 가치론적인 개념이 새로이 등장한 거죠.[2] 참고로 2010년 국무원의 '1호 문건'은 이들을 '신생대 농민공'(新生代農民工)으로 규정하고 있고, 국가통계국은 이들을 '사람과 후커우가 분리된 인구'(人戶分離人口)로 규정하고 있습니다.

이 세 가지 명칭의 범주에는 농민공 30년의 역사가 아로새겨져 있습니다. 이 30년의 역사는 일반적으로 세 단계로 정리됩니다. 그 첫 단계는 1978~1988년까지의 '험난했던 떠돌이' 시기로, 전국 각지의 농민들이 이주노동을 제한하는 법령을 무시하고 농한기를 이용해 '무작정 도시로 흘러들어와'(盲流) 품을 팔던 시기입니다. 그 규모는 대략 2천만 명에 달했습니다. 두 번째 단계는 1989~2002년까지 '농민공의 물결'이 본격화되던 시기로, '세계의 공장'이 가동되면서 필요한 노동력을 충당하기 위해 정부가 더 이상 농민의 이주를 제한하지 않자 대규모의 농민들이 일시에 도시로 유입되어 '임시거주자'의 신분으로 노동력을 팔던 시기입니다. 그 규모는 2002년 기준으로 1억 2천만 명에 달했습니다. 세 번째 시기는 2003년부터 최근까지의 '신노동자' 시기로, 2003년에 발생한 '순즈강 사건'(孫志剛事件) ― 광저우에서 임시거주

증 미소지로 체포되었다가 사망에 이르러 전 국민의 공분을 자아낸 사건. 수많은 네티즌의 참여로 중국 '인터넷 민주주의'의 효시가 됨—을 계기로 농민공들의 생존을 위협하던 '강제송환제도'(收容遣送制度)가 폐지됨에 따라 대도시에서 집단 거주를 하며 그나마 안정적으로 임금노동자의 삶을 살 수 있게 된 시기입니다. 여기에 2008년 '신노동계약법'의 실시로 법령에 의해 사회적 지위를 인정받음에 따라 스스로의 권익과 새로운 노동계급으로서의 자기 목소리를 내기 시작한 것도 이때였습니다.[3] 중국 국가통계국은 2018년 현재 이 새로운 노동자 집단의 규모를 2억 8836만 명으로 추산하고 있습니다. 이렇게 보면 개혁개방 30년의 기간 동안 하나의 새로운 계급이 탄생한 셈이 됩니다. 이것이 어떻게 가능할 수 있었을까요?

농민공의 분화

에드워드 톰슨(E. P. Thompson, 1924~1993)의 『영국 노동계급의 형성』을 읽다 보면 땅을 삶의 기반으로 삼던 농민이 산업 노동자로 변모하는 과정의 역사성에 대해서 생각해 보게 됩니다. 톰슨은 계급을 어떤 '구조'나 '범주', '실재하는 존재'로 파악하는 것이 아니라 '형성' 과정 중에 있는 '하나의 역사적 현상'으로 파악합니다.[4] 톰슨의 문제 설정을 중국 농민공 문제에 투사해 보면 몇 가지 참조를 얻을 수 있습니다.

현재 중국의 농민공 집단은 급속한 분화를 겪고 있습니다. 시간이 지나 세대 간의 새로운 질서가 만들어지면서 더 이상 단일한 프레임으로 이들을 설명할 수 없게 된 것이죠. 2008년 중국을 덮친 실업 사태는 이 점을 잘 보여 주는 사례입니다. 2008년 월스트리트 발 쓰나미가 '세계의 공장'을 덮치자 중국에서는 수많은 제조업체가 도산하고 2천만 명의 농민공이 일자리를 잃게 됩니다. 당시 서구 세계는 이 유례없는 위기를 빌미 삼아 또다시 '중국 붕괴론'을 유포하기도 했습니다. 이 정도 충격을 버틸 맷집을 상상하기가 어려웠으니까요. 그런데도 중국은 이 충격을 거뜬히 버텨 냅니다. 대체 무슨 비결이 있었던 걸까요? 농촌 현장에 몸담고 있는 한 학자는 그 비결을 중국 특유의 '도농 이원구조'에서 찾습니다. 이야기인즉슨, 대다수 농민공들이 돌아갈 집과 땅이 농촌에 있었다는 겁니다. 그리고 이때 귀향한 농민공들의 세대와 연령을 분석해 보면 농민공 집단의 세대별 단층 구조가 드러나는데, 2008년의 실업 사태는 이 '세대별 분업의 교체'를 약간 앞당긴 데 불과하다는 겁니다.[5]

농민공이라는 개념에는 단층이 존재합니다. 그 하나의 지층은 이런 논리에 기반하고 있습니다. 이들은 스스로를 도시 주민으로 생각하지 않고 여전히 농촌사회의 일원으로 생각합니다. 이들은 도시에서 노동을 하지만 그것은 어디까지나 수단일 뿐 최종 목표는 돈을 많이 벌어 집으로 돌아가는 것에 있습니다. 따라서 그들의 노동은 일종의 겸업 행위에 지나지 않습니다. 그들이 타지에서의 생활을 감내하는 것은 고향에서 번듯한 생활을 영위하기 위해서입니다. 이에 반해 또 하나의 지층이 기반하고 있는 논리는 이렇습니다. 이들의 목표는 영원히 농촌을 떠나는 것입니다. 설령 농업 소득이 도시에서의 임금 소득보다 많을지라도 농촌에 남아 있으려 하시 않습니다. 이들은 도시에 집을 사기 위해 돈을 벌고 이를 위해 더 높은 소득의 일자리를 찾습니다. 이들의 최종 목표는 도시민—대도시가 불가능하다면 중소도시라도—이 되는 것입니다. 이 두 가지 논리는 세대 차이, 혼인 여부, 도시 이주 전의 농촌 생활 여부(특히 경작 경험 여부), 이주 양상, 성별, 고향 농촌의 문화적 차이, 교육 수준, 업종 차이, 소득 수준 등등의 요인에 의해 영향을 받습니다.[6] 물론 현실에서는 이 두 가지 논리가 명확하게 구분되지 않고 혼재되기도 하고 또 같은 농민공이라 하더라도 시간 및 환경에 따라 자신의 행동 논리를 바꾸기도 합니다. 그래서 농민공 출현의 논리를 절대화해서는 안 되고 변증적으로 바라볼 필요가 있다는 것이 그 요지입니다.

여기서 이 두 세대를 연령별로 분류해 보면, 1세대 농민공은 주로 1970년대 혹은 그 이전 출생자들이고, 2세대 농민공은 1980~1990년대 이후 출생한 '바링허우'(80後), '지우링허우'(90後) 세대입니다. 2010년 현재 2억 4천만여 농민공 가운데 2세대 농민공은 60%를 약간 상회하는 수준입니다.[7] 이 비율은 현재 훨씬 더 높아져 있겠죠. 여기서 1세대 농민공은 품팔이 삶이 여의치 않을 경우 농촌으로 돌아가면 됩니다. 넉넉하진 못하지만 어쨌거나 몸을 누일 집이 있고 삶을 일굴 땅이 있으니까요. 그런데 2세대 농민공은 그러기가 어렵다는 데 문제의 어려움이 있습니다. 일단 이들은 흙에 대한 기억이 없습니다. 농사를 지어 본 적도 없을뿐더러, 설령 있다 하더라도 도시적 삶에 대한 동경이 이를 허용하지도 않습니다. 그런데 문제는 이들이 가진 사회문화 자본으로는 대도시 삶의 한가운데로 진입하는 것이 근본적으로 불가능하다는 데 있습니다. 극히 예외적인 경우가 있기도 하겠지만 말입니다. 그렇다면 이들의 삶은 어떻게 될까요? 어떻게 하면 이들은 대도시 주변부 빈민으로 추락하지 않고 자신의 존엄을 지키며 살아갈 수 있을까요?

열일곱 살의 자본주의

〈열일곱 살의 자전거〉(十七歲的單車)라는 영화가 있습니다. 왕샤오솨이 (王小帥) 감독의 작품인데 국내에는 〈북경자전거〉라는 제목으로 소개되었습니다. '농민공 물결'이 절정을 이루던 2001년에 개봉된 이 영화는 자전거 한 대의 소유권을 놓고 개혁개방 20여 년의 역사가 만들어낸 성장의 이면에 대해 나직하지만 묵직한 물음을 던지고 있습니다. 대강의 줄거리는 이렇습니다.

농촌에서 상경한 열일곱 살 소년 구이(貴)는 베이징의 자전거 퀵서비스 회사에 취직합니다. 신형 MTB 자전거를 배당받은 그는 '페이다'(飛達) 퀵서비스 회사의 제복을 입고 베이징 거리를 누비며 사람과 사람, 일과 일을 이어 가고 있습니다. 한 달 여 고된 노동 끝에, 그것도 경리 직원의 농간으로 이틀을 초과 노동하여 마침내 자전거가 자신의 소유로 되던 날, 구이는 이날을 기념하여 자기만이 알아볼 수 있는 표식을 자전거에 새깁니다. 그런데 며칠 뒤 서류를 배달하는 도중 그만 자전거를 도둑맞고 맙니다. 망연자실한 구이는 자전거를 찾느라 중요한 배달 업무마저 잊어버리게 되는데 이로 인해 다음날 직장마저 잃고 맙니다. 이때부터 그는 베이징의 자전거 주차장들을 샅샅이 훑고 다닙니다.

한편 열일곱 살 베이징 소년 지엔(堅)은 아버지 몰래 돈을 훔쳐 장물 시장에서 500위안을 주고 자전거를 삽니다. 이 세대에게 신형 MTB는 교통의 수단이 아니라 과시의 수단입니다. 덕택에 친구들의 부러움은 물론 여자친구의 호감까지 사게 된 그는 한창 달콤한 나날을 보내고 있습니다. 그런데 어느 날 지엔 앞에 구이가 나타나 자신이 자전거의 소유주임을 주장합니다. 자신이 새겨 둔 비밀 표식을 제시하며 말입니다. 이때부터 동갑내기 두 소년은 자전거의 소유권을 둘러싸고 기나긴 투쟁을 벌이게 되는데, 사이사이 끼어드는 구이의 절박한 외침이 이 영화의 시대적 좌표를 웅변해 주고 있습니다. "내 꺼야~!" 그런데 이 소유권의 귀속 문제를 판정하기가 쉽지 않습니다. 구이와 지엔의 입장이 저마다 타당성을 갖고 있으니 말입니다. 그렇다면 이 자전거는 대체 누구의 것일까요?

영화는 이 물음에 대한 답을 갖고 있지 않습니다. 대신 탈취와 추격, 질주와 협상에 카메라를 고정시킨 채 해답을 사회적 합의의 차원으로 이월시킵니다. 지루한 협상 끝에 두 소년은 마침내 타협안을 이끌어 냅니다. 하루씩 번갈아 자전거를 타는 것. 가난이 지긋지긋해 상경한 농민공 소년 구이와 궁색한 베이징 소시민의 자제 지엔은 이리하여 한 대의 자전거를 두고 사유와 공유를 번복합니다. 그러던 어느 날 지엔은 자신의 이름을 밝히며 구이에게 손을 내밉니다. 그러나 영화는 끝내 둘 사이의 악수를 보여 주지 않은 채 페이드아웃됩니다.

영화를 보다 보면 문득 열일곱 살 자본주의의 자화상 같다는 느낌이 머리를 스칩니다. '사적 소유'의 문제조차 명쾌히 해결할 수 없는 그런 미성숙한 자본주의 말입니다. 더욱이 영화는 이 문제를 농촌과 도시의 비대칭적 구도 위에 올려놓고 있는데, 그러다 보니 서사의 출구가 더욱 봉쇄되어 버립니다. 그래서 영화는 두 소년을 막다른 골목(aporia)으로 몰아넣은 뒤 미지의 존재들에게 린치를 당하는 방식으로 문제를 미봉해 버립니다. 이 과정에서 자전거는 한 아이에 의해 만신창이가 되는데, 절규하며 이를 만류하던 구이는 벽돌을 들어 그의 머리를 내리칩니다. 그러고는 답답한 음악이 흐르고, 구이는 더 이상 굴러가지 못하는 자전거를 매고 자동차로 가득한 베이징 거리를 가로지르며 영화는 끝이 납니다. 이 장면을 보고 있노라면 우리도 가슴이 답답해집니다. 동갑내기 두 소년 모두가 패배자가 되니 말입니다. 그렇다면 이 게임의 진정한 승자는 누구일까요? 그리고 구이 앞에는 이제 어떤 선택의 길이 놓여 있을까요?

농민공 소년 앞의 두 가지 길

구이(貴)라는 이름에는 왕샤오쇄이 감독 자신의 역사가 새겨져 있습니다. 1960년대 그는 아버지를 따라 '삼선건설'의 현장 구이저우성(貴州省) 구이양(貴陽) 인근에서 10대를 보냅니다. 구이저우는 중국에서 낙후한 지역의 대명사입니다. 영화 속 구이의 후줄근한 모습은 구이저우의 이런 현실에 다름 아닙니다.

구이 앞에는 이제 두 개의 길이 놓여 있습니다. 하나는 열심히 돈을 벌어 종국에는 고향 구이저우로 돌아가는 것, 또 다른 하나는 대도시 밑바닥 생활을 버티며 어떻게든 수도 베이징의 구성원으로 남는 것. 그는 과연 어떤 길을 택하게 될까요? 그럼 지금부터 각각의 선택에 따라 구이가 마주하게 될 개연적 현실을 나름대로의 방식으로 재구성해 보도록 하겠습니다. 이 영화가 개봉된 2001년 이후 구이의 고향 농촌과 그의 생활 현장 베이징에서 발생한 변화와 새로운 상황들을 반영해 가면서 말입니다.

궁극적으로 귀향을 결심했을 때

구이가 귀향을 결심한다 하더라도 상당 기간 동안은 베이징에서 돈을 벌어야 할 겁니다. 그 돈의 일부는 매달 고향의 부모에게 송금하겠죠. 구이의 부모는 이 돈을 생활비로 충당하거나 그 밖의 용도로 사용할 겁니다. 1980년대 초 가족생산청부제가 시행됨에 따라 매 호 농가는 '1인당 1무 남짓, 가구당 10무 미만'의 땅을 도급받아 경작하고 있습니다. 여기에는 주택부지도 포함됩니다. 비록 영세한 규모이긴 하나 이 땅은 중국 농민의 삶을 지탱하는 최소한의 안전판입니다. 이 안전판의 의미는 갈수록 공감대를 넓혀 가고 있습니다. 최근 한 조사에 의하면 "80년대 이전 출생 농민공의 80%, 80년대 이후 출생 농민공의 75%가 비농업 후커우로의 전환을 원치 않을 뿐 아니라, 비농업 후커우로의 전환을 원하는 사람 가운데서도 도급받은 땅의 반납을 원하는 경우 또한 50%에 불과"[8]하다고 합니다. 이런 분위기 속에서 최근 농촌에서는 도급받은 땅을 포기하는 것이 '천하의 바보 같은 짓'으로 여겨지는 정도가 된 모양입니다. 중국의 빈민율이 세계에서 가장 낮은 축에 속하는 것도 바로 이 안전판 덕분입니다. 더욱이 2003년부터 실시된 '집체토지청부법'에 의해 기존의 도급받은 농촌 토지에 대한 영속적 사용권이 인정됨에 따라 임대와 양도를 통한 수입도 점점 늘어나는 추세입니다.[9] 2006년부터 농업세가 폐지되었으니 토지와 생산물에 대한 납세의 의무도 없습니다. 따라서 풍족하지는 못하지만 최소한 먹고사는 데는 큰 문제가 없습니다. 그러니 매달 구이가 보내오는 돈은 일종의 가외의 수입이 되겠죠.

참고로 2015년 기준으로 중국 농가의 총 수입에서 농업 소득과 임금 소득이 차지하는 비중은 각각 40% 정도가 됩니다(나머지는 재산소득, 양도소득 등). 2억 1400만여 전국의 농가 가운데 대략 3분의 2 정도가 이런 소득 구조를 가지고 있다고 보면 얼추 틀리지 않습니다. 현지의 한 보고서에 의하면, 임금 소득 가운데 상당 부분은 주택 신축이나 개·보수 등 주거환경 개선에 소요되고 있는 모양입니다. 이를 테면, 후베이(湖北) 잉산현(英山縣) 청쥐촌(程咀村)에서는 개혁개방 이후 경쟁하듯이 3층 주택들이 들어서기 시작했는데, 그 재원은 도시로 나간 농민공 자제들이 보내온 돈이었습니다. 여기서 집이 3층인 이유는 필요 공간의 확보 차원이 아니라 일종의 '체면 경쟁' 때문인데, 이때의 체면은 마냥 허례허식으로 치부할 것이 아니라 사회적 자본으로 이해될 필요가 있습니다. 이 마을 공동체의 구성원으로서 존엄을 지키고 대접을 받으며 살아가기 위해 필수불가결한 자본 말입니다. 체면의 상실을 사회적 죽음으로 여기던 전통사회의 규칙이 농촌사회에서는 여전히 작동하고 있는 거죠.[10] 친인척이나 가까운 지인의 경조사는 무슨 일이 있더라도 챙겨야 한다는 우리 사회의 강박관념 역시 따지고 보면 동일한 맥락이니까요.

또 다른 가능성은 구이가 보내온 돈을 모아 고향 인근에 조성된 신형 중소도시에 집을 사는 것입니다. 그런데 이 농촌 지역에 웬 도시일까요? 저간의 사정은 이렇습니다. 후진타오 체제는 개혁개방이 양산해 낸 사회 양극화 해소를 위해 2005년부터 '사회주의 신농촌 건설' 계획에 착수합니다. 점진적으로 도시화를 유도함으로써 소득의 균형을 맞추겠다는 것인데, 이리하여 농촌 곳곳에 크고 작은 도시가 들어서게 된 겁니다. 그 결과 농촌 인근 도시의 인구 비중이 꾸준히 증가하는 한편 2015년부터 전국적 유동인구 증가율마저 감소하고 있으니 정책이 실효를 거두고 있다고 봐야겠죠.[11] 새로 조성된 농촌 인근의 도시들이 구이 같은 농촌 출신의 유동인구를 그만큼 불러들였을 테니까요. 그런데 농촌 지역의 도시화라는 문제의 이면에는 다양한 의지와 욕망들이 복잡하게 얽혀 있습니다.

2014년 시진핑 체제가 제출한 '국가 신형도시화 계획 2014~2020'에 의하면, 중앙정부의 입장에서는 역사적으로 형성된 도농 이원 구조의 폐해—대표적으로는 후커우 제도—를 보완하면서 '사람 중심의 도시화'를 이루어 내겠다는 정책적 의지가 작동하고 있습니다. 여기에는 이 기간 동안 1억 명의 농촌 후커우를 도시 후커우로 전환한다는 목표가 설정되어 있는데, 이 목표는 다시 집체 시스템 해체 이후 관리에 어려움을 겪고 있는 기층사회를 재조직하려는 의지로 연결되어 있습니다.[12] 다음으로 지방정부의 입장에서는 살아남기 위해서는 어떻게든 경제성장률을 높이는 데 목을 맬 수밖에 없는 현실이 자리하고 있습니다. 분세제 실시 이후 마땅히 가동할 만한 성장 엔진이 없는 상태에서 농촌 토지의 수용을 통해 도시화율을 끌어올리면서 성장 동력은 또 그것대로 이끌어 내겠다는 것이죠. 마지막으로 농민들의 입장에서는 어떻게 해서든 이 좋은 기회를 통해 최대한 보상금을 챙겨 지긋지긋한 농민의 삶을 탈출하겠다는 본능적인 욕망이 자리하고 있습니다. 이뿐만이 아닙니다. 이 과정에서 개발에 연관된 다양한 세력들—지방정부 공무원 및 지역의 흑사회를 포함한—이 저마다 주머니를 챙기기도 하겠죠. 도시 개발의 본질이 이 부산물, 그러니까 개발 과정에서 떨어지는 '정액 지대(地代)' 챙기기에 있다는 한숨어린 지적이 그래서 나오는 거니까요.[13]

만약 도시 생활을 동경하는 구이 세대가 도시에서 열심히 돈을 벌어 고향 인근의 새 도시에 집을 장만한다면 여러 가지 의미가 없지 않을 겁니다. 일단 대도시 생활을 포기하는 대신 나름의 심리적 대안이 될 수도 있을 겁니다. 새로 조성된 도시니만큼 귀향을 하면 보다 안락한 환경에서 살아갈 수 있겠죠. 농촌 후커우도 자연히 도시 후커우로 전환될 겁니다. 비록 지방의 소도시이긴 하나 평생 따라다니던 '촌놈'이란 꼬리표를 떼고 진정한 도시민이 되는 것이죠. 뿐만 아닙니다. 이 집은 미래의 배우자를 만나는 데도 유의미한 자본으로 작용할 겁니다. 농촌 총각이 결혼하기 위해서는 인근 도시에 집 한 채쯤은 있어야 한다는 것이 작금의 세태가 되어 버렸으니 말입니다. 집값 상승 속도가 심상치 않으니 돈이 부족하다면 은행 대출을 받아서라도 빨리 사두는 게 현명하겠죠.

그런데 이런 막대한 의미에도 불구하고 이들 도시가 최근 유령도시로 변모하고 있다는 지적이 나오고 있습니다. 어떤 속사정이 있는 걸까요? 문제는 당장 구이의 부모가 입주하기 어렵다는 데 있습니다. 왜냐하면 정작 향촌 삶의 바탕인 농경지가 너무 멀어지기 때문입니다. 농사는 농심으로 짓는 것인데 이런 조건에서는 불가능합니다. 하다못해 농기구를 보관할 창고도 확보하기가 쉽지 않습니다. 뿐만 아니라 짭짤한 부수입을 가져다주던 집 부근의 채마밭이나 가축 사육도 포기해야 합니다. 만약 농사를 포기한다면 새집을 이용해 가게를 차릴 수도 있겠죠. 최근 자발적으로 귀향하는 농민공 가운데 약 30%가 특수작물 재배나 가게 개업 등 농촌에서의 창업을 목표로 하고 있다니 말입니다.[14] 그런데 구이의 부모만 이런 생각을 하진 않겠죠. 사람이 얼마 살시도 않는 사_1만 노시에 가게만 슬비하다면 누가 그걸 소비할까요? 그러니 이것도 답이 될 수가 없습니다. 그러니 가끔 방문해서 청소하는 것 외에 그냥 비워 둘 수밖에요. 명절을 맞이해 구이가 고향을 내려온다면 그때 온 가족이 새집에 머물 수는 있겠죠. 그러나 그것도 잠시, 상경을 하고 나면 다시 빈집이 됩니다. 문제는 이런 상황이 전국의 농촌에 보편적인 현실이 되고 있다는 데 있습니다.[15] 이것이 과연 농촌 문제의 궁극적인 해법이 될 수 있을까요? 분명한 건 이런 식의 '도농 일체화'가 '사람 중심'의 도시화와는 제법 거리가 멀다는 사실입니다.

도시에 남기로 결심했을 때

한편 구이가 베이징에 잔류하기로 결심했다면, 거기에는 다음과 같은 제도적 현실이 중요하게 작용했을지도 모릅니다. 2003년부터 실시된 '집체토지청부법'으로 인해 구이 같은 '바링허우'(80後) 세대는 더 이상 새로운 토지를 분배받지 못합니다. 그러니 이들 세대는 농촌으로 돌아가고 싶어도 돌아갈 수가 없습니다. 물론 부모가 사망한다면 현재의 땅과 집은 상속의 형식으로 승계 받을 수는 있겠죠. 거주자와 후커우 등기지가 같아야 한다는 전제 조건이 따르기는 하지만 말입니다. 그러나 그 사이에 이 땅에 대한 사용권이 양도될 가능성도 배제할 수 없습니다. 그렇다면 구이에게 남은 길은 어떻게 해서든 베이징 생활을 버티며 살아남는 것밖에 없습니다. 현재 구이는 친척 형이 꾸리고 있는 구멍가게에 더부살이를 하고 있습니다. 이 형은 연배로 보면 아마 1세대 농민공일 겁니다. 영화의 문제 설정으로 볼 때 이 가게는 아마 베이징 외곽에 위치한 판자촌(棚戶區)이나 성중촌(城中村) 내에 있을 겁니다. 허름한 담벼락 구멍으로 건너편 양옥집을 훔쳐보면서 도시 부자들의 씀씀이를 질타하는 장면 같은 것으로 유추해 볼 때 그렇다는 이야기입니다.

여기서의 판자촌은 서구 세계의 슬럼가나 빈민굴과는 성격이 좀 다릅니다. 그리고 우리의 달동네와도 성격이 사뭇 다릅니다. 1994년 3대 개혁에 의해 도시 지역의 딴웨이 체제가 해체되었다는 사실은 이미 앞에서 이야기했습니다. 현재 도회지 곳곳에 있는 판자촌은 딴웨이 체제 시절 국영기업이 구성원들의 복지 차원에서 제공한 주택들입니다. 국영기업의 사정이 여의치 않은 시절이었으니 변변하기는 어렵겠죠. 이 주택들이 장기간 보수도 이루어지지 않은 채 오늘날에 이른 것인데, 당시 이 집에 살던 주인은 지금은 다른 곳에 집을 사서 이사를 가 버린 경우가 대부분입니다. 그리고 개조를 해서 농민공들에게 임대를 하고 있습니다. 이른바 '개미족'(蟻族) — 한국식으로 말하면 '88만원 세대' — 들의 집단 거주지가 되는 거죠. 성중촌은 글자 그대로 '도시 한 가운데 있는 농촌'입니다. 원래는 대도시 인근의 농촌 지역이었는데, 도시가 확장됨에 따라 도시 지구로 편입된 곳입니다. 그런데 토지는 수용되었지만 집이 수용되지 않아 고층 건물들에 포위된 채 덩그러니 남게 된 거죠. 성중촌의 집 주인은 따라서 농민입니다. 이들 역시 대개 이 집에 살지 않고 농민공들에게 임대를 준 뒤 임대료로 살고 있습니다. 집을 효율적으로 개조한다면 매달 임대료만 해도 만만치 않겠죠. 그러니 이들을 '하층민'(低端人口)이라고 부를 수가 없습니다. 도심 속 노른자위 땅의 엄연한 건물주이니 말입니다.[16]

'국가 신형도시화 계획 2014~2020'에는 "약 1억 명이 거주하는 도시 내의 판자촌과 성중촌을 개량한다"는 또 하나의 목표가 있습니다. 이 항목을 보면 이 문제의 크기와 심각성을 어느 정도 이해하겠죠. 2017년 말경 베이징 외곽 철거 현장에서 빌어진 사고늘이 집중적으로 보도되곤 했는데,[17] 거기가 바로 베이징 남부 따싱구(大興區) 구내의 판자촌이나 성중촌 지역이었습니다. '국가 신형도시화 계획'을 추진하는 과정에서 벌어진 사고들인데, 구이와 친척 형이 사는 동네도 아마 이런 지역일 겁니다. 이런 지역은 도심과 그리 멀지 않을뿐더러 임대료도 싸서 농민공들이 집단으로 거주하고 있습니다. 베이징 시내의 3D 업종은 거의 이들이 도맡고 있습니다.

영화의 초입에는 퀵서비스 회사에 고용된 소년들이 베이징 교통지도를 열심히 익히고 있는 장면이 나오는데, 거기에는 자금성을 중심으로 네 개의 순환도로가 선명히 그려져 있습니다. 이 지도의 제일 외곽 4순환도로(四環)는 이 영화가 개봉된 2001년 당시 완공되었는데, 구이가 사는 곳은 아마 이 순환도로 인근 어디쯤일 겁니다. 베이징시는 점점 확장되어 2003년 5순환도로(五環)가 완공되는데, 이즈음 올림픽을 앞두고 치안이나 미관, 위생 문제를 이유로 대대적인 재개발 사업이 이루어지게 됩니다. 이에 따라 4순환도로 인근의 판자촌이나 성중촌 지역에 재개발 사업이 붐을 이루게 되는데, 이때 이 지역 원주민들은 분명 돈벼락을 맞았을 겁니다. 그런데 이로 인해 이 지역 임대료가 상승함에 따라 농민공 거주지는 5순환도로 바깥으로 밀려나게 됩니다. 6순환도로(六環)는 2009년 완공되는데, 이 두 순환도로 사이 지역이 농민공들의 새로운 집단 거주지로 떠오르게 됩니다. 우리의 지리감각으로는 경기도 양주나 화성쯤이 되겠죠. 아마 구이와 그 친척 형도 이 지역 어딘가로 밀려났을 겁니다.

2010년대에 들어 농민공 문제는 새로운 양상으로 접어듭니다. 구이의 후배 세대, 그러니까 90년대에 태어난 '지우링허우' 세대들은 정부의 공문서에서 '유동인구'(流動人口)라는 삭막한 이름으로 등장합니다. 지방에서 고등학교를 졸업한 뒤 일자리를 찾아 기약 없이 대도시를 떠돌고 있는 이들은 하나같이 자신의 이름에 '퍄오'(漂), 즉 '표류자'

베이징 북부 텐퉁위안의 거대한 아파트 단지

라는 꼬리표를 달고 있습니다. 수도 베이징을 표류하는 이들은 '베이
퍄오'(北漂), 상하이를 표류하는 이들은 '상퍄오'(上漂), 선전의 이들은
'선퍄오'(深漂), 홍콩의 이들은 '샹퍄오'(港漂) 이런 식으로 말입니다. 이
들은 농촌과의 연계가 완전히 단절된 채 오로지 취업을 위해 도시와
도시를 떠도는, 좀 더 정확히 말하자면 소도시 – 중등도시 – 대도시 –
특대도시 – 초대도시 사이를 부유하는 세대입니다. 이는 기존의 도
시 – 농촌의 단순한 이원 구조가 도시와 도시 간의 새로운 위계로 재편
되고 있음을 보여 주는 징표라고도 할 수 있습니다.[18]

남은 문제들

베이징 5순환도로 외곽 지하철 5호선 종점 인근에는 텐퉁위안(天通苑)
이란 대규모 아파트 단지가 있습니다. 원래 창핑현(昌平縣) 둥샤오커우

촌(東小口村) 타이핑좡(太平庄)이었던 지구를 1999년 철거한 후 재개발한 곳인데, 현재는 총 645개 동에 70만여 인구가 살고 있습니다. 규모가 참 무시무시하죠. 이 단지의 주인들, 그러니까 타이핑좡의 원주민들은 대개 여기서 살지 않습니다. 대신 칸막이로 집을 개조해 임대업을 하고 있는데, 한 가구에 많게는 10여 명이 거주하기도 합니다. 우리식의 고시원을 떠올리면 아마 감이 잡힐 겁니다. 이 단지는 수도 베이징의 하부구조와 모세혈관을 담당하고 있는 이들의 '베드타운'(睡城)이자 베이퍄오들이 잠시 머물며 '베이징 드림'을 꿈꾸는 보금자리이기도 합니다. 그래서 이곳은 '70만 베이퍄오들의 벌집' 혹은 '베이징의 브루클린' 등으로 불리기도 합니다.

최근에는 이곳에 관한 한 네티즌의 기록이 부유하는 청춘들의 공감을 자아내며 시대의 일그러진 자화상을 증거하기도 했습니다. 이 기록은 『석양의 텐퉁위안』(日落天通苑)이란 책으로 출판되어 지금도 읽히고 있습니다. 이 벌집에서는 모두가 자신의 이름을 갖지 못하는 '어떤 이'(一個)로만 존재합니다.[19] 텐퉁위안은 현재 새로운 개념의 중국식 공동체를 의미하는 '서취'(社區: 커뮤니티) 실험의 핵심 지구로 주목받고 있습니다. 그래서 '동양 최대의 커뮤니티'라는 꼬리표가 늘 따라다닙니다. 그렇다면 영화 속 열일곱 살 소년 구이는 지금쯤 이 거대한 커뮤니티의 일원이 되어 살아가고 있을까요? 아니면 아직도 어느 도시와 도시를 표류하고 있을까요?

제4장

코끼리의
행보

코끼리가 서쪽으로 가는 까닭은

21세기 정글의 세계사

중국을 공부하며 왕왕 접하는 물음이 하나 있습니다. "중국은 사회주의 국가인가요, 자본주의 국가인가요?" 질문자의 입장에서야 당연히 가질 수 있는 의문이겠지만 답변자의 입장에서는 꽤나 곤혹스러운 질문입니다. 왜냐하면 질문 자체가 아무 의미가 없거나 아예 성립하지 않으니 말입니다. 이런 식의 물음은 중국을 이해하는 데 전혀 실질적이지 않을 뿐 아니라 그리 실효적이지도 못합니다. 새로운 세기에 접어들어 중국이 직면한 낯선 현실에서는 더욱 그렇습니다.

2001년 WTO 가입으로 글로벌 금융 카르텔의 일원이 된 중국은 그 중심부에서 정치금융의 실상을 생생히 목도합니다. 여기에 2008년 글로벌 금융위기의 여파로 2천만 명의 중국 노동자가 일자리를 잃는 혹독한 현실을 받아들이면서 현존 질서를 구동하고 있는 핵심 개념들에 대해 새로운 정의를 정립할 필요를 절감하게 됩니다. 이런 식으로 말입니다.

- 현대화(공업화든 아니든): 인류의 근대 역사에서 **자본과 리스크가 동시에 도시로 집중되면서** 주기적으로 위기를 폭발시키는 단계성 과정.
- 자본(국유든 사유든): 인류가 자본주의 역사 단계에서 만들었지만 도리어 극소수 집단에 의해 그 반(反)본연성이 장악된 일종의 **소외물**. 주요 작용은 다수의 사람과 그들의 생존이 달린 자원 등의 객체를 '피자본화'하여 이윤을 창출하는 요소가 되도록 만드는 데 있음.
- 정부(어떤 제도이든): 인류가 만든, 극소수가 장악한 **소외물**. 도리어 다수를 강제적으로 통치하기 때문에 어떻게 개조하더라도 응당 실현해야 할 공평과 공정을 실현하기 어려움.
- 제도 이행(어떤 이즘이든): 수익을 점유한 집단이 더 많은 수익을 점유하기 위해 **형성된 리스크와 비용을 외부로 전가하는** 일종의 문화 현상. 비용 전가가 순순히 이행되지 못하면 강제성을 띤 이행으로 변함.
- 법률(어떤 이데올로기이든): 정부가 통치를 집행하는 일종의 규범적 도구로, 주로 사회경제 활동과 관련된 수익 및 분배 등을 보호하고 규범화하며 가장 낮은 수준의 도덕과 약속을 구현하는 데 쓰이는 일종의 제도문화.(강조는 원저자)[1](→291면)

2010년을 전후로 중국 내부에서는 다양한 공부의 장들이 펼쳐지는데, 이 가운데 '런민대학(人民大學) 지속가능발전 고등연구원'이 수행하고 있는 일련의 연구는 우리와 같은 체급에서는 좀처럼 쉽지 않은 시선의 높이를 보여 준다는 점에서 주목할 필요가 있습니다.

　이들은 자본의 글로벌화가 세계의 파시즘화로 이어질 수 있다는 우려로부터 출발합니다. 이 파시즘은 구 파시즘의 새로운 버전으로 "강력한 패권을 이용해 신용을 무한히 확장할 수 있는 특권을 얻게 된 패권국가가 세계를 상대로 저지르는 '신제국론'적 파시즘"입니다. 1990년대 초 냉전 체제가 와해된 이후 단극 패권을 쥐게 된 이 국가가 "자본의 글로벌화를 밀어붙이는 과정에서 패권국가의 금융화 심화로 인한 거대한 제도적 비용을 전 인류에게 떠넘기고 있다"는 것이 그 요지인데, 문제는 "신파시즘적 국가 범죄라는 본질을 가리기 위해 이들이 만든 신자유주의적 제도와 시스템에 자각적으로 자기 조정을 할 수 있는 제약 메커니즘이 전혀 없다"는 데서 발생합니다.[2] 한마디로 브레이크 없이 내리막길을 달리는 폭주기관차와 같은 상황이라는 거죠. 이들은 이 낯선 상황에서 비롯되는 '세 가지 난제'에 주목합니다. 미묘한 대목이 많으니 원문을 그대로 인용해 보기로 하겠습니다.

　첫째, "2008년 금융 쓰나미 이후 경제 위기에 대한 미국의 시장 구제 과정은, 단극 중심 정치경제 체제 하에서는 임시방편적 조치만 가능할 뿐 실질적인 '변화'가 일어날 수 없음을 잘 보여 준다. 신파시즘적 국가들은 화폐 발행과 채무를 끊임없이 늘림으로써, 패권을 이용하여 신용을 무한히 확대하는 '경로의존성'을 이어 가고 있다. 이들이 제조업 위주의 경제구조로 돌아가는 것은 불가능하다. 자본금융화 심화를 통한 가상자본의 버블화와 글로벌화라는 이익 추구 방식을 바꾸는 깃도 불가능하다. 진 세계에 위기의 내가글 선가해 온 추세들 바꿀리도 만무하다. 이런 추세는 줄어들기는커녕 갈수록 심화되고 있다. 그렇다면 미국이 신용을 무한 확대하면서 전 세계에 금융위기의 대가를 떠넘기는 이런 추세를 효과적으로 제어할 수 있는 이데올로기나 제도나 메커니즘은 정말 없는가? 답은 **없다**이다."[3]

둘째, "현재 전략적으로 가까워지는 중·미 관계의 본질은, 군사적 패권을 이용하여 버블화된 화폐 시스템을 유지하고 글로벌 자원 시스템을 통제하는 미국에게 중국이 '재종속'되는 것이고, 이런 종속 관계가 갈수록 깊어지는 것이다. 심지어 워싱턴 컨센서스가 전 세계에 빈부의 '2 대 8 법칙'(이탈리아 정치경제학자 빌프레도 파레토가 정립한 '80 대 20' 법칙. 전체 결과의 80%가 전체 원인의 20%에서 비롯되는 형상을 가리킴)을 받아들이게 만든 상황에서, 선진국 클럽으로 하여금 '4 대 6' 수준의 '국가 발전 권리의 합법적 수매(收買)'를 받아들이게 만들려는 시도라고 말할 수도 있다. 중국 인구가 전 세계의 20%를 차지하기 때문에, 중국에서 서구적 모델의 현대화가 실현된다면 이는 워싱턴 컨센서스가 세계에 강요한 '2 대 8'(20%에 불과한 백인 중심의 선진국이 글로벌 자원을 독점)이 이른바 베이징 컨센서스가 이끄는 '4 대 6'으로 진화됨을 의미한다." "중국에서 일찍이 1957~1972년에 진행된 '탈종속'의 경험과 비교하면, 세계 질서로 '편입'되려는 지금의 노력은 사실상 '재종속'이라고 할 수 있다. 그렇다면 향후 10년 동안 중국은 이런 '재종속' 상황을 바꿀 가능성이 있는가? 답은 **역시 없다**이다."[4]

셋째, "과거 제국주의 국가 내부의 부르주아계급과 프롤레타리아계급 사이의 대립적 모순과 사회적 충돌은 서방의 산업이 외부로 대거 이전됨에 따라 선진국과 개발도상국 사이의 대립적 모순이라는 양상으로 전환되었다. 그리고 노동자의 입장이 된 개발도상국의 발언권(담론)은 갈수록 줄어들고 있다. 두 가지 자체 원인 때문이다. 하나는 노동자 집단의 전반적인 발언권 상실이다. ……다른 하나는 서방 주류 담론을 통해 배양된 지식인들이 의식하지 못한 채로 서방 이데올로기의 통제를 받는 것이다.""이런 상황에서 개발도상국과 그 노동자 집단에게 새로운 담론을 형성할 가능성이 남아 있는가? 마르크스가 살았던 시대에는 들불처럼 일어난 노동자 집단의 투쟁이 자본의 확장을 억제했고, 노동자 집단의 대규모 투쟁이 사회 진보를 이끄는 주요한 힘이 되었다. 그러나 현재는 노동자 집단의 투쟁을 효과적으로 동원할 수 있는 이데올로기적 담론이 소실되었는데, 노동자 집단의 투쟁을 통해 자본을 억제할 수 있는 역량을 다시 만들어 낼 수 있는가? 답은 **역시 불가능하다**이다."(강조는 원저자)[5]

중국이 처한 딜레마

'런민대학 지속가능발전 고등연구원'은 이 세 가지 난제가 해결될 수 없다면 서방이 주도하는 금융자본 글로벌화는 아무런 제약 없이 질주할 것이고 결과적으로 세계의 자기 파괴가 초래되고 말 것이라고 전망합니다. 참 암울한데 그래도 시야를 확 틔워 주는 무언가가 있습니다. 중국을 공부하면서 고개를 숙이게 되는 경우가 종종 있는데 이런 대목이 그렇습니다. 미국의 하위체제에 단단히 예속된 한반도에서는 좀처럼 확보하기 어려운 시선의 높이니 말입니다. 이 같은 세계정세 분석을 토대로 이들은 WTO 가입 이후 중국이 직면한 상황에 주목합니다. 요지인슨, 자본수의 금융캐비닛에 발을 늘이고 보니 자기도 모르는 사이에 딜레마에 빠져 있는 자신을 발견하게 되었다는 것인데, 그 딜레마란 꼼짝달싹 못하게 이중삼중 나포된 자신의 처지를 가리킵니다.

그 실상은 이랬습니다.

첫째, 산업자본 확장 단계에서 글로벌화에 진입한 중국은 금융자본의 글로벌 경쟁력을 확보할 패권이 없다는 사실을 분명히 깨닫게 됩니다. 그리고 보니 미국의 패권적 지위를 고스란히 인정할 수밖에 없는 처지가 되고 만 겁니다. 그렇다면 이제 중국 금융자본의 합법적인 운신 여부도 미국의 동의 여부에 달려 있게 되었습니다. 둘째, 중국 산업의 조방형(extensive mode. 반대는 집약형) 확장은 막대한 자원과 에너지를 필요로 하는데, 현실적으로 이들의 수급 경로는 모두 미국이 장악하고 있습니다. 이런 이유로 양국의 전략적 협력 강화와 '동반자 관계'는 지속될 수밖에 없습니다. 그런데 그 결과 국가 주권이 산업자본의 집단적 이익을 위한 인질이 되고 말았습니다. 셋째, 미국이 확대 발행한 달러가 대부분 중국으로 유입되고 이에 대응해 위안화를 대규모 확대 발행할 수밖에 없는 상황에서 중국 정부의 화폐정책 운용에 따른 수익과 의존도는 갈수록 늘어납니다. 그런데 중미 간 전략적 협력의 산물인 이 역사적 성격의 '제도적 수익'을 도저히 포기할 수가 없습니다. 너무 달콤하니까요.[6]

문제는 여기서 그치지 않습니다. '제도적 수익'이 있다면 당연히 '제도적 비용'도 지불해야 하겠죠. 사실 중국의 입장에서 이는 훨씬 더 곤혹스런 문제였습니다. 인정하고 수용하는 것 외에 별다른 여지가 없었으니 말입니다. 이를 테면 이런 문제들이 그렇습니다. 첫째, 미국이 만들어 낸 유동성 과잉은 각종 간접적 방식으로 중국에 유입되어 물가 폭등을 유발하고 화폐 확대 발행을 유인합니다. 이런 식으로 증폭된 중국의 '외래형 인플레이션'은 더 이상 중국 정부의 거시 조정으로 해소할 수 있는 수준의 것이 아닙니다. 그러니 이제 언제 불어닥칠지 모를 태풍의 핵이 상시적으로 바깥에 도사리고 있는 꼴이 되고 만 셈이죠. 둘째, 현재의 구조는 미국이 국채 발행을 늘리면 중국과 일본 같은 무역 흑자국이 그것을 사들일 수밖에 없습니다. 그런데 이는 국가 주권 수호라는 측면과 상충할 수밖에 없습니다. 중국이 미국 재무부 채권의 최대 구매자이기는 하지만 따지고 보면 이는 "가난한 중국이 부유한 미국으로 국부를 유출하는 형국이 되고 미국의 소비자들은 중국의 돈으로 중국의 새로운 대형 공장들이 만들어 내는 상품을 사는"[7] 꼴이니까요. 그러니 어떻게 해야 할까요? 셋째, 현재 중미 간에는 상대적으로 협력적인 경제적 관계와 상대적으로 긴장된 정치적 관계가 뒤섞인 '전략적 동반자 관계'가 형성되어 있습니다. 그런데 이는 사실상 중심 – 준주변부의 관계에 가깝습니다. 그런데 중국은 아직 정치적 스마트파워를 형성하지 못해 국제질서에서 제대로 된 담론권(발언권)을 확보하지 못하고 있습니다. 따라서 마냥 미국에 의해 휘둘릴 수밖에 없는 처지입니다. 그러니 어떻게 해야 할까요?[8]

이런 이유로 "중미 간 전략적 협력 강화의 배경이 되는 이런 '재종속'을 제대로 분석하지 못하면, 중국이 현재 산업자본의 고성장을 통해 잠시 누리는 '호시절'은 오래 가지 못할 것"[9]이라고 이들은 경고합니다. "과거 자본 설립 단계에서의 중국은 서방의 과잉자본에게는 풍수지리의 명당 같은 곳이어서 서방에 위협이 되지 않았지만, 중국의 산업과 금융 양대 자본이 과잉된 지금의 상황에서는 일찌감치 과잉자본이 된 미국과 유럽의 눈에 주요 위협 요인으로 보일" 것이 분명하니 말입니다. "중국의 지도자들은 미국과 전략적으로 가까워지는 외교 노선을 선택하기를 원하지만, 미국은 갈수록 더 분명하게 중국을 제1의 가상 적국으로 간주하고 있다. 중국의 경제와 군사적 역량을 감안할 때, 중미 간에 충돌이 발생하면 중국이 군사적 대항을 선택하는 것은 불가능에 가깝다." 따라서 도달하게 되는 결론은 이렇습니다. "그러므로 중국의 '친미'는 시종일관 수동적인 전략이 될 수밖에 없다."[10]

출구전략

우리는 흔히 이렇게 생각을 합니다. 중국은 덩치로 보나 힘으로 보나 G2니까, 그리고 워싱턴 컨센서스와 베이징 컨센서스를 맞세우고들 하니까, 중국의 체급이 미국과 엇비슷할 거라고 말입니다. 그런데 이는 미국이 조장하는 이데올로기적 전략일 뿐 실상은 그렇지 않습니다. 이 점은 누구보다도 중국 자신이 잘 알고 있습니다. 이를 망각하고 섣불리 샴페인을 터트리는 일은 '전략적 마인드가 부족한 행위'가 됩니다. 그 생생한 예증을 우리는 지금 목도하고 있죠. "그러므로 중국의 '친미'는 시종일관 수동적인 전략이 될 수밖에 없다." 이 한마디는 그래서 중요합니다. 중국의 대외 전략에서 부동의 원칙 같은 것입니다. 적어도 현재까지는 그렇습니다. 동시에 이는 우리가 중국을 이해하는 데 있어서도 반드시 고려되어야 할 상수입니다. 이를 고려하지 않으면 무역 분쟁 같은 양국 간 현안들의 추이를 읽어 내는 일도 어려워집니다. 먼저 이 점을 분명히 해 두기로 하죠.

그렇다면 이 딜레마를 벗어날 길은 전혀 없는 것일까요? 이 문제 앞에서 흥미로운 인문지리학적 상상력이 발동됩니다. '두 다리를 이용해 바깥으로 진출하자'(兩條腿走出去)라는 아이디어가 그것인데, 한 다리는 기존의 연해 지역에 디딘 채 외향형 경제를 유지하면서 조방형 경제 시스템에 대한 심도 깊은 조정을 수행하는 한편, 다른 한 다리는 미국과 유럽이 만들어 놓은 퍼즐게임에 빠지지 않고 그것을 우회해 새로운 길을 찾자는 것입니다. 그렇다면 새로운 길은 어디일까요? 그것은 홍콩에서 이집트의 알렉산드리아 항구에 이르는 '아시아-아프리카 대륙 횡단 연륙교'(亞非大陸橋), 즉 아시아-아프리카 대륙횡단철도입니다.[11]

그렇다면 이 길은 어떤 효용이 있을까요? 이들은 연해 발전 전략과 표리 관계를 이루는 이 전략이 국제관계에서 중국이 운신할 수 있는 폭과 전략적 전환 가능성을 넓혀 줄 수 있다고 생각합니다. 무엇보다도 미국이 만들어 놓은 '서태평양 달러 호수'(West Pacific Dollar Lake), ─즉, 세계에서 달러를 가장 많이 보유하면서 그만큼 미국이 패권을 누리도록 돕고 있는 한·중·일 지역─를 벗어나는 데 유효할 뿐 아니라 유럽 중심주의가 만들어 놓은 유라시아 대륙의 식민주의 지정학 전략을 수정하는 데도 유효하다는 겁니다. 경제 중심의 70~80%가 연해 200킬로미터 이내에 몰려 있고 대외무역의 92%와 석유 수입의 95%를 해상 운송에 의존하는 중국의 입장에서 국가안보적 차원에서도 당연히 중요한 의미를 가지겠죠. 이 길 주변에 세계 인구와 자원의 50% 이상이 몰려 있으니 말입니다. 이뿐만이 아닙니다. 중국과 인도라는 세계에서 인구가 가장 많은 양대 국가 사이의 해묵은 분쟁도 이 길 위에서 해소가 가능하다는 겁니다. 제조업 상승기에 있는 양국의 확대재생산 능력을 흡수하면서 말입니다. 이로부터 동남아, 인도차이나반도, 남아시아 아(亞)대륙에 이르기까지의 '종적 통합' 역시 가능해집니다. 나아가 '중국-인도-러시아'(RIC) 대삼각형의 통합을 촉진하는 토대를 만들어 낼 수도 있습니다. 세계 자원의 70% 이상이 이 삼각형 안에 있고, 세계 GDP 전체의 60%에 육박하는 비중이 여기에 몰려 있으니 말입니다. 여기서 더 나아가 브릭(BRIC: 브라질·러시아·인도·중국)+3개국(남아프리카공화국·인도네시아·터키)＝E7(신흥 7개국)의 전략적 협력을 촉진하는 촉매제가 될 수도 있다는 겁니다.[12]

이들은 이 구상이 중국에게만 이익이 되는 게 아니라 모두에게 좋은 게임이라는 점을 강조합니다. 뿐만 아니라 향후 전지구적 차원의 지속 가능한 발전을 모색하는 데 있어서도 중요한 의미를 지닌다는 겁니다. 여기서 관건은 전통적인 남방 국가들이 미국과 유럽이 주도하는 전통적인 식민주의적 지정학 전략을 벗어나 자주적인 틀을 짤 수 있느냐 여부에 달려 있습니다. 그렇지 않으면 지난 20여 년 동안 금융자본 위기가 발생할 때마다 깡그리 약탈을 당해 온 과정을 벗어날 길이 없으니 말입니다.[13]

구상의 실현 여부는 논외로 하더라도 물리적인 길 하나가 참 어마어마한 의미와 가치를 만들어 내죠. 이 대목에서 문득 루쉰(魯迅, 1881~1936)의 소설 한 대목이 떠오릅니다.

"본시 땅 위엔 길이 없다. 다니는 사람이 많다 보면 거기가 곧 길이 되는 것이다."[14]

그리고 보면 길이란 명사가 아니라 운명적으로 동사인지도 모르겠습니다. 사람과 사람, 장소와 장소를 연결함으로써 전혀 존재하지 않던 의미와 가치를 일구어 내니 말입니다. 이것이 길의 상상력이 갖는 힘입니다. 그러면 이 상상력은 어떻게 현실이 될까요?

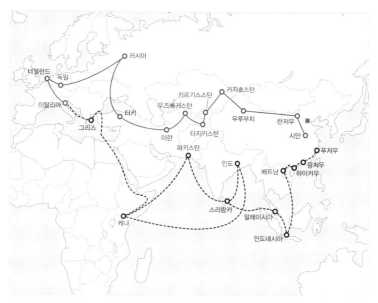

일대일로 시의도

아젠다로서의 '일대일로'

2013년 9월, 카자흐스탄을 방문한 시진핑은 '실크로드 경제벨트'(絲綢之路經濟帶) 공동 건설을 제안합니다. 그리고 바로 다음 달 인도네시아를 방문한 자리에서 '21세기 해상실크로드'(21世紀海上絲綢之路) 공동 건설을 다시 제안합니다. '일대일로'(一帶一路, One Belt One Road)는 이 두 사업을 통칭하는 개념인데, 여기에 2015년 3월 중국의 중앙정부가 「실크로드 경제벨트와 21세기 해상실크로드 공동 건설을 위한 비전과 행동」을 통해 장강(長江)삼각주, 주강(珠江)삼각주, 해협양안(海峽兩岸), 환발해(環渤海), 상하이자유무역시범지구 등을 21세기 해상실크로드 핵심 지구로 선정함으로써 위 구상은 이제 세계사적 차원의 현실이 됩니다.

중국 정부가 공식화한 '일대일로' 시의도(示意圖)만 봐도 규모가 참 어마어마합니다. 남극 대륙과 아메리카 대륙을 제외한 전 육상과 태평양에서 인도양, 지중해를 거쳐 발트해까지의 바다가 모두 이 그림 안에 들어와 있습니다. 여기서 눈여겨볼 대목은 한반도 인근이 미완의 형태로 애매하게 남아 있다는 것인데, 그럴 수밖에 없는 이유에 대해서는 전체 강의를 정리하는 장에서 거론하게 될 겁니다.

'일대일로'가 내건 슬로건은 이렇습니다. "함께 통상하고, 함께 건설하고, 함께 향유한다."(共商, 共建, 共享) 이 프로젝트는 '다섯 개의 전략 중심'(五通)으로 이루어져 있는데, 이들 모두는 중국문화 특유의 4음보 리듬 위에 올려져 있습니다. '정책소통'(政策溝通), '시설연통'(設施聯通), '무역창통'(貿易暢通), '자금융통'(資金融通), '민심상통'(民心相通)이 그것인데, 부문 하나하나가 종으로 횡으로 갈마들어 거대한 의미의 그물망을 만들어 냅니다.

이 그물에서 불필요한 레토릭을 걷어 내고 보면 다음과 같은 실질이 남습니다. "'일대일로'는 중국 내부의 과잉 생산력과 새롭게 출현한 금융 이익을 처리하기 위한 외부 공간을 개척하려는 전략이다."[15] 현대사의 굵직한 사건들―1차 대전에서 2차 대전까지, 그 사이 세계 공황에서 2009년 금융위기까지―이 그러하듯 대부분 문제는 결핍이 아니라 과잉에서 비롯됩니다. '일대일로' 역시 과잉자본을 해소하기 위한 21세기 버전의 지정학적 전략입니다. 그렇다 보니 아무래도 그 주안점은 '정책소통'(새로운 지역 협력 질서 확립)과 '시설연통'(인프라 수출)과 '자금융통'(과잉 금융자본 해소)에 놓이게 됩니다.

'정책소통' 부문에서 주요 내용을 차지하고 있는 것은 상하이협력기구(SCO), 중국 – 아세안(ASEAN), 아시아태평양경제협력체(APEC), 아시아유럽정상회의(ASEM), 아시아교류·신뢰회의(CICA), 아시아협력대화(ACD), 중앙아시아지역경제협력체(CAREC), 중국 – 아랍협력포럼 등 국제협력체와의 협력입니다. '자금융통' 부문에서는 아시아인프라투자은행(AIIB), 실크로드기금, 해상실크로드은행, 브릭스개발은행(NDB), 브릭스위기대응기금(CRA), 상하이협력기구은행 등의 금융 플랫폼 구축이 주요 내용을 이루고 있습니다. 이 가운데 주목할 필요가 있는 것은 자본의 금융화 단계에 들어선 중국이 가장 절실히 필요로 하는 국제적 금융 플랫폼, 그리고 이것의 구축을 통해 중국이 만들어 가고자 하는 어떤 질서입니다.

포스트 브레튼우즈 체제

산업자본화 단계의 중국이 걸핏하면 월스트리트 발 외풍에 휘둘릴 수밖에 없었던 것은 '세계의 공장'을 뒷받침하는 금융 플랫폼이 없었던 데 기인합니다. 그런데 '일대일로'를 계기로 브릭스개발은행+브릭스위기대응기금, 아시아인프라투자은행(AIIB)+실크로드기금, 여기에 상하이협력기구은행까지 더해져 독자적인 금융 동맹이 가동을 앞두게 되었습니다. 이것이 중요한 이유는 2차 대전 이래 미국 주도의 브레튼우즈 체제에 대항하는 별도의 시스템이 처음으로 출현했다는 데 있습니다. 구소련도 못 했던 일입니다. 그런데 막상 AIIB가 출범하자 영국, 독일, 프랑스, 이탈리아, 스위스가 참가를 선언하고 나섭니다. 이 의외의 결정에 중국은 잔뜩 고무됩니다. 그런데 태평양 너머 미국의 반응이 심상치 않습니다. EU 국가들의 참가 선언 직후 오바마가 긴급 국가 안보회의를 소집했으니 말입니다. 그러니까 이를 미국의 국가 안전에 대한 중대한 위협으로 간주했던 거죠.[16] 그렇다면 EU 국가들은 왜 이 새로운 금융 동맹에 참가를 선언하고 나선 걸까요? 그 사이 전통적인 브레튼우즈 동맹 내에서는 대체 무슨 일이 있었던 걸까요?

당시 미국은 TPP, 즉 환태평양파트너십(Trans Pacific Partnership) 구축에 진력하고 있던 중이었습니다.[17] 캐나다 – 미국 – 멕시코 – 페루 – 칠레 벨트와 일본 – 베트남 – 싱가포르 – 말레이시아 – 브루나이 – 오스트레일리아 – 뉴질랜드 벨트로 이어지는 TPP는 그 목적이 중국 고립을 위한 '태평양 동맹권' 형성에 맞추어져 있었습니다. 당시 갓 출범한 시진핑 체제는 모호한 입장을 취하고 있었습니다. 공식적으로는 참가를 부정했지만 협력의 여지는 남기는 정도로 말입니다.[18] 더욱이 얼마 뒤 시진핑이 미국을 방문한 자리에서 그토록 바라 마지않던 위안화의 특별인출권(SDR) 지위를 얻어 내게 되는데,[19] 그 반대급부를 두고 온갖 추측이 난무하기도 했습니다.

당시 TPP에 대한 중국 내부의 인식은 '3대 치외법권'에 맞추어져 있었습니다. "금융자본의 자유로운 이동, 다국적기업이 투자국의 법률에 구속받지 않을 것, 개발도상국의 국유기업이 우대받지 말 것." 이는 일반적인 상품의 자유무역이 아니라 옛 제국주의 열강의 논리라는 겁니다.[20] 그런데 '태평양 동맹권' 결성의 진척이 의외로 지지부진했습니다. 그 원인은 협상 과정에서 "농산품 시장 개방 및 지적재산권을 두고 동맹국의 불만을 산" 데 있었는데, 보다 근본적인 원인은 좀 다른 데 있었습니다. "1971년 달러와 금 태환이 중지되면서 시작된 미국의 대규모 유동성 공급은 유럽 금융 집단의 이익과 일치했습니다. 그러나 근래 미국의 금융 이익이 유럽의 부채위기를 낳으면서 쌍방의 이익에 근원적 모순이 발생하기 시작합니다." 이리하여 전통적인 브레튼우즈 체제 질서에 균열이 노골화되기 시작했던 것인데, 바로 이런 상황에서 중국이 주도하는 AIIB가 출범하게 된 거죠. 그러니까 '일대일로'가 결과적으로 대서양 동맹권의 균열을 좀 더 분명히 확인시켜 준 셈이었습니다. 미국의 EU 맹우들이 AIIB 가입을 선언하고 나선 것은 "단일 패권에 대한 피로가 완연해지면서 배표 한 장을 보험 삼아 더 사 두려던" 속셈이었으니 말입니다.[21]

트럼프가 대통령에 당선되면서 TPP는 인수위 시절에 중단되고 맙니다. 표면적으로는 미국 내 일자리 부족이 그 이유였는데,[22] 이때 중국은 내심 쾌재를 불렀습니다. 곧이어 더 큰 쓰나미 — 화웨이 사태에 이은 무역분쟁 — 가 자신들을 덮치게 되지만 말입니다. 그럼에도 불구하고 트럼프 체제 출범 이후 대서양 동맹권 내에서 벌어지는 최근 상황들 — 2018년 퀘벡에서 열린 G7정상회의에서부터 2020년 2월 독일에서 열린 뮌헨안보회의까지 — 은 새로운 국제질서의 필요성을 여실히 말해 줍니다. 그렇다면 이런 세계정세에서 '일대일로'가 뿌려 놓은 문제의 단초들은 어떤 새로운 국면을 맞이하게 될까요? 다음 강좌에서는 이 문제를 위주로 논의를 이어 가 보도록 하겠습니다.

일대일로의 심층지리학

지난 1~2년간 국제판 뉴스의 상당 부분을 차지한 것은 중미 간의 무역 분쟁입니다. 세계의 단극 패권 국가가 중싱(中興)이나 화웨이(華爲) 같은 일개 기업에 대해 취하는 태도를 보면 그 수위가 거의 린치에 가깝습니다. 이를 통해 미국은 연일 중국을 자극하며 링 위로 올라오기를 촉구하고 있지만, 중국은 미국의 이런 처사에 대해 극도로 신중한 모습을 보이고 있습니다. 구소련의 전례를 이미 생생히 목도한 바 있으니까요.

2019년 6월 2일, 국무원이 서둘러 발표한 「중미 경제·무역협상에 관한 중국의 입장」에서도 이런 태도는 여실합니다. 이 문건은 3개의 항목으로 구성되어 있습니다. ① 미국이 유발한 대중국 경제·무역 마찰은 양국뿐 아니라 전 세계의 이익에 해를 끼친다. ② 미국은 중미 경제·무역 협상에서 모순되는 태도로 신뢰를 저버렸다. ③ 중국은 시종일관 평등, 호혜, 신뢰의 협상 태도를 견지했다. 항목에서 드러나듯 문건은 문제의 폭을 경제·무역 분야로 애써 국한하며 정쟁의 확산을 원치 않는다는 태도를 분명히 하고 있습니다. 그렇다면 어쩌다가 갑자기 이런 국면이 도래한 것일까요?

"중국은 해상 권력으로 육상 권력을 포위하는 미국의 책략을 돌파하기 위해 '일대일로'를 제기했다." 원톄쥔은 '일대일로'의 또 다른 배경을 이렇게 이야기합니다. 이어서 그는 세계사를 고찰해 볼 때 이것이 전혀 새로운 것은 아니며 해양 세력과 내륙 세력 간에 있어 온 보편적인 패턴이라고 지적합니다. 그리고 이 점을 표트르 대제 시대의 러시아와 후발 제국주의 패권국 독일(프로이센), 그리고 이들에 대한 영국과 프랑스의 대응, 그리고 이것과 1차 대전의 관계를 통해 설명합니다.[1](→292면) 여기에 비추어 보면, '일대일로'가 촉발시킨 중미 간의 무역 분쟁은 보다 근본적인 차원에서 재검토될 여지가 있을 듯합니다. 우리가 흔히 문명이라 부르는 그런 지층에서부터 말입니다.

문명의 계보학

"세계사는 땅의 힘에 대한 대양의 힘의 투쟁, 대양의 힘에 대한 땅의 힘의 투쟁의 역사"다. 카를 슈미트(Karl Schmitt, 1888~1985)라는 학자는 세계사를 이런 식으로 파악합니다. 그의 세계사 고찰에서 눈길을 끄는 것은 문명의 저변에 깔려 있는 보종의 뮈토스(Mythos)적 요소입니다. 거기에는 거대한 덩치의 두 괴물이 등장하는데, 구약 『욥기』에 등장하는 리바이어던과 베히모스가 그것입니다. 여기서 리바이어던은 바다

「리바이어던」 표지 그림

에 사는 괴물 즉 고래를 가리키고 베히모스는 육상에 사는 괴물 즉 코끼리나 곰, 황소 같은 동물을 가리키는데,[2] 흥미로운 것은 고래라는 동물이 서구 문명, 특히 대항해 시대 이후의 유럽 문명과 갖는 친연성입니다. 아무래도 그 본질이 바다에 가깝다는 이야기겠죠. 그 일단은 계몽주의의 바이블 중 하나인 홉스(Thomas Hobbes, 1588~1679)의 『리바이어던』에 잘 드러나 있습니다.

주지하는 대로 『리바이어던』은 근대국가의 형성에 관한 저작입니다. 이 책의 표지에는 그림이 하나 실려 있는데, 저 멀리 대양으로부터 거인의 모습을 한 리바이어던이 가지런하게 질서 잡힌 대지를 굽어보고 있는 형상입니다. 이 거인은 머리에 왕관을 쓰고 양손엔 칼과 홀을 들고 있고, 그의 몸은 수많은 사람들의 몸으로 구성되어 있습니다. 여기서 주목해 볼 것은 바다의 괴물 리바이어던이 뭍으로 상륙하여 땅을 측량하고 마름질하여 대지의 질서, 즉 '노모스'(Nomos)를 수립한다는 대목입니다. 뿐만 아닙니다. 영미 문학의 고전 『모비딕』은 또 다른 의미에서 서구 문명의 탄생 과정을 들려줍니다. 이 소설에서 에이허브 선장은 흰 고래 모비딕에게 다리 하나를 잃습니다. 이를 되갚기 위해 그는 대서양에서부터 희망봉을 돌아 인도양을 거쳐 태평양까지 쫓아갑니다. 그러고는 마침내 끝장을 보고야 맙니다. 이런 그의 모습에는 지중해의 괴수들에 맞서는 오디세우스의 모습이 겹쳐 있습니다. 문화적 DNA가 동일하다는 이야기겠죠.

흔히 바다는 인간적인 질서와는 무관한 자유 공간으로 표상됩니다. 거기서는 소유권 개념이 작동하지 않습니다. 그래서 어떤 노략질도 정당화될 수 있다는 생각이 가능해지는 거죠. 슈미트에 따르면, 해적(Pirat)이란 말은 '시험하다', '시도하다', '감행하다'라는 뜻을 가지고 있는데, 그러니까 호머(Homer)의 영웅들은 이런 정신의 담지자들이고 에이허브는 다시 이들의 후예가 되는 셈입니다.[3] 이 계보학은 16세기 대항해시대 이후 대서양 문명사 전반으로 발생을 거듭해 '해적 자본주의'의 본산 브리튼 제국을 거쳐 마지막 주자 미국에까지 이어집니다.

이런 식의 뮈토스로 세계사를 조망하다 보면 흥미로운 대목들이 발견됩니다. 그 가운데 하나는 해양의 관점에서 기성의 대륙을 바라보는 시선입니다. 해양의 관점에서 대륙은 종종 코끼리나 곰, 황소 같은 거대한 괴수로 표상되는데, 이를 바라보는 시선에 적의가 가득합니다. 더욱이 대서양 문명사가 출범한 이후 이들은 이성의 결여태로 인식되거나 문명의 타자로 취급되어 세계의 변방으로 추방당하기 일쑤입니다. 그러니까 대서양 문명사의 첫 페이지를 장식하는 스페인에 투우 문화가 정착된 것이나 브리티시 계열의 서사 『반지의 제왕』에서 어둠의 군주 사우론의 오크 대군에 맘모스가 동원되는 것이 우연은 아니라는 이야기죠. 그들 문명 저변의 원형적 기억이 계통 발생을 거듭한 흔적들일 테니까요. 이런 인식은 러시아나 중국 같은 초대륙형 국가를 대하는 태도에도 그대로 이어집니다. 그런데 더욱 흥미로운 것은 이런 식의 고찰이 현존의 세계 질서와 역학 관계를 설명하는 데 있어서도 여전히 유효하다는 점입니다. 이것이 무슨 말일까요?

거대한 체스판

'일대일로'가 가동되자마자 지구상에는 새로운 버전의 '거대한 체스판'[4] 하나가 등장합니다. 그리고 여기서는 유례를 찾기 어려운 새로운 버전의 게임이 개시를 알리는데, 지난 몇 년간 국제판 뉴스를 오르내린 사건 일지를 간추려 보면 그 양상은 얼추 이렇습니다.

먼저 판 위의 대륙의 북방에서 '붉은 곰'이 크림반도를 통해 유럽 쪽을 넘보자 미국이 우크라이나 사태에 개입해 진로를 차단해 버렸습니다. 그러자 '붉은 곰'이 어쩔 수 없이 방향을 동쪽으로 틀었는데 이것이 푸틴 후반기의 '신동방정책'(New Eastern Policy)입니다. 그러면서 유럽으로 가는 또 다른 길을 찾아 나서는데, 유럽 동남부를 관통하는 '사우스스트림 파이프라인'(South Stream Pipeline)이 그것입니다. 그런데 이번엔 서유럽 국가들이 에너지 예속화를 우려해 이를 저지하고 나섭니다. 그러자 '붉은 곰'은 또 다른 루트를 개발하는데 이것이 바로 '투르크스트림 파이프라인'(Turk Stream Pipeline)입니다. 최근 터키와 흑해 연안을 둘러싼 일련의 사건들은 모두 이 문제와 밀접한 관련이 있습니다. 뿐만 아니라 최근의 노르드스트림 파이프라인 2(Nord Stream Pipe-line 2) 사업은 발트해 연안국들의 반발을 불러왔을 뿐 아니라 독일과 미국 간의 관계 악화에도 한몫을 하고 있습니다.

그런가 하면 판의 가운데 자리한 아시아 대륙의 동쪽 '서태평양 달러 호수' 인근에서는 미국이 한미일 동맹을 가동해 겹겹이 코끼리를 에워싸고 있는 중입니다. 그러자 중국이 서쪽으로 눈을 돌려 내륙 길 '일대'와 바닷길 '일로'를 통해 이를 벗어나려 안간힘을 씁니다. 그러자 이번엔 미국이 '아시아퍼시픽', 즉 일본-오스트레일리아 라인의 신종

그물을 동원해 인도양으로 가는 길목을 겹겹이 차단하고 있습니다. 이에 코끼리가 곤경에 빠져 어디로 가야할지를 모르는 상황이 되고 말았습니다. 뿐만 아니라 코끼리가 내디딘 지역 도처에서 연쇄적인 이탈이 가속화되고 있는 중입니다. 문제는 이런 게임 같은 상황이 하루하루 현실이 되고 있다는 점입니다.

얼마 전 미국은 태평양 전체를 관할하는 태평양사령부를 '인도 − 태평양사령부'로 개편한 바 있습니다. 이는 2017년 일본 수상 아베(安倍晉三)가 제기한 대중국 봉쇄 전략인 '인도 − 태평양 구상'을 수용하겠다는 의미인데, 2018년부터 주한 미국 대사로 있는 해리 해리스(Harry B. Harris)가 바로 이곳 사령관이었습니다. 애초 오스트레일리아 대사로 지목되었다가 급거 발령처가 바뀐 것인데, 그만큼 트럼프 정부가 한반도 상황을 중차대하게 접근한다는 이야기겠죠. 이와 관련해 눈여겨보아야 할 곳은 타이완 해협입니다. 타이완에는 1979년 중미 수교 이래 미군이 주둔하지 않습니다(대신 미국은 타이완에 고성능 레이더 '페이브 포스'Pave paws ─ 중국명 '푸루자오'鋪路爪 ─ 를 운용하고 있습니다. 성능이 '사드'를 능가한다고 알려진 이 레이더는 사실상 대중국 감시망의 첨병인 셈입니다). 1972년 2월 마오쩌둥과 닉슨이 합의한 '상하이 코뮈니케'(Shanghai Communiqué)에서의 '하나의 중국 원칙'을 그간 인정해 온 것인데, 2018년 5월 미국 의회가 이를 뒤집어 버렸습니다. 그런데 제1차 북미회담이 열린 2018년 6월 12일 타이베이에서는 미국재타이완협회(AIT) 신청사 오픈식이 열렸는데, 이를 빌미로 10여 명의 해병대 병력을 주둔시키겠다고 선언하고 나선 것입니다. 이에 차이잉원(蔡英文) 정부도 연일 '인도 − 태평양 발전'이란 단어를 입에 올리며 중국을 자극하고 있습니다. 이런 행보는 2018년 8월 차이잉원의 미국 방문으로 이어지게 되고, 마침내

2019년 6월 1일 '인도 – 태평양전략보고서'를 통해 미국은 타이완을 정식 국가로 인정하기에 이릅니다. 그리고 2020년 3월 미 하원은 이른바 '타이베이법'(타이완 국제보호강화 구상법 2019)을 통과시킴으로써 타이완과 세계 각국의 동맹 체결이나 국제기구 가입, 무역협상 등을 적극 지원하겠다고 나섰습니다. 여기에다 2020년 6월 영국마저 5년 내에 타이완의 주권을 인정할 가능성이 있다고 거들고 나선 상태입니다.

문제는 여기에 그치지 않습니다. 남중국해의 사태는 좀 더 심각합니다. 중국과 주변 동남아 국가들 간 영유권 분쟁으로 시작된 이 사태는 중국이 인공섬 기지를 구축함에 따라 본격화되었는데, 미국이 여기에 가세함으로써 심각한 국면으로 치닫게 되었습니다. 미국의 입장에선 '인도 – 태평양' 전략을 관철시키기 위해 반드시 딛고 가야 하는 장소가 이곳이기 때문입니다. 2018년 4월, 중국은 이 섬에 미사일 발사대 등 첨단 무기를 배치하는 한편 5월에는 처음으로 전략폭격기 이착륙 훈련을 실시했습니다. 여기에 미국이 반발하며 격년으로 열리는 '환태평양 훈련'(일명 림팩RIMPAC 훈련)에 중국을 초청하려던 계획을 취소하면서 파라셀군도(중국명 시사군도西沙群島) 일대 12해리 수역을 지나는 '항행의 자유' 작전을 감행하고 나섰습니다. 그런데 6월 아시아안보회의(일명 샹그리라 대화)에서 프랑스와 영국마저 가세하고 나섰습니다. 그들 역시 '항행의 자유'를 주장함으로써 구도가 중국 대 서방세계 전체로 확산되고 말았습니다. 그러니 중국이 가만히 있을 리 없겠죠. 이에 중국이 '내정간섭'을 주장하며 직접적인 타격을 경고하고 나섰습니다. 흥미로운 것은 타깃으로 삼은 것이 영국 군함이라는 점입니다. 대단히 현실적이면서 상징적인 장면이죠.

상황은 남중국해에 국한되지 않고 인도양 전체로 확산되고 있습니다. '일대일로' 해상 라인 전체에 빨간불이 켜진 것이죠. 2018년부터 들려오는 '진주목걸이' 지역의 국가들, 즉 말레이시아, 미얀마, 네팔, 스리랑카 등에서의 파열음은 남중국해 사태의 연장선상에서 이해될 필요가 있습니다. 중국은 이들 나라의 배후에 미국이 있다고 판단하고 있는 듯합니다. 이런 점에서 미국이 제1차 북미회담의 장소를 말레이반도 끝단에 위치한 싱가포르로 선택한 것도 의미심장합니다. 태평양에서 인도양으로 나가는 관문이 바로 여기니까요. 그간 중국이 윈난성(雲南省) 쿤밍(昆明)에서 라오스, 태국, 말레이시아를 거쳐 싱가포르에 이르는 동부해안철도(ECRL) 사업에 진력해 온 점을 감안하면 더욱 그렇습니다. 일대일로 동남아 운송망 구축의 핵심 사업이 바로 이것이니 말입니다. 그런데 이 사업이 날로 삐걱대더니 급기야 2018년 6월 말레이시아가 중국 자본 도입의 위험성을 문제 삼으며 이 사업의 잠정적 중단을 선언하고 말았습니다.

더 큰 문제는 인도입니다. 현재 인도는 대륙 축과 해양 축에 걸쳐 양다리 전략을 구사하고 있습니다. 한 발은 중국과 러시아가 주도하는 상하이협력기구(SCO) 축에 디디고 있으면서, 다른 한 발은 미국과 일본이 추진하고 있는 인도 – 태평양 라인 축에 디디고 있는 것이죠. 그런데 인도는 전통적으로 중국과 사이가 좋지 않습니다. 그럼에도 중국이 굴욕을 감수하며 인도 끌어안기에 나선 것은 인도의 지정학적 중요성 때문인데, 그런 노력에도 불구하고 딱히 성과를 내지 못하고 있는 실정입니다. 이뿐만이 아닙니다. 최근 다시 불붙기 시작한 중동 문제는 중국의 입상에서노 남의 일일 수만은 없습니다. 특히 오바마 정부가 봉인한 이란 핵 협정을 트럼프 정부가 해제함으로써 촉발된 이란 문제는 중국 입장에서도 초미의 관심사일 수밖에 없습니다. 그도 그럴 것이 중국의 핵심 아젠다 '일대'의 내륙 길과 '일로'의 바닷길이 만나는 결절점(結節點)이 바로 이란이기 때문입니다.

그러면 이에 대한 중국 측의 대응은 어떨까요? 2018년 6월 칭다오(靑島)에서 열린 상하이협력기구 정상회의를 보면 음미할 만한 대목이 적지 않습니다. 이보다 이틀 전 캐나다 퀘벡에서 열린 G7회의에서 트럼프는 향후 이 회의에 러시아가 참가해야 한다고 주장하며 회의장을 박차고 나가 버립니다. 싱가포르에 북미회담을 하러 가야 한다며 말입니다. 그런데 푸틴은 이 제의를 즉각 거절해 버립니다. 그러고는 다음 날 칭다오 회의에서 시진핑은 '우의훈장'이란 걸 제정해 초대 수여자로 푸틴에게 수여해 버립니다. 뿐만 아니라 이 자리는 인도와 파키스탄 정상도 참석해 세를 과시하는 장이 되기도 했습니다. 이런 행보는 급기야 2019년 6월 중러 양국 관계를 '신시대 전면적 전략 동반자 관계'로 격상시키는 결과로 이어집니다. 그리하여 이란의 앞마당 호르무즈해협에서 '제2의 통킹만 사건' 의혹이 불거지던 7월 말, 볼튼(John R. Bolton)의 일본·한국 방문 일자에 발맞추어 양국 공군은 한국과 일본의 방공식별구역을 '우정비행'하면서 그들 식의 '항행의 자유'를 주장하는 상황이 벌어집니다. 그러고는 12월 푸틴과 시진핑은 화상 회의를 열어 중국과 러시아 간의 1단계 천연가스 파이프라인 개통을 축하하며 이를 대대적으로 홍보하기도 했습니다.

그런 한편, 2019년 12월 런던에서 열린 나토(NATO) 70주년 창설 기념 정상회의에서는 난장판이 벌어집니다. 같은 해 11월 프랑스 대통령 마크롱(Emmanuel Macron)이 했던 "나토는 뇌사상태"라는 발언이 도화선이 된 것인데, 트럼프는 프랑스에 대해 보복관세를 부과하겠다고 선포하며 방위비 분담에 협조하지 않는 나라들을 대놓고 따돌립니다.

여기에 영국, 프랑스, 캐나다, 네덜란드 정상이 모여 트럼프에 관해 뒷담화를 하는 장면이 TV에 보도되자 트럼프는 화가 나 나머지 일정도 소화하지 않고 그냥 미국으로 돌아가 버립니다. 이런 상황에서 2020년 5월 코로나19 사태로 위기에 몰린 트럼프가 이번에는 G7회의를 G11으로 확대하여 개최하자고 주장하고 나섭니다. BRIC 4개국 가운데 중국을 제외하고 한국을 넣어 대중국 봉쇄를 압박하겠다는 거죠. 그러자 이번엔 아베가 나서 G7으로도 충분한데 무슨 말이냐며 반발을 하고 나서는 기묘한 상황이 연출되기도 했습니다.

이 일련의 사건들은 모두 새로운 버전의 게임장과 게임 규칙을 수립하는 문제와 직·간접적으로 연관되어 있습니다. 이렇게 놓고 보면 작금의 중미 분쟁 역시 그 본질이 '무역 전쟁'의 수준에 있지 않음이 분명해집니다. 그렇다면 이 사건들 이면에는 어떤 힘들이 작동하고 있는 것일까요?

참조 체계로서의 '세계체제'

세계사를 긴 호흡(long duration)으로 보다 보면 대서양 문명사가 출범하기 전 세계의 모습은 지금과 많이 달랐던 모양입니다. 역사학계에서 캘리포니아학파(포머란츠, 웡, 프랑크 등 캘리포니아대학을 중심으로 한 연구자 집단)로 불리는 일군의 학자들은 월러스틴(Immanuel M. Wallerstein, 1930~2019)이 말하는 '근대 세계 – 체제'(Modern World-System)에서 하이픈을 떼어내고 싶어 합니다. '세계체제'(World System)는 근대의 산물이 아니라 그 이전에도 이미 존재했다는 것입니다. 아부 – 루고드(Janet L. Abu-Lughod,

1928~2013)는 이를 '13세기 세계체제'라는 개념으로 설명하는데, 그에 의하면 13세기 무렵 세계는 다양한 문화 체제와 경제 체제들이 공존하고 협력하는 형태로 작동하고 있었던 모양입니다. 당시 세계체제는 3개의 광역 체제, 즉 서유럽, 중동, 극동이 다양한 수준의 네트워크로 연결되어 있었는데, 여기에는 또 몇 개의 장소가 하위 고리를 구성하고 있었습니다. 이 장소들의 면면은 이렇습니다.

①광대한 아(亞) 대륙에 걸쳐 있던 인도와 중국 같은 대규모 농업 사회. 이 지역에서의 산업 생산은 전적으로 농산물에 국한되었던 것은 아니지만 주로 농산물 가공에 치중되었다. ②베네치아, 아덴, 팔렘방, 말라카 같은 작은 도시국가 항구들. 그들의 기능은 매판이었다고 묘사하는 것이 가장 적절하다. ③남인도, 샹파뉴, 사마르칸트, 레반트, 페르시아만 연안의 항구들과 같은 다양한 장소들. 이 지역의 중요성은 교역 상대자들이 지나는 통로들의 교차점이라는 전략적 위치로 인해 증대되었다. ④다른 어느 곳에서도 구할 수 없는 가치 있는 원료─잉글랜드의 질 좋은 양모, 수마트라의 장뇌, 아라비아반도의 유향과 몰약, 인도 군도의 향신료, 실론의 보석, 아프리카의 상아와 타조깃털, 그리고 동유럽의 군사노예 등─를 생산하는 장소들. 이와 같은 자원들이 세계체제가 존재했던 이유는 아니었다. 이것들은 세계체제의 **산물들**이었다.(강조는 원저자)[5]

'13세기 세계체제'는 지중해와 중국이라는 축을 두고 내륙과 해양의 두 길이 상호 순환하는 방식으로 작동되었던 모양입니다. 하나의 길은 중국 남부에서 말라카 해협과 인도양을 거친 뒤 아라비아해와 홍

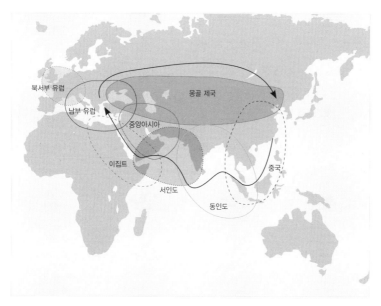

13세기 세계체제의 순회로

해를 통해 각각 지중해로 연결되었고, 다시 이 길은 실크로드와 초원 길을 거쳐 각각 베이징으로 연결됨으로써 순환의 고리가 완성되었던 거죠. 여기서 주목할 것은 이 '다양한 원초적 자본주의 체제들' 간의 관계입니다. 이들은 세계 각지에서 공존하며 그 누구도 다른 세력들을 능가할 만한 충분한 힘을 가지고 있지 않았습니다. 이 체제들의 참여 자들은 '협력적, 대립적 혹은 공생적' 형태의 상업적 관계 속에서 서로 이득을 얻었으며 타자에게 해를 끼치지 않았습니다. 이 체제가 절정에 도달했던 14세기의 첫 10년 동안에 어떤 단일한 세력도 패권을 차지 했다고 말할 수 없으며, 따라서 그 체제가 지속되기 위해서는 모두의 참여가 필요했습니다.[6]

그런데 약 50년 후 이 체제는 해체되기 시작했고, 15세기 말에는 이 가운데 일부만이 이전의 활기를 유지하는 상태가 됩니다. 무슨 일이 있었던 것일까요? 그 사이 전 지구적으로 창궐한 흑사병과 소빙하기가 있긴 했지만 직접적인 요인은 아니었던 것 같습니다. 그 조짐은 북방 스텝 지대에서 먼저 감지됩니다. "몽골족이 1368년 흑사병(또는 다른 재앙을 가져온 전염병)에 의해 극심하게 약화되어 중국을 '상실했'을 때, 세계는 동남 중국의 항구들을 종착지로 하며 인도양과 남중국해를 경유하던 해상 노선과 더불어, 베이징을 종착지로 내륙 노선을 연결시켜 주었던 핵심적인 연결부를 상실했다. 세계체제의 동쪽 끝부분의 이와 같은 분리가 미친 반향은 세계 교역 전체에서 감지되었다."[7] 문제의 발단은 몽골 제국의 붕괴였습니다. 이 제국이 붕괴함으로써 500여 년 이상 가동되던 순환계의 핵심 고리가 손상되어 버린 겁니다. 그러자 시스템 전체의 효율이 떨어지고 급기야 빈사 상태가 되고 만 거죠.

이런 상황에서 얼마 뒤 세계사의 무대에는 '유럽의 신참자'들이 등장합니다. 대서양을 젖줄로 삼은 이들은 희망봉을 돌아 인도양을 향해 나아감으로써 대항해시대의 첫 페이지를 열게 됩니다. 이들은 '약탈을 동반한 교역'(trade-cum-plunder)이라는 낯선 방식으로 빈사 상태에 처한 기성 질서를 순식간에 접수해 버립니다.[8] 이 과정에서 민족국가(nation-state)라는 새로운 게임 규칙이 제정되고 여기에 자본주의라는 엔진이 장착됨으로써 '자본주의 세계체제'가 본격적으로 막을 올리게 되는데, 이 체제는 주지하는 대로 힘의 중심이 이베리아 반도의 두 나라 포르투갈과 스페인에서 시작해서 네덜란드와 영국을 거쳐 오늘날의 미국으로 이어집니다.

세계체제와 중국

그렇다면 이 문제를 중국을 중심으로 설명해 보면 어떻게 될까요? 왜 냐하면 몽골 제국의 붕괴는 곧 원(元) 제국의 붕괴를 의미했으니까요. "중국은 자체 주기를 가지고 있었는데, 그에 따른 발전은 좀 더 이른 11세기와 12세기의 송대(宋代)에 뚜렷이 시작되었고, 15세기 중엽에 이르기까지 끝내 위축되지 않았다. 그 주기는 남부가 북부와 완전한 통합을 이루게 된 원(元) 왕조 하에서 정점에 이르렀는데, 남부의 항구 는 인도양 교역을 위한 출구가 되었으며, 북부는 대상을 통해서 중앙 아시아와 연결되어 있었다. 두 노선이 세계체제에 개방되었을 때 중국 은 번영을 누렸다. 역으로 그 노선이 폐쇄되었을 때 중국은 쇠퇴했으 며, 그와 더불어 13세기에 조직되었던 세계체제의 나머지 부분도 마찬 가지 운명이 되었다."[9]

원나라는 아시아에서 유럽까지 걸쳐 있던 일종의 세계 – 국가였 습니다. 여기서의 '세계 – 국가'란 일종의 가설적 개념인데, 베스트팔렌 체제의 산물인 '민족 – 국가'(nation-state)와 대별되는 개념입니다(이와 유 사한 맥락에서 간양甘陽 같은 학자는 '문명 – 국가'라는 개념을 쓰기도 합니다).[10] 한족 중심의 사관에서 보면 원나라 시기는 치욕의 역사입니다. 그런데 세계 체제의 관점에서 보면 전혀 그렇지가 않습니다. 이 제국을 구동하던 시스템은 요즘 말로 하면 '유비쿼터스'에 '디지털 노마디즘' 그 자체였 습니다. 그런데 1368년 한족 중심의 민족형 국가인 명나라가 들어서 면서부터 상황이 확 달라집니다. '정화(鄭和)의 원정'이라고 들어 보았 을 겁니다. 황제의 명으로 정화라는 환관(宦官)이 일곱 차례나 세계를 주유한 대규모 해상 프로젝트가 그것인데, 참파, 수마트라, 팔렘방, 말라카, 시암을 거쳐 실론(스리랑카), 인도의 캘리컷(코지코드), 아라비아해 입구의 호르무즈, 홍해 입구의 아덴, 아프리카의 동남 해안까지 이어진 이 항해는 여러 가지 측면에서 미스터리로 남아 있습니다. 일단 여기에 동원된 선단의 규모가 어마어마합니다. 1405년 제1차 원정의 경우 동원된 선단이 62척, 승선 인원이 2만 7,800명, 주 함선의 규모는 길이 137미터에 폭 56미터로 알려져 있으니까요. 참고로 1492년의 콜럼버스 함대가 250톤급 3척에 승선 인원 88명, 1497년의 바스쿠 다 가마 함대가 120톤급 3척에 승선 인원 170명이었던 것과 비교해 보면 당시 중국의 조선 해양 과학 수준이 어느 정도였는지 알 수 있습니다. 그러니까 중국은 대륙형 국가만이 아니었던 거죠. 그런데 7차 원정 이후 항해 기록을 다 폐기해 버리고는 바다를 향한 모든 문을 닫아걸어 버립니다. 왜 그랬을까요?

학계에서는 이를 해상 원정의 과다한 비용 문제, 땅은 넓고 물산은 풍부한(地大物博) 조건으로 인한 해상 무역에의 무관심 등등으로 설명하기도 합니다. 그런데 문제는 몽골 제국의 붕괴로 순환계의 내륙 경로가 사라진 마당에 해상 경로만으로 세계 – 국가 시스템을 유지하는 것이 가능하지 않다는 데 있었습니다. 어쩌면 명나라는 이 원정을 통해 이 점을 확인했던 게 아닐까요. 그랬으니 이후 국가 운영의 방향을 내륙 중심의 중화 시스템 내부로 전환했던 거겠죠.

여기서 중요한 것은 원 제국의 붕괴로 인해 전 세계 복수의 체제들을 연결하던 '순환계'가 파괴되었다는 점입니다. 이때 닫힌 문은 1840년 아편전쟁에 이르러서야 다시 열립니다. 그것도 강제로 말입니다. 이때가 바로 대영제국의 빅토리아 황금기인데, 중화 체제는 이로부터 150여 년 치욕의 역사를 경험합니다. 그러다가 홍콩과 마카오를 영국과 포르투갈로부터 돌려받으며 자존의 목소리를 내기 시작한 것이 1997년과 1999년, 개혁개방의 가속을 한창 드높이고 있던 무렵이었습니다. 그런데 이제는 대서양 쪽의 파트너가 바뀌었습니다. 두 차례 세계대전을 거치면서 대서양 세계의 주도권이 영국에서 미국으로 넘어가 버렸으니까요. 그리고 중국은 '세계의 공장' 역할을 통해 세계사의 무대로 다시 나서게 됩니다.

바로 이 지점에 '일대일로'를 연결시켜 보면 이 기획이 갖는 문명사적 함의가 어렴풋이 드러납니다. 원톄쥔은 이 점을 이렇게 설명합니다. "만약 '일대'만을 제기했다면 그저 전통적인 육상 권력 전략에 머물렀을 것이다. 반면 '일대일로'는 광활한 대륙의 종심(縱深)에 기반하되 대륙과 해양이 만나는 변경에서 하위(sub) 해양 권력을 개척하는 전략이다."[11] 이 말은 '일대일로'의 핵심이 (14세기 중반 원 제국 멸망 이래 대서양 문명사 마지막 주자 미국의 시대에 이르기까지 700여 년간 단절되어 있던) 전 지구적 순환계의 복원에 있다는 말처럼 들립니다. 더욱이 앞의 '13세기 세계체제의 순회로' 지도에 '일대일로' 개념도를 겹쳐 보면 이런 심증은 좀 더 설득력을 얻게 됩니다. 이 두 개의 지도에서 세계사의 시간을 가로질러 중첩되는 지역과 지역, 길과 길, 장소와 장소는 향후의 세계사에서 어떤 의미로 자리매김 될까요?

아부-루고드는 연구를 마무리하면서 "유럽 중심주의적인 '근대' 세계체제가 계속 존속할 것인지, 또는 이미 적어도 16세기에 발생했던 것만큼 극적이고 뚜렷할 것으로 생각되는 재구성의 국면에 돌입했는지 여부"[12]에 대해 질문합니다. 그리고 이에 대한 윤곽을 이렇게 밝힙니다. "현 체제는 이제 매우 불안정한 상태에 처해 있어서 어떤 전 지구적 충격이라도 가해진다면 근본적인 전환이 초래될 수 있다. 유럽 / 서양의 패권기는 새로운 형태의 세계 정복에 의해 대체될 수도 있지만, 그런 일이 일어나리라고 예상하기는 어렵다. 오히려 그보다는 13세기 세계체제에서 나타났던 것과 같이, 복수의 중심지들이 상대적인 균형을 유지하는 상태로 복귀할 가능성이 높다. 그러나 그것은 상이한 게임 규칙으로의 전환, 혹은 적어도 유럽이 16세기에 도입했던 규칙의 종식을 필요로 한다."[13]

2007년 중국의 CCTV가 방영한 다큐멘터리 〈대국굴기〉는 바로 이 문제를 다루고 있습니다. '강대국의 조건'이란 부제를 단 이 8부작은 마지막 장을 미국에 할애하고 있습니다. 그런데 여기엔 미국이 대서양 문명의 마지막 주자라는 전제가 진하게 깔려 있습니다. 여기서 마지막이라 함은 대서양 문명의 기본 생리, 즉 '약탈을 동반한 교역'이라는 고전적인 방식이 21세기적인 상황에서 더 이상 가능하지 않다는 인식에 기초합니다. 그러니 언젠가 미국이 대영제국의 전철을 밟게 된다면―여기에는 미국의 신용에 의존하는 체제에서 비롯된 현재의 금융자본주의의 위기가 미국에 의해서만 풀릴 수밖에 없다는 아이러니한 현실이 해소되어야 한다는 전제가 따르지만―이는 슈퍼 강대국의 쇠락을 의미할 뿐 아니라 대서양 문명사 전체의 쇠락을 의미하는 셈이 되겠죠. 중국은 이 변곡점을 이번 세기 중반 언저리로 내다보고 있는 듯합니다. '일대일로'의 완성 시점으로 잡은 '2049'년의 '중국몽'(中國夢)은 이런 문명사적 시간 감각에 기초해 있으니 말입니다.

담론 권력의 문제

"'일대일로'는 그 성패 여부가 '담론 권력'에 달려 있다." 원톄쥔은 현재 중국이 처한 상황을 이렇게 이야기합니다. 깊은 고충의 토로처럼 들리는 이 말은 국제사회에서 발언권이 얼마나 중요한 것인지를 일깨워 줍니다. 그는 2차 대전 이후 미국의 외교사를 이렇게 정리합니다. "1950년대부터 1970년대까지 미국이 수출한 것은 냉전적 지정학이 조종하는 발전주의 이데올로기였다. 세계은행 주도의 발전주의가 개발도상국의 높은 부채위기로 인해 파산하자, 1980년대 이후 미국은 자유민주주의로 제도를 개혁하라는 외교 담론을 추동했다. 특히 걸프전 이후 미국식 자유민주주의의 전파는 미국 지역 정치 이데올로기의 기조가 되었다. 그러나 지난 10년간 이라크와 파키스탄 파병은 끝없는 지역 충돌을 일으켰다. ……'채찍+자유민주주의 이데올로기'는 이미 설득력을 잃었다. 최근 몇 년 사이, 미국의 외교 이데올로기는 슬그머니 '채찍+안보'로 전환되는 중이다. 나날이 심각해지는 지역 충돌에 대응하기 위해 강력한 미국 군사력의 대량 개입이 필요하다는 것이다." 이에 반해 현재 중국이 추진 중인 '일대일로'는 '평화 발전'의 이데올로기이고 또 그렇게 되어야 한다는 것인데, 이 대목에서 요청되는 것이 바로 '담론 권력'입니다.[14] 그런데 과연 그럴까요? 더욱이 국제관계에서 담론권조차 제대로 갖지 못한 중국이, 그것도 '인프라 발전주의'라는 앙상한 이데올로기 수출을 통해 이를 구현하는 것이 어떻게 가능할까요?

'일대일로'가 공식적으로 출범한 지 6년여가 되는 지금, 중국은 서구 세계 공동의 적이 되어 있습니다. 여기에는 물론 미국의 담론권 행사와 조직적인 방해가 개입되어 있겠죠. '일대'와 '일로'가 지나가는 길목에는 어김없이 미국이 쳐놓은 그물이 있으니 말입니다. 파키스탄이나 스리랑카, 몽골 같은 사업의 파트너들은 중국이 제공한 외채로 인해 이미 국가 경영에 빨간불이 들어온 상태입니다. 뿐만 아니라 중국 내부에서조차 조금씩 비판적인 목소리가 터져 나오고 있습니다. 전 세계를 상대로 미국이 자행한 패악질을 우리가 그대로 답습하고 있는 게 아니냐며 말입니다. 상황이 이렇다 보니 안팎으로 고민이 가중될 수밖에 없습니다. 아래 인용문에서 나열된 일련의 물음표들은 현재 중국이 갖고 있는 고민의 무게를 가감 없이 대변해 줍니다.

> 어떻게 해야 AIIB(아시아인프라투자은행)가 환경과 원주민의 생태 시스템을 파괴한 세계은행의 전철을 밟지 않을 수 있을까? 어떻게 해야 인프라 건설이 중국의 자원 수출에 유리할 뿐 아니라 각 지역의 조건에 부합하는 포용성과 지속 발전 가능성을 동반할 수 있을까? 다시 말해, 어떻게 해야 AIIB와 실크로드기금이 IMF와 세계은행이라는 괴물이 되지 않을 수 있을까?[15]

그리고 현실적으로 이 물음표들을 풀어 가는 과정이 그리 만만치 않을 것임도 왠지 분명해 보입니다. 넘어야 할 고개들이 첩첩이 기다리고 있으니 말입니다.

> '일대일로' 그 자체는 영혼이 없다. 한층 깊고 두터운 사회정의 사상과 문화적 내용으로 그것을 채워 가야 한다. 그렇지 않으면, 다양한 민족과 다원적 문명을 지닌 아시아·아프리카·유럽에 지역 충돌이 발생할 때, '일대일로'는 문화적 대화 능력을 결한 앙상한 구호가 되

고 말 것이다. 과잉생산과 금융 재부만 있고 두터운 사회정의의 이념과 풍요로운 문화 다양성의 비전이 결여되어 있다면, 그래서 자국 안에서도 생태문명의 전략을 제대로 정착시키지 못하고 또 진정한 의미에서 자생적인 '조화 사회'를 건설하지도 못한다면, 중국은 도대체 무슨 염치로 동방 부흥과 화평굴기(和平崛起)를 논하며, 하물며 세계를 바꿀 실천의 수출을 거론할 터인가.[16]

원톄쥔은 중국의 담론 권력이 미국이 내세우고 있는 '자유민주'의 이념에 대적하기에 아직 역부족임을 충분히 인정합니다. 중국의 학계에서도 '평등', '공평', '정의' 등의 개념에 대한 원론적 재 탐구를 통해 서구 세계가 선점하고 있는 '자유민주' 이념에 대한 문제 제기를 모색하고 있지만[17] 주객관적인 조건과 형편이 여전히 여의치 않습니다. 그도 그럴 것이 이 게임에서 운용되는 규칙과 논리, 도구가 모두 그들이 제정한 것이기 때문입니다. 그럼에도 불구하고 "'일대일로'의 성패가 담론 권력에 달려 있는" 한, '상이한 게임 규칙'의 개발과 이를 적용할 수 있는 게임장의 구축은 불가피한 것처럼 보입니다. 그렇다면 중국은 어떤 실천을 통해 이 곤경을 타개할 수 있을까요?

생태문명, 그 물과 풀을 찾아서

존 캅(John B. Cobb)이라는 미국의 목회자가 있습니다. 신학계에서 '과정신학'(Process Theology)의 개창자로 알려져 있는 그는 일찍이 1970년대 초 '생태문명'이라는 개념을 제기한 바 있습니다.[1](→292면) 전하는 바에 따르면, 그의 입론은 2012년 중국공산당이 '생태문명 건설'을 당헌으로 채택하는 데도 일정 정도 참조 체계가 된 것으로 알려져 있습니다.[2] 풍문에 의하면, 그는 지금도 90대 노구를 끌고 중국 농촌을 드나들며 모종의 가능성을 모색하고 있는 모양입니다. 그는 이 새로운 패러다임의 구현 가능성이 미국보다 중국 농촌에 더 많이 있다고 생각하고 있는 듯합니다.

중국보다 더 생태적 경제학의 긴박성이 큰 나라도 없다. 현재 중국 정부는 수출산업의 수요를 대체할 만큼 유용한 일자리를 제공하기 위해 사회간접자본이나 다른 프로젝트에 많은 돈을 쓰려고 준비하는 상황이다. 이 돈의 일부가 중국 산업과 도시 생활의 녹색화를 위해 쓰일 수 있다. 중국은 또한 빈곤 문제를 개선하는 데 자원을 활용함으로써 국내 재화의 수요를 증가시킬 수 있다. 이것은 다른 국가들의 구매력에 필수적으로 의존하는 수출 주도형 경제로부터 중국인들에게 필요한 재화와 서비스를 공급하는 자립 경제로 전환하는 출발점이 될 것이다. (…) 모든 '현대' 국가들처럼 중국은 산업화에 집중한다. 그러나 지금은 미래에 다가올 위기에서 생존하도록 농촌의 기반을 강화할 기회다. 금융위기로부터 글로벌 경제의 파괴적 형식에 흡수될 위험과 함께, 대지에서 지속 가능하게 살아가는 자급적 국가가 될 가능성을 배울 수 있다.[3]

1950~1960년대 황금기를 구가하던 자본주의가 자기 성찰을 요구받던 시점에 제기된 '생태문명' 개념이, 21세기 오염과 공해의 온상으로 지목된 중국에서 모색되고 있다는 사실은 아이러니합니다. 그의 이런 모색은 중국적 현실에 대한 역사적 성찰을 결여한 것이지만, 그럼에도 그의 이런 시도는 코로나19 사태에서 드러나듯 지구촌 문명의 미래를 통감할 수밖에 없는 현실에서 곱씹어 보아야 할 대목이 적지 않습니다. 대체 이 아이러니를 어떻게 이해해야 할까요? 10강에서는 '세계의 공장'을 거쳐 금융자본화 단계로 들어선 중국이 직면한 또 다른 문제들, 그리고 이를 극복하기 위한 모색들을 위주로 논의를 이어가노록 하겠습니다.

'생태문명'의 제기

중국에서 '생태문명'이라는 개념이 처음 등장한 것은 2007년 무렵입니다. 여기에는 도농 간 양극화 해소를 위해 2005년부터 추진한 '사회주의 신농촌 건설' 사업이 물적·제도적 토대로 작용하고 있습니다. 이 개념은 2012년 제18차 당 대회에서 5개 발전 전략 중 하나로 자리매김 되어 2013년 출범한 시진핑 체제의 핵심 아젠다가 되는데, 이후 일련의 정책적 보완이 가해지면서 2017년 제19차 당 대회에서는 '향촌 진흥'이 국가 최우선 전략으로 설정되기에 이릅니다. 이런 토대 위에서 2019년 1월 시진핑은 「우리나라 생태문명 건설이 새로운 단계로 나아가도록 추진하자」라는 문건을 발표하는데, 여기서 '생태문명 건설'에 관한 비전과 실천 방안이 종합적으로 제시되기에 이릅니다.

문건은 고대 경전들을 대거 인용하며 중국의 전통적 세계관이 '생태문명'의 코스몰로지(cosmology) 그 자체임을 강조합니다.

중화 민족은 지금껏 자연을 존중하고 자연을 사랑해 왔으며, 5천여 년을 이어 온 중화 문명은 풍부한 생태 문화를 품고 있습니다. 『역경』은 "대자연의 꾸밈을 관찰해 계절이 변화하는 법을 알 수 있고, 인간의 꾸밈을 관찰해 천하를 교화할 수 있다", "천지가 서로 교체하고 서로 돕는 원리를 관찰함으로써 인간 정치의 방법을 제재한다"라고 말합니다. 『노자』는 "사람은 땅을 본받고, 땅은 하늘을 본받고, 하늘은 도를 본받고, 도는 '스스로 그러함'을 본받는다"고 말합니다. (…) 『제민요술』(齊民要術)은 "농시(農時)에 따르고 땅의 이로움을 살피면 적은 노력으로 많은 수확을 올릴 수 있다"고 말합니다. 이런 관념은 모

194

두 천지인(天地人)을 통일시키고 자연 생태를 인류 문명과 연결시켜, 대자연의 법칙에 따라 취함에는 때가 있고 사용함에는 도가 있음을 강조한 것으로, 사람과 자연의 관계를 대하는 우리 선조의 중요한 인식을 나타낸 것입니다.[4]

이어서 문건은 현대화 과정에서 중국이 '생태문명'을 건설해야 할 필요성과 당위성에 대해 이야기합니다.

인류는 운명 공동체입니다. 생태환경의 보호는 지구가 직면한 공동의 도전이며 공동의 책임입니다. 생태문명 건설을 잘 완수한다면 중국 특색의 사회주의는 더 좋은 평가를 받을 수 있겠지만, 그러지 못할 경우 우리에 반하는 세력에게 공격할 빌미를 주게 될 것입니다. 인류가 산업문명 시대에 진입한 이래, 산업화가 빠르게 이루어지면서 거대한 물질적 부를 창조했지만 동시에 자연 자원에 대한 약탈이 가속화되었습니다. 지구 생태 시스템이 가지고 있던 순환과 균형이 깨어져 사람과 자연 간의 관계에 긴장이 발생했습니다. 1930년부터 일부 서방 국가에서 환경 공해 사건이 잇따라 발생했습니다. 이 사건들은 막대한 손실을 초래했으며 세계를 놀라게 했습니다. 사람들은 자본주의 발전 모델에 대해 심각하게 반성하기에 이르렀습니다. 200여 년에 이르는 인류의 현대화 과정 속에서 산업화를 실현한 국가는 30개국이 넘지 않고 인구도 10억을 넘지 않습니다. 13억 인구를 가진 이 최대 개발도상국이 생태문명 건설을 추진해 부강(富强)·민주(民主)·문명(文明)·조화(和諧)의 아름다운 사회주의 현대화 강국을 건설한다면 그 영향은 전 세계에 미칠 것입니다.[5]

이어서 문건은 이를 위해 견지해야 할 다섯 가지 원칙을 제시하는데 그 내용은 다음과 같습니다. 첫째, "사람과 자연의 조화로운 공생을 견지한다." 둘째, "맑은 물과 푸른 산은 그 자체가 보배다." 셋째, "좋은 생태환경은 누구에게나 혜택이 돌아가는 민생 복지다." 넷째, "산·물·숲·밭·호수·풀은 생명 공동체다." 다섯째, "엄격한 제도와 법치로 생태환경을 보호한다." 그리고 다시 이를 실현하기 위한 여섯 가지 시행 방안을 구체적으로 제시합니다. 첫째, "생태문명 시스템 건설을 앞당겨야 한다." 둘째, "녹색발전을 전면적으로 추진해야 한다." 셋째, "심각한 생태환경 문제 해결을 민생의 우선 영역으로 삼아야 한다." 넷째, "생태환경의 리스크를 효과적으로 방지할 것이다." 다섯째, "생태문명 체제 개혁을 조속히 추진하여 현실에 정착시키고 효과를 거두어야 한다." 여섯째, "환경 거버넌스의 수준을 높여야 한다."

문건의 행간에서는 어떤 임계점이나 한계 의식 같은 것이 고스란히 묻어납니다. 이들 원칙과 방안에서도 이런 분위기는 여실합니다. 그렇다면 아직까지 현대화(modernization)도 제대로 완수하지 못한 중국이 무엇 때문에 현대 – 너머(post-modern)를 고민하게 된 것일까요? 그 문제의식의 뿌리는 의외로 중국 내부가 아니라 중국 외부, 다시 말해 2001년 WTO 가입으로 중국이 발을 들인 자본주의 세계체제의 심장부에 있습니다.

담론 제기의 외부 맥락

1950~1960년대 황금기를 구가한 자본주의가 1960~1970년대 자본

과 노동 사이의 적대적인 갈등을 노출함에 따라 서구 세계는 중하층에 치중한 복지제도와 소득분배 정책을 시행합니다. 이에 사회적 비용이 급격히 상승하자 글로벌 차원의 산업 구조조정을 통해 금융자본이 주도하는 경제구조로 개편을 서두르게 됩니다. 이에 따라 노사갈등과 환경문제 등 서구 세계에만 해당하던 문제들이 고스란히 개발도상국으로 이전되기에 이릅니다.[6]

　이렇게 정착된 금융자본주의는 필연적으로 가상 경제 규모를 확대해 가는데, 문제는 확장된 금융자본이 개발도상국, 특히 자원집약경제형 국가와 산업자본경제형 국가에게 '부정적 외부성'을 끊임없이 강요한다는 데 있습니다. 이런 새로운 방식의 약탈은 곧바로 개발도상국들의 농촌 파괴로 이어졌고, 다시 이는 농민의 토지로부터의 소외 및 도시 빈민화로 이어집니다. 동시에 자원집약경제형 국가의 경우 자원 환경의 파괴로 이어졌고, 산업자본경제형 국가의 경우 생태환경의 파괴로 이어지게 됩니다.[7] 산업자본경제를 대표하는 중국이 2005년 이후 탄소배출 공헌도 세계 1위, 공기오염, 수질오염, 토양오염 세계 1위의 국가가 된 것은 이런 맥락입니다.[8] 2003~2004년 중국에서 발발한 사스(SARS: 중증급성호흡기증후군), 2020년에 발발한 코로나19 역시 이 지표들과 결코 무관할 수 없겠죠.

　예를 하나 들어 보죠. 2008년 월스트리트 금융위기가 폭발하자 오바마 정부는 양적완화를 통해 4조 달러를 시장에 긴급 투입합니다. 그 상당 액수는 선물시장(futures market)으로 흘러들어 갔는데, 이것이 넌서 석유시상을 뉘흔듭니다. 배럴당 40달러에도 못 미치던 유가가 130달러까지 폭등했으니 말입니다. 그러자 이것이 석유의 대체재, 즉 바이오에너지로 눈길을 돌리게 만듭니다. 국제 유가가 낮을 때는 바이오에너지가 돈이 되지 않습니다. 그런데 배럴당 100달러를 넘어가자 바이오에너지 가격이 두 배로 급등하게 됩니다. 이에 대량의 과잉자본이 빈곤국들의 토지로 몰려가 바이오에너지 생산용 토지에 투입됩니다. 그런데 얼마 뒤 세계적인 범위의 기아가 발생합니다. 이전에 식량 작물이 재배되던 토지에서 비식량 작물이 재배되고 있었으니, 그래서 이들 국가에 기아가 발생한 거죠. 같은 이치로 미국이 두 번째 양적완화를 실시한 2010년 국제 식량 가격이 다시 급등합니다. 밀 가격이 100% 인상되고, 옥수수 가격은 70%, 쌀 가격은 40% 인상되면서 38개국에서 식량 부족 사태가 발생합니다. 식량 수입에 의존하던 북아프리카 국가들이 대부분이었는데, 이들 나라에서는 하층민들의 생활 비용이 가중되어 2011년부터 사회 변동이 발생해 시위가 끊이지 않게 됩니다. 이것이 이른바 아랍의 봄입니다. 튀니지 혁명(일명 재스민 혁명)이 일어나고, 리비아 내전으로 카다피 정권이 붕괴하고, 이집트 혁명으로 무바라크가 퇴진했지만, 그렇다고 해서 해소된 문제는 아무 것도 없었습니다.[9]

기왕 이야기가 나왔으니 코로나19 사태로 이 문제를 잠시 연결해 볼까요. 록 다운(lock down: 도시 봉쇄)에 돌입해 미국의 실업률이 치솟고 실업보험 신청이 급증하자 트럼프 정부는 양적완화를 통해 6조 달러를 시중에 풉니다. 그리고 공개시장 조작을 통해 또 1조 달러 이상을 추가합니다. 2008년 사태의 거의 두 배가 되죠. 여기에 만약 EU와 일본마저 가세를 한다면 버블화된 자본의 규모는 총 10조 달러를 넘게 됩니다. 그렇다면 이번에는 어떤 일이 벌어질까요? 이 사태 이후 식량 위기가 도래할 것이라는 전망은 이래서 나오는 겁니다.[10] 그렇다면 이 대열에 중국마저 가세를 하면 어떻게 될까요? 아니나 다를까 2020년

6월 10일 싱하이밍(邢海明) 주한중국대사는 코로나19 극복을 위해 "중국은 5세대 이동통신(5G), 인공지능(AI) 등 정보통신과 첨단기술 분야 기반 시설을 확충하는 프로젝트를 포함한 뉴딜에 올해에만 8조 위안(약 1360조원)을 투입하는 등 향후 5년 동안 48조 6000억 위안(한화 8262조 원) 규모 예산을 투입할 예정"이니 한국 기업들이 관심을 가져 줄 것을 요청합니다.[11] 그러자 같은 날 『환추스바오』(環球時報)에서는 양적완화를 경계한다는 기사가 곧바로 올라옵니다. 지방정부와 은행이 짊어지고 있는 부채가 언제 터질지 모르는 판에 중국마저 미국을 따라 '돈을 풀어'(放水) 경제에 자극을 줘서는 안 된다는 겁니다.[12] 이걸 보면 중국 내부에서도 통화의 무제한 공급—주로 인프라 투자에 집중되고 있지만—이 갖는 위험성, 그리고 버블화된 자본이 미칠 '부정적 외부성'과 중국의 이익 사이에서 미묘한 줄다리기가 이루어지고 있는 모양입니다.

더욱 문제가 되는 것은 위기의 일상화와 내재화입니다. 이런 식으로 약탈한 자본에 의해 추동된 월스트리트의 주가 상승이 매번 자금이 유출된 곳의 금융위기를 야기했고, 주변에서 중심을 향해 확산된 이 위기는 마지막에 규칙적으로 중심에서 폭발합니다. 1997년의 동아시아 금융위기는 일정 부분 해외에 퍼져 있던 자금이 미국의 IT산업으로 대거 회수되면서 발생합니다. 그러나 2001년 IT산업의 거품이 꺼지면서 금융위기가 발생하자 이 자금의 일부가 다시 부동산시장으로 흘러갔고, 이로부터 조성된 과도한 부동산 투기가 다시 2007년 서브프라임 모기지론 사태를 촉발합니다. 이것이 빌미가 되어 2008년 금융 쓰나미가 월스트리트를 강타했고, 이는 곧바로 2009년의 글로벌 경제위기로 이어집니다. 그리고 이 위기는 2010년 유럽연합의 채무위기로 이어졌고, 이는 다시 2012년 원재료수출국들의 위기로 이어집니다. 그리고 이는 선진국의 경우 '과두정치'의 형태로 표면화되었고, 개발도상국의 경우 '색깔혁명'의 형태로 드러나게 됩니다.[13]

그런데 문제는 이처럼 파괴적이고 위험천만한 '열등화 경쟁 메커니즘' 구조를 되돌릴 만한 방법이 없다는 데 있습니다. 어려움은 여기에 있습니다. 근대 유럽 문명이 내세운 '발전주의' 이데올로기를 근본적으로 회수하지 않는 한 지구 문명의 자기 파괴는 피해 갈 도리가 없습니다. 더욱이 대부분 개발도상국은 서구 선진국들처럼 제도비용을 외부로 전가하여 국내의 모순을 해소할 수 있는 조건을 근본적으로 갖추지 못했습니다. 그러니 서구식 현대화의 경제적 기초는 물론 이를 토대로 한 상부구조를 수립할 수도 없습니다. 따라서 서구 선진국들의 발전 모델을 답습하는 것은 가능하지도 않을뿐더러 바람직하지도 않습니다.[14] '세계의 공장' 신화를 이어 가던 중국이 '생태문명 건설'로 전환을 고민하게 된 것은 바로 이런 맥락입니다. 2007년 이 개념이 제기된 이래 시진핑의 예의 그 문건이 나오기까지 일련의 정책 역시 이런 인식의 맥락에 서 있습니다.

담론 제기의 내부 맥락

1997년과 2009년 두 번의 위기를 경험하며 중국이 깨달은 것은 '외래형 위기'에도 견딜 수 있는 안전판 마련이 시급하다는 것이었습니다. 이 위기는 대규모 사회간접자본(SOC) 투자—전국 고속도로 체계 정비 사업(1997년 위기 직후), 서부대개발(1999), 둥베이 옛 공업기지 재건사업

200

(2001), 중부굴기(2003), 사회주의 신농촌 건설사업(2005), 전국 고속철도
망 건설사업(2009년 위기 직후) 등등—를 통해 간신히 버텨 내기는 했지
만, 보다 근본적인 차원에서의 대안이 마련되어야 했습니다. 더욱이
'포용적 성장'과 '지속 가능한 발전'을 담보하기 위해서는 이것이 더욱
절실했습니다. 그런데 안팎의 상황이 심상치가 않았습니다. 2009년
글로벌 금융위기가 외수시장의 위축을 불러왔고 이것이 중국의 제조
업 경기를 급속히 하락시켰는데, 결과적으로 이 하락이 중국을 금융자
본화의 단계로 들어서게 이끌었던 것입니다.

　　그도 그럴 것이 '세계의 공장' 역할을 담당하면서 벌어들인 막대
한 양의 달러가 중국으로 흘러들어 왔고, 미국의 IT산업에 몰렸던 자
금의 일부가 2001년 외국인직접투자(FDI)의 형태로 일시에 유입되면
서 중국의 외환보유고가 급증했는데, 이에 대응하기 위해 확대 발행한
위안화가 누적되어 이내 금융 과잉의 상태에 돌입하게 되었던 것입니
다. 그 결과 2010~2019년간 환율 안정을 유지하기 위해 확대 발행된
위안화가 국내 화폐 증가량의 3분의 2를 차지할 정도가 되었는데, 이
로 인해 국가가 쥐고 있어야 할 화폐 정책의 자주권에 문제가 발생했
습니다. 이 증량 발행분을 소화해 내기 위해서는 큰 규모의 활성화된
금융시장이 있어야만 하는데, 당시 중국의 경우 이 역할을 담당하고
있었던 것은 부동산시장과 주식시장이었습니다.[15] 그런데 여기서 문
제가 발생합니다. 2009년 글로벌 금융위기의 여파로 제조업이 침체됨
에 따라 2011년 대량의 자금이 제조업시장에서 빠져나와 부동산시장
으로 흘러들었고, 2013~2014년 부동산 경기가 침체됨에 따라 이 자
금은 다시 부동산시장을 빠져나와 주식시장으로 흘러들어 갔는데, 이
것이 미증유의 광풍에 이은 폭락 사태를 연출해 냈던 것입니다. 상하

이증권거래소 종합주가지수(SHA)가 5000포인트 수준까지 치솟았다가 2000포인트 수준으로 급락하면서 허다한 개미투자자들을 나락으로 몰아넣었으니까요. 이리하여 안정적이고 지속 가능한 저수지의 필요성에 대한 사회적·정책적 컨센서스가 자리 잡기에 이르렀습니다.

　더욱이 문제가 된 것은 토지의 금융화였습니다. 중국 경제의 체질이 금융자본화 단계로 들어선 이상 이는 더 이상 피해 가기가 어려워졌습니다. 그도 그럴 것이 중국의 경우 주권 자산에서 가장 큰 비중을 차지하고 있는 것이 바로 토지 자산이었기 때문입니다. 그런데 여기서도 딜레마가 발생합니다. 토지 금융화를 지속적으로 추진하지 않을 경우 통화팽창의 압력을 해소할 유효한 수단이 없다는 게 그것이었습니다. 이는 곧 환율 위기로 전환될 불씨가 될 수 있으니까요. 그렇다고 무제한적으로 토지 금융화를 방임할 수도 없습니다. 이 경우 부동산 가격이 상승해 실물경제나 토대성 사회경제구조에 충격을 줄 수 있으니 말입니다. 그런데 문제는 금융 세계화의 현실에서 이런 모순이 특정 정권이나 정치가의 선택에 의해 좌우될 성질의 것이 아니라는 데 있었습니다. 그렇다면 이 딜레마는 빠져나올 수 없는 걸까요? 이 지점에서 다시 소환되는 것이 바로 향촌입니다. 토지 금융화를 '생태자원 산업화'로 전환하는 것, 이것이 딜레마를 빠져나올 수 있는 대안으로 떠오른 것입니다. 산수와 논밭, 임야 등 '생태자원의 가치화 실현'을 통해 과잉된 금융자본은 그것대로 흡수하면서 과도한 부채로 허덕이는 지방정부의 재정은 그것대로 대체할 수 있다는 것이 대안의 골자였던 것입니다.[16]

담론의 현실적 토대

그렇다면 이 같은 조건들이 현실로 구체화되기 위해서는 어떤 토대가 필요할까요? 그리고 현재의 중국은 이 토대를 얼마나 구비하고 있을까요? 이것이 가능하기 위해서는 어쨌거나 농촌이라는 대지가 버티고 있어야 합니다. 그런데 세계사적으로 유례를 찾기 어려운 '비(非) 전형적' 개발주의를 가동하는 과정에서 '안정 장치'이자 '조절 장치'의 역할을 했던 향촌사회 내부에 큰 변화가 발생해 버렸습니다. 청장년 노동력은 이미 농민공의 형태로 대거 비농업 부문으로 유출되었고, 그러다 보니 남아 있는 인구의 고령화와 여성화 추세가 매우 심각한 상태입니다. 게다가 노동력의 자본화에 따른 수익 대부분을 국내 자본이나 연해 지역이 점유함에 따라 '집단문화'를 만들어 내는 향촌사회의 토대가 와해될 위기에 처해 있습니다. 이에 따라 중국만이 갖고 있던 '비교우위'마저 위협을 받기에 이르렀습니다. '중국의 경험'은 두 가지 사회문화 메커니즘—즉 집단문화를 통해 '시장경제의 심각한 외부성 문제를 내부화해서 처리'하는 메커니즘과 '대가를 따지지 않는 노동력을 자본을 대신해 투입'하는 메커니즘—덕택에 가능할 수 있었는데, 향촌사회의 토대가 와해됨에 따라 이를 기대할 수 없는 상황이 되고 만 것이죠. 더욱이 1994년 분세제 실시 이후 재정압박에 시달리고 있는 지방정부가 '정부기업주의'에 의존한 채 여전히 '고부채=고투자=고성장'이라는 발전주의 모델을 포기하지 않고 있는 상황에서 향촌의 사회환경과 생태환경은 더욱 열악해질 수밖에 없습니다.[17]

그럼에도 불구하고 아직 희망이 없지는 않습니다. 왜냐하면 중국의 경제구조와 사회구조가 아직은 비교우위를 잃지 않고 있기 때문입

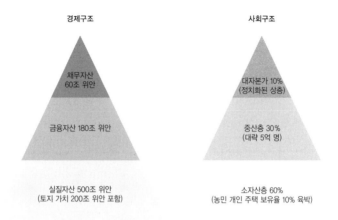

경제구조

채무자산
60조 위안

금융자산 180조 위안

실질자산 500조 위안
(토지 가치 200조 위안 포함)

사회구조

대자본가 10%
(정치화된 상층)

중산층 30%
(대략 5억 명)

소자산층 60%
(농민 개인 주택 보유율 10% 육박)

중국 경제/사회 쌍 피라미드형 안정 구조(원테쥔, 2015)

니다. 중국의 경제구조와 사회구조를 두 개의 피라미드로 표현하면 위의 그림과 같습니다. 왼쪽 피라미드의 제일 하단은 중국의 실질자산 총량을 가리키고, 중단은 실물경제 투자에 대응하여 대폭 확대된 금융자산 총량을 가리킵니다. 그리고 상단은 채무자산인데, 순수 채무라기보다는 주로 정부의 역주기 조절로 형성된 생산성 채무입니다. 여기서 채무자산과 금융자산을 모두 합쳐도 실질자산의 절반 밖에 되지 않습니다. 이 같은 안정적 구조가 가능해진 것은 지난 17년간 기초 인프라 건설 분야에 대한 중앙정부의 지속적인 투자 덕분입니다. 그리고 오른쪽 피라미드의 하단은 '샤오쯔'(小資), 즉 전체 인구의 절반이 넘는 농민입니다. 소농경제에 기반한 이들은 현금 수입 능력이 낮지만 다행히 극빈층으로 추락하고 있지는 않아서 사회 전체의 균형추 역할을 하고 있습니다. 중단은 개혁개방의 성과로 늘어난 4~5억 명 규모의 중산층입니다. 이는 대략 미국 중산층의 3배, 유럽 중산층의 2배에 해당하는 규모입니다. 상단은 개혁개방의 수혜를 독점하다시피 한 소수의 정치화된 대자본가입니다. 현재 국가 운영의 기제는 대부분 이들 정치화된 대자본가들이 장악하고 있습니다. 따라서 중앙정부가 추진하고 있는 '생태문명 건설'이 현실로 전환되기 위해서는 이들의 협조가 없이는 사실상 불가능합니다. 다시 말해 안정적인 향촌사회라는 토대가 있기에 자신들의 수익이 안정적으로 확보될 수 있다는 각성이 전제되지 않으면 안 된다는 것이죠.[18] 그나마 다행인 것은 2003년 '민생신정'(民生新政)을 제기한 이래 지금까지 중앙정부가 정책적 의지 및 대자본―공직자 간의 결탁을 근절하겠다는 의지를 늦추지 않고 있다는 점입니다. 시진핑 정권 들어 한층 강화된 '부패와의 전쟁'은 기본적으로―우리에게는 권위주의적 정치 행태의 일환으로 받아들여지고 있지만―이런 맥락에 서 있습니다.

담론 실천의 방향

그렇다면 이러한 토대 위에서 어떤 방향의 실천이 가능할까요? 생태문명 건설의 토대는 결국 향촌이 될 수밖에 없습니다. 그리고 이 실천이 '향촌 진흥'으로부터 시작되어야 한다는 것도 명백합니다. 그런데 기존의 사고로는 한계가 분명합니다. '향촌 진흥'이 생태문명에 부합하고 대안적인 의미를 갖기 위해서는 먼저 "농업은 산업이다"라는 생각부터 바꾸어야 한다고 중국의 농업학자들은 역설합니다. 이들은 다양한 참조 체계를 통해 대안을 모색하고 있습니다. 서두에서 언급한 존 캅이 중국에 접맥된 것도 이 과정에서였으니까요. 이들은 이 사업의 관건이 '농촌의 새로운 업태(業態)'를 창출해 내는 데 있다고 생각합니다. 다시 말해 '다원적 산업의 동시적 육성'(百業興旺)이 어떻게 가능하냐는 것입니다. '삼농' 문제의 핵심도 바로 이것인데, 이를 위해서는 몇 가지 이론적 검토가 선결되지 않으면 안 됩니다. 농업 가운데서도 어떤 농업인가? 그리고 이것이 중국 농촌에 접맥될 가능성이 있는가? 이 문제 말입니다. 이런 맥락에서 이들은 농업의 존재 양태에 대한 비교·검토를 통해 중국 농업이 나아가야 할 길을 발견합니다.[19]

첫째, 대농장 위주의 생산방식입니다. 이 유형은 '농업 – 산업화 규모경제'라 부를 수 있는데, 식민지 시대 원주민의 재산권을 몰수하고 식민지 개척자가 자원 점유의 주체가 되어 시작된 산업형 농업입니다. 오스트레일리아, 미국, 캐나다, 브라질, 아르헨티나 등의 대농장형 농업이 여기에 해당합니다. 따라서 이 모델은 식민지가 뒷받침되지 않는 조건에서는 형성되기가 어렵습니다(다만 금융자본의 세계화 시대 미국의 글로벌 '식량금융화' 전략은 예외. 브레튼우즈 체제 해체 이후 달러의 기축통화로서의 지위를 보전해 주는 두 개의 닻이 석유와 식량임). 원주민 비율이 가장 높은 아시아 대륙의 경우는 더더욱 현실성이 없습니다(400여 년간 식민지 지배를 받았던 필리핀은 제외). 현대화가 상당 수준에 이른 일본이나 한국, 타이완과 같은 나라에 대농장이 없는 것도 이런 이치니까요. 민국 연간에 중국도 이를 도입하려 했지만 결국 실패하고 말았습니다. 따라서 이 유형의 농업이 대안이 되기는 어렵습니다.

둘째, 공업적 생산방식으로 농업을 개조한 '시설화 농업' 또는 '공장화 농업'입니다. 공업화 시대의 대량생산 방식은 필연적으로 규칙적인 생산과잉을 만들어 냅니다. 포드주의가 1929~1933년의 대 위기를 조성했을 때, 도시 산업자본이 전면적 생산과잉에 직면하자 미국은 이 과잉을 농업 쪽으로 돌리기 시작합니다. 그러자 1930년대 미국에서 농업과잉이 발생합니다. 1998년 공업과잉에 직면한 뒤 미국은 또다시 이를 농업 쪽으로 돌려 이른바 '농업산업화' 발전 전략을 탄생시킵니다. 그런데 2005년 정도에 이르면 중국의 농업에서도 상대적 과잉이 출현하기 시작합니다. 중국은 세계 인구의 19%를 점하고 있지만 채소 생산량은 전 세계의 67%, 민물수산물은 70%, 육류는 51%를 차지하고 있습니다. 대량의 화학비료, 농약, 성장촉진제, 중금속 등을 통한 대량생산의 결과인데, 이런 식으로 만들어진 전면적 과잉은 수질오염과 토양오염, 환경파괴 등 엄중한 문제들을 양산해 내고 있습니다. 이런 상황은 전면적으로 심화된 시장경제 체제, 농업 분야의 자본화 심화, 시장과 정부의 효력 상실 등의 요인에 의해 한층 더 악화되고 있습니다. 현재 중국의 최대 오염원은 대도시 인근의 공단이 아닌 농업 분야입니다. 이런 현실에서 이 유형의 농업 역시 새로운 패러다임을 고민해야 하는 상황에 직면해 있습니다.

셋째, 사회화에 기반한 생태농업입니다. 중국의 농업은 2억 1400만여 농호(農戶)에 의한 소농 체제가 근간을 이루고 있습니다. 중국의 농촌은 1950년과 1980년에 이미 '균전'(均田)—토지개혁과 가족생산청부제—을 완수한 바 있고 2006년에는 '면부'(免賦)—농업세 폐지—까지 이루어진 상태입니다. 앞의 피라미드에서 살펴본 대로 이들은 사회 계층의 60%를 차지하고 있고, 이들이 보유한 실질자산은 국가 총 실질자산의 절반을 훨씬 초과합니다. 이런 사회구조와 경제구조에서 가장 현실적이고 안전한 대안은 소농을 육성하는 길밖에 없습니다. 농업은 땅의 사업이어서 '보편적 가치'라는 게 존재하기 어렵습니다. 따라서 생산 유형 간 이식도 불가능합니다. 그렇다면 대안은 이런 현실적 토대 위에서 '생태농업의 사회화' 방향이 될 수밖에 없습니다. 이것의 핵심은 이렇습니다. "농업은 산업이 아니라 그 자체가 문화라는 것, 향촌의 경우 10리만 떨어져도 풍속이 다르다(十里不同風)는 것, 향토 사회 문화의 다양성은 농업사회가 존재하기 위한 기본 요인이라는 것, 이 같은 요인이 있어야 농업사회가 장기적으로 생존할 수 있다는 것." 여기서 강조점은 다음에 놓여 있습니다. "생태농업은 사회화에 기초해야지 자본화에 기초해서는 안 된다"는 것. 그리고 이를 통해 구현하고자 하는 바는 이것입니다. "문화를 본질로 하는 사회생태농업으로 우리의 농업을 되돌리는 것." 현재 중국에서는 민관을 불문하고 다양한 실험 프로그램들―재래식 시스템을 이용해 '탄소 제로 배출'을 목표로 하는 '6위일체 입체순환 생태농업' 실험, '풀뿌리실험연구' 등등―이 가동되고 있습니다. 이것이 가능하기 위해서는 농촌 커뮤니티(村社)와 도시 지역 커뮤니티(社區)가 공동 참여하는 '사회화 광역 참여 빅플랫폼' 구축이 필요합니다. 이는 '생태농업의 사회화'가 농업 자체의 문제만이 아니라 사회 건설 전반의 문제라는 것을 말해 줍니다.

그렇다면 이런 실천들은 오늘날 중국이 처한 상황에서 어떤 의미를 가질까요? 일단 중국 특유의 쌍 피라미드형 안정 구조를 한층 강화하는 데 기여할 수 있습니다. 중국은 '조화사회 건설'을 표방한 이래 사회안전 비용이 국방비를 능가합니다. 양극화 등 그만큼 사회변동 요인이 많다는 뜻이겠죠. 사회구조에 있어서 가장 시급한 문제는 최하층 농민이 직면해 있는 빈곤 문제인데, 이는 농업 자체의 문제라기보다는 대부분 외부 요인, 즉 교육, 의료 등 사회생활의 고비용 구조가 그 원인입니다. 따라서 이러한 실천들을 통해 '소유산자'(小有産者) 농민의 재산이 보호되면 될 수록 사회는 더 안정될 수 있다고 이들은 생각합니다. 경제구조 역시 마찬가지입니다. 현재의 중국 상황을 제대로 설명할 수 있는 '교과서'를 갖추지 못하고 있는 상황에서 외부로부터 강력한 충격이 발생한다면, 사회구조 내부에서 전면적인 충돌이 발생할 수 있습니다. 이 같은 예측 불가능한 '혼란'이 발생할 때 향촌이라는 토대가 안정적이면 중국 사회 전체의 평형을 복원할 수 있는 균형추로 기능할 수 있다는 것이 이들의 생각입니다.

패러다임의 전환을 위하여

이제 이번 강좌의 내용을 한번 정리해 보죠. 2007년 처음 등장한 '생태문명' 개념은 시진핑 체제의 핵심 과제가 되면서 2017년 '농업에 대한 이해, 농촌 사랑, 농민 사랑'(憧農業, 愛農村, 愛農民) 슬로건과 함께 '향촌 진흥'을 국가 최우선 전략으로 설정하기에 이릅니다. 중국이 이처럼 패러다임 전환을 서두르게 된 데는 자본주의 세계체제의 주기적인 위기와 이로 인한 안전판 확보의 필요성, 현대화 과정에서 '안정장치'이자 '조절장치'의 역할을 했던 향촌사회의 붕괴 및 자원환경과 생태환경의 파괴 등등의 요인이 복합적으로 작용합니다. 이런 배경 위에서 '향촌 진흥' 전략이 설정되고 '녹색 생산'을 위한 일련의 정책들이 제시되면서 현재 중국의 농촌에서는 다양한 실험과 실천들이 수행되고 있습니다.

돌이켜 보면 중화인민공화국 수립 이래 60여 년의 현대화 장정을 수행할 수 있었던 것은 향촌사회가 '자본의 저수지'와 '노동력의 저수지' 역할을 도맡은 덕분이었습니다. 그리고 현대화가 양산해 낸 수많은 모순과 상처들을 치유하는 역할을 다시 도맡아야 하는 것이 오늘날 중국 향촌의 운명입니다. 뿐만 아니라 세계 금융자본이 무제한 확장 전쟁을 벌이고 있는 작금의 현실에서 사회의 안정화와 '지속 가능한 발전'의 단초를 일구어 내야 하는 몫도 일정 부분 향촌에 맡겨져 있습니다. 현재 중국에는 2천여 개 지역에서 로컬 경제 시민 조직인 공동체 기반 농업(Community Supported Agriculture: CSA) 실험이 진행되고 있습니다. 이 운동을 20년째 이끌고 있는 원톄쥔의 최근 인터뷰 하나를 소개하며 강의를 마무리하도록 하겠습니다.

지역 단위 협동조합들을 세웠습니다. 개인과 농장들이 결합하고, 농촌 사람과 도시 사람이 함께하죠. 이제 협동조합은 지방정부뿐 아니라 중앙정부로부터도 주목받고 있습니다. 저는 우리의 미래는 협동조합 속에서 지역 자립을 이뤄 나갈 때 가능하다고 생각합니다. 지금 도시의 중산층은 대지로 돌아가고 싶어 해요. 농민들은 시장 속에서 거래 주체로 자리하길 원합니다. 우리는 단지 농촌 사람들이 유기농 식품 생산자가 되고 도시 사람들이 유기농 소비자가 되는 것뿐 아니라 그들 스스로가 번성하도록 틀을 짜고 있습니다. 그래서 농촌 재건 운동인 CSA 운동 아래 5개 부문 운동도 벌여 나갑니다. 도시 중산층의 잉여 자본이 농촌으로 가도록 하면서 농촌과 도시 사람들이 생산·소비뿐 아니라 문화의 주인공이 되도록 창작 문화를 키우는 운동을 합니다. 반응이 매우 좋아요. 또 이주민으로 불리는 농촌을 탈출한 3억 명을 위한 운동도 합니다. 농촌에서 연안 공업지대로 이주해 온 인구가 거의 3억 명입니다. 미국 인구와 맞먹는 숫자예요. 이 중 1억 2천만 명은 시골에 후커우를 둔 채 임금노동을 하면서 도시에 살고 있습니다. 거주 도시의 시민으로 등록되지 못하기에 복지 사각지대에 있습니다. 이들의 자녀를 위한 교육과 이들의 노동자 권리를 지키기 위해 지역 센터를 만들어 운영합니다. (…)

무엇이 인류를 위해 의미가 있을지 생각하고 새로운 생태 시스템을 갖도록 하는 거죠. 저와 우리 동료들의 새 이데올로기예요. 이는 정부가 아니라 민간에서 일어난 사상입니다. 생태문명 속에서 순리대로 속도를 늦추어 사는 생태마을, 슬로푸드, 슬로라이프를 추구하고 그럼으로써 자연자원 소비를 줄이고 자연의 일부로 존재하는 생계 방식이죠. 이 방향이 새로운 철학을 위한 목표이고 새로운 연구를 통해 새로운 이데올로기로 자리 잡아 가는 길입니다.[20]

제5장

코끼리가
늪에 빠졌을 때

11강

신냉전 시대의 담론 전쟁

시진핑 체제의 중국

시진핑 체제는 2013년 3월에 정식 출범합니다. 오바마 2기와 맞물리는 이 체제는, 그러나 출발부터 여러 난관에 직면합니다. 시진핑 체제 출범을 전후로 중국이 자본의 금융화 단계에 들어섬에 따라 자본주의 세계체제에서 점하고 있던 위상의 변화가 그 이유였습니다. '세계의 공장'으로 자본주의 세계체제의 하부에 자리할 당시 비대칭적 상보성(相步性)을 유지하고 있던 단극 패권국과의 관계가 바야흐로 경쟁적 관계로 변모하게 된 것인데, 이에 따라 단극 패권국으로부터의 견제와 공격을 피할 수가 없게 된 것이죠.

이 대목에서 한 가지 짚어 두어야 할 것이 있습니다. 시진핑 체제는 단순히 후진타오 다음의 체제가 아닙니다. 덩샤오핑 – 장쩌민 – 후진타오로 이어지는 '개혁개방' 30년 체제는 자본의 산업화 단계에 속합니다. 이들 체제 간에는 모종의 일관성과 연속성이 존재합니다. 덩샤오핑 체제(1978~1993)가 개혁개방의 청사진을 마련한 시기라면, 장쩌민 체제(1993~2003)는 '사회주의 시장경제' 시스템을 본격적으로 가동하며 '세계의 공장'을 경영하던 시기—특히 주룽지(朱鎔基) 총리 시기—입니다. 그러니 그 성과는 물론 치러야 할 대가도 만만치 않았겠죠. 후진타오 체제(2003~2013)는 그 대가를 수습하고 최소화하면서 중국의 내실을 다지던 시기입니다. 이 체제는 후진타오 개인의 캐릭터처럼 무덤덤한 시기로 비치지만 인민의 삶을 위해 정말 많은 일들을 했던 시기—특히 원자바오(溫家寶) 총리 시기—입니다. 후진타오 체제까지의 설계도는 덩샤오핑의 머리에서 구상됩니다. 이 시기까지 개혁개방의 일정과 권력 체계의 연속성을 모두 그가 마련한 것이죠. 그래서 그를 '작은 거인'이라 부르는 거니까요. 하지만, 덩샤오핑의 역할은 여기까지입니다. 그럼 그다음은 어떻게 될까요? 바로 여기에 시진핑 체제(2013~현재)의 고유한 자리가 있습니다. 중국공산당이 대안을 갖고 있지 못했으니까요. 포스트 후진타오 체제를 두고 공산당 내부의 권력 다툼이 극심했던 것이나 유력한 대권주자로 주목받던 보시라이—충칭시당 서기로 '충칭실험'을 주도하고 있던—를 누르고 존재감 없던 시진핑이 막판 뒤집기에 성공한 것도 이런 상황의 산물입니다. 포스트 개혁개방 시기에 대한 공산당 내부의 어떤 컨센서스가 이런 결과를 만들어 냈겠죠. 어떤 컨센서스가 시진핑이라는 인물을 발굴했다고 보는 게 보다 현실에 부합할 겁니다.

경제구조의 측면에서 시진핑 체제는 자본의 금융화 단계 첫 페이지에 해당합니다. 그러니까 현실의 구조와 패러다임이 좀 다른 거죠.

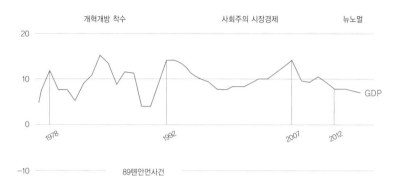

개혁개방 착수   사회주의 시장경제   뉴노멀

GDP

1978   1992   2007   2012

89톈안먼사건

개혁개방 이후 중국의 GDP 추이

뿐만 아니라 거시경제의 차원에서 새로운 일상화의 상태, 즉 '뉴노멀 상태'(新常態)에 진입하던 시기입니다. 위 그래프에서 드러나는 것처럼, 2008년 금융위기의 여파로 급전직하했던 때를 제외하고 고공행진을 이어 가던 성장률이 2012년부터 서서히 내리막길을 걷기 시작하더니 급기야 8%대로 진입하게 됩니다. 더 이상 기존 방식대로 정책적인 자극을 주거나 과도한 자원 약탈 방식으로는 장기적이고 지속 가능한 성장을 기약할 수가 없게 된 거죠. 뿐만 아니라 개혁개방이 남긴 후유증, 즉 생산력 과잉과 '국진민퇴'(國進民退)—국가는 부유한데 국민은 궁핍한—현상, 빈부 격차 확대 등등의 문제가 산적해 있기도 했습니다. 이리하여 '경착륙'의 위기를 걱정하시 않을 수 없었고, 자연히 이목은 새로 등장하는 정부에 쏠릴 수밖에 없었습니다. 산적한 문제들은 어떻게 풀어 갈 것이며 새로운 동력은 어떻게 마련할 것인가? 시진핑 체제가

짊어져야 할 짐은 바로 이것이었습니다.[1](→293면)

상황이 이렇다 보니 갓 출범한 시진핑 체제의 입장에서 꽤나 당혹스러웠겠죠. 새로운 국면에 적응할 시간조차 충분치 못했으니까요. 집권 초기 '새로운 형태의 대국 관계'(新型大國關係)를 선포하며 샴페인을 터트린 일이나 중미 무역분쟁에서 보여 준 일련의 미숙함은 이런 측면에서 이해될 필요가 있습니다. 집권 1기 후반부에 들어 중국공산당이 헌법에 손을 대면서까지 이 체제의 시간을 2033년 3월까지로 확보한 데는 이런 속사정이 자리하고 있습니다. 안팎으로부터의 비판과 비아냥―'시황제'(習皇帝)라는― 을 피해 갈 수야 없겠지만 이 국면을 헤쳐 나갈 강력한 리더십이 절실했으니까요. 더욱이 이 카드 외에 별다른 대안을 갖고 있지 못한 것이 공산당 내부의 실정이기도 했습니다.

그런데 시진핑 체제는 집권 1기 후반부에 접어들면서 본격적인 시련을 맞이합니다. 그 발단은 주지하는 대로 단극 패권국의 새 대통령으로 취임한 트럼프였습니다. 더욱이 여기에 기름을 부은 것은 새로운 국면을 헤쳐 가기 위해 시진핑 체제가 밀어붙이고 있던 '일대일로'였습니다. 이리하여 지구촌에는 두 힘이 충돌하는 물리적 필드 외에 또 다른 필드가 등장하는데, 담론의 헤게모니를 두고 펼쳐지는 새로운 전장이 바로 그것입니다.

제1라운드

오늘 나는, 중국의 성장하는 힘 때문에 유발되는 문제들에 집중하여, 해외에서 미국이 담당하게 되는 역할에 관한 몇 가지 생각을 제시하고자 합니다. 이 문제들은 지금껏 늘 있어 왔던 문제와는 다릅니다. 그리고 그들은 역사적으로 비슷했던 비교 대상도 없습니다.

최근 수십 년 동안 국제 문제에서 생겨난 가장 중요한 발전은 강력한 경제력과 군사력을 가진 중국의 부상입니다. 서구에서는 이런 변화에 직면하여 어떤 발상이 유지되고 있습니다. 중국이 경제개혁과 세계경제로의 통합을 통해 국내적으로는 정치적으로 자유화되어야 하고 국제 시스템 안에서는 '책임 있는 이해관계자'가 되어야 한다는 믿음이 널리 퍼져 있다는 것입니다.

이것은 '수렴이론'(convergence theory)이라고 불리기도 합니다. 우리는 중국이 점차 부유해지면 국내 정치와 국제관계에서 우리와 비슷해질 것이라는 생각으로부터 위안을 얻기도 했습니다. 그러나 그것은 가짜 위안이었습니다. 중국의 시진핑 주석이 '수렴'이라는 발상을 제대로 끝장냈다는 사실을 우리는 이제 인정해야 합니다.[2]

2019년 5월 『조선일보』가 개최한 '아시아 리더십 컨퍼런스 2019'에서 트럼프 정부 초기 유엔 대사를 지낸 니키 헤일리(N. Nikki R. Haley)는 「오늘날 중국의 현실」이라는 강연을 통해 작심한 듯 이렇게 포문을 엽니다. 이 포문은 중미 간의 무역분쟁이 정점을 향해 치달을 무렵, 그것도 트럼프가 일본과 한국을 방문 중인 시점에서, 트럼프 내각의 일원으로 활동한 인물의 입을 통해 나왔다는 점에서 그 파장이 좀 남다를 수밖에 없었습니다. 그래서인지 이 강연은 중국을 작동하는 시스템의 근본적인 문제점과 이것이 지금의 세계에 미치는 해악을 성토하는 데 대부분의 내용을 할애합니다. 그러고는 현재 직면한 분쟁의 본질과 이것에 임하는 미국의 입장을 이런 식으로 이야기합니다.

세계를 주도하는 국가로 부상하게 된 순간부터 미국은, 잠재적인 군사적 도전자이면서 동시에 가장 중요한 교역 상대국이자 세계경제의 핵심 주체 중 하나인 국가를 상대해 본 적이 없습니다. 냉전 시기에 소련과 맞서기는 했지만, 그들은 경제적으로 중국과 비교할 바가 못 되었습니다. 역사적으로는 현재 상황과 비교할 만한 가까운 사례를 찾을 수 없습니다. (…)

현재 가장 중요한 쟁점은 중국과의 무역 관계를 어떻게 조정할 것인가 하는 문제입니다. 그러나 우리 정책의 영향 범위가 무역과 경제를 훨씬 넘어선다는 점을 인식해야 합니다. 그것은 국가안보에 관한 우리의 핵심적 관심과 밀접하게 연관되어 있습니다. 중국과의 관계를 관리하는 것은 복잡한 전략적 퍼즐이고 생사가 걸린 일입니다.[3]

미국이 생산·유포하는 '중국위협론'이나 '중국붕괴론'은 더 이상 새삼스러운 것도 아니지만, 이 발언이 예사롭지 않게 들리는 것은 작금의 사태가 갖는 미증유적 성격 때문입니다. 길지 않은 이 강연에는 그래서 절박감 같은 것이 묻어납니다. 뿐만 아니라 일찍이 경험해 보지 못한 국면에 대한 당혹감 같은 것도 역력합니다.

그들은 인권, 민주주의, 국제법적 '규범'에 관한 서구의 이념을 그들에게 강요하려는 거만한 시도라고 여기고 이런 것들에 대한 적대감과 거부 의지를 숨기지 않습니다. 그들은 국제정치에서 '윈-윈'의 해결책을 이야기하는 것을 비웃습니다. 그들은 세계가 본질적으로 위계적이라고 믿고, 중국이 우위를 차지하고 다른 나라들이 양보해야 한다고 생각합니다. (…)

거듭 말하지만, 자유화와 중용에 관한 중국의 오랜 전통적 지혜는 이미 죽어 버렸습니다. 우리는 중국을 주의 깊게 관찰해야 합니다. 뒤틀린 선입견 없이 중국을 바라봐야 합니다. 그리고 우리는 중국에 관해 비판적이고 창조적이고 용감하게 사고해야 합니다.[4]

더욱이 냉전 체제의 마지막 고리를 풀기 위해 전전긍긍하고 있는 우리의 입장에서, 그것도 서울 시내 한복판에서 이런 발언을 듣고 있는 심정은 좀 더 복잡할 수밖에 없습니다. 왜냐하면 이 목소리가 중국을 향하고만 있지 않다는 것을 모르지 않기 때문입니다. 뿐만 아니라 한반도의 새로운 질서를 모색해 가는 데 있어서도 이 문제들이 여전히 상수항의 지위로 작용할 수밖에 없기 때문입니다. 최근 불거진 한일 간의 마찰 역시 이 문제들과 무관하기는 어렵겠죠. 이 역시 무역분쟁의 차원을 넘어 동북아 신냉전 체제 형성을 둘러싼 전초전처럼 여겨지니 말입니다. 그런데, 얼마 뒤 이 컨퍼런스를 기획한 주체의 한 지면은 이 주제를 특집으로 다루면서 이렇게 추임새를 넣고 나섭니다.

18세기 후반 산업혁명 이후로 서구는 정치·경제·사회·문화 등 거의 모든 분야에서 세계를 선도해 왔다. 일본의 탈아론(脫亞論)을 시작으로 세계 대부분의 나라는 서구식 근대화를 지향해 왔다. 제2차 세계대전 전후로 사회주의 국가들이 한때 여럿 생겨나기도 했으나 1991년 소련의 붕괴로 대부분 서구 중심의 자본주의 시장경제에 편입됐다.(…)
  미국을 비롯한 서구 민주 국가들은 중국 역시 시장경제와 세계화의 틀로 편입되면 서구의 보편적 가치를 따를 것으로 봤다. 기든 라

흐만 『파이낸셜타임스』 칼럼니스트는 6월 3일자 칼럼에서 "서방 세력이 중국을 세계화와 무역으로 포용한 것은 경제적인 결정만은 아니었다"며 "중국이 세계화를 통해 서구의 정치적 가치(자유·민주주의·인권 등)를 받아들일 것이라는 정치적 판단도 있었다"고 밝혔다.

그동안 역사적 사례에서는 경제가 발전하면 정치적 요구가 분출해 민주화했거나, 민주화하지 못한 나라는 경제적으로 쇠퇴했다. 그런데 중국은 정반대로 오히려 독재를 강화하면서 경제적으로도 성장했다. 인터넷 등에 차단벽을 설치해 검열하고 인공지능(AI)이나 안면인식 기술 등 새로운 도구를 통해 자국민을 감시하려 한다. 중국은 인류의 보편적 가치를 따르지 않고 있다.[5]

여기서 눈여겨 볼 필요가 있는 것은 이 기사 역시 현재의 중미 간 힘겨루기의 본질을 '규범과 질서'의 헤게모니 문제로 보고 있다는 점입니다. 그런데 여기에 위 컨퍼런스가 열리기 직전 워싱턴 정가 내부에서 나온 일련의 발언들을 덧붙여 보면 '규범과 질서'라는 말의 함의가 좀 더 분명하게 드러납니다. 여기서 눈길을 끄는 것은 담론 시장에서 이미 오래 전에 용도 폐기된 헌팅턴(Samuel P. Huntington, 1927~2008)의 '문명충돌론'이 다시 소환되었다는 점입니다.

헌팅턴의 '문명충돌론'은 우리가 일반적으로 생각하는 것처럼 서양 문명이 여타 문명보다 더 우월하다는 단순한 주장이 아닙니다. 여기에는 1990년대 초 사회주의권의 붕괴와 여기에 이어 등장한 '역사의 종말'(프랜시스 후쿠야마) 같은 담론, 그리고 포스트 냉전 체제 시대에 대한 전망과 우려 등등의 상황이 복합적으로 깔려 있습니다. 그런데 이 담론이 최근에는 대중국용으로 다양하게 재가공되고 있습니다. 일

례로 2019년 4월 초 워싱턴에서 열린 '현존의 위협 중국에 대한 위원회'에서는 다음과 같은 발언들이 이어집니다. "현재 미국과 중국의 충돌은 문명 간의 충돌이 맞다. 심지어 미국이 이 대결에서 실패하고 있다."(뉴트 깅리치N. L. Newt Gingrich) "(미국과 중국은) 서로 용인할 수 없는 체제다. 한쪽이 이기면 다른 한쪽은 패배한다. ……냉전 시대에 소련을 붕괴시켰던 것처럼 지금은 중국을 붕괴시키는 것이 시대적 소명이다."(스티브 배넌S. K. Steve Bannon) 트럼프 카르텔 내부의 이런 분위기와 관련하여 『워싱턴 이그재미너』는 이렇게 평합니다. "폼페이오 사단이 미국 역사상 최초로 '진정으로 상이한 문명과의 대결'이라는 이념에 근거한 대중국 전략을 준비하고 있다."[6]

그런데 얼마 뒤 열린 '미래안보포럼'(2019. 4. 29.)에서는 좀 더 충격적인 발언이 등장합니다. 당시 국무부 정책기획국장이면서 '트럼프 독트린'—중국과 북한에 대한 초강경 정책을 포함하는—의 설계자로 알려진 카이론 스키너(Kiron Skinner)는 '문명충돌론'에서 한 걸음을 더 나아가 인종주의의 외피까지 덧씌우고 있습니다.

이것은 이전에 미국이 한 번도 직면한 적이 없는 진정으로 다른 문명, 다른 이데올로기와의 싸움이다. (…) 소련과의 대결은 서방 패밀리 내부에서의 싸움이었다. (…) (그러나) 중국 체제는 서구의 철학과 역사에서 탄생한 것이 아니다. 우리는 최초로 백인(Caucasian)이 아닌, 엄청난 힘을 가진 경쟁자와 맞서게 되었다.[7]

스키너의 이 발언을 두고 미국 내에서도 우려가 분분했습니다. 그도 그럴 것이 국제관계에서 인종주의나 우생학은 보통 대결 국면의 막장에 가서야 등장합니다. 그리고 그다음 스텝은 바로 군사적 충돌입니다. 그런데 좀 어이가 없는 것은 스키너 자신이 조지 W. 부시 정부 국무장관을 지낸 콘돌리자 라이스(Condoleezza Rice) 문하의 비(非)코카시안 계열 정치가라는 점입니다. 뿐만 아니라 앞서 이 싸움의 포문을 열었던 니키 헤일리 역시 인도계 미국인이구요. 이 점을 어떻게 받아들여야 할까요? 스키너의 이 발언에 대해 미국 내에서도 우려가 등등했습니다.『워싱턴포스트』의 한 칼럼니스트는 이 문제에 대해 이렇게 표명합니다. "스키너의 논리로 보자면 나치가 백인이기 때문에 이념적인 측면에서 우리는 중국보다 히틀러와 더 많은 공통점을 지닌다. 이런 논리는 역사적으로 무지하고, 도덕적으로는 기괴하다."[8] 그런데 문제는 스키너의 이런 관점이 보수 진영과 리버럴 진영을 불문하고 미국 내에서 점점 세력을 넓혀 가고 있다는 점입니다.

그렇다면 이에 대한 중국의 반응은 어땠을까요? 중국 언론 역시 스키너의 이 발언을 발 빠르게 전하고 나섭니다. 광저우에서 발행하는 한 정론 잡지는 이 문제를 '문명충돌론 비판' 특집으로 공론화하기까지 합니다.[9] 그런데 이들 기사에서 흥미로운 것은 맞불을 놓기는커녕 논의를 더 이상 확산시키지 않으려는 태도가 역력하다는 점입니다. 미국이 중국에 대해 '근본적인 오해'를 하고 있다, '중국에 대한 가능한 전략'이 있는데 왜 이렇게밖에 하지 못하느냐, 이런 묘한 입장 말입니다.[10] 그런데 더 흥미로운 것은 그 행간에서 이런 식의 담론장의 확산이 중국에게 불리하지만은 않다는 뉘앙스 같은 것이 은연중에 감지된다는 점입니다. 대체 이를 어떻게 해석해야 할까요?

그 단초는 이미 장쩌민 체제에서 마련되었습니다. 2002년 카자흐스탄 알마아타에서 개최된 '아시아 교류 및 신뢰구축 회의'(CICA)에서 장쩌민은 '9.11' 이후 미국이 주도하고 있던 '테러와의 전쟁'에 대해 '문명의 대화'를 강조한 바 있습니다. 미국의 칼날이 당장은 아프가니스탄과 이라크를 향하고 있지만 언제 중국을 향할지 모를 일이니 미리 선을 그어 두려 했던 거죠. 여기에는 물론 티베트나 신장 위구르 등 독립을 추구하는 이른바 '분열 세력'들을 자극할지도 모른다는 우려도 작용했습니다. 그런데 시진핑 체제에 이르면 이 담론은 이제 수세적 차원을 넘어 보다 공세적인 이데올로기로 변모합니다. 그 변곡점이 된 것은 2014년 3월 파리 유네스코 본부에서 행한 시진핑의 연설인데, 여기서 시진핑은 미국의 '문명충돌론'을 겨냥하여 '문명의 교류 및 상호 거울이 되는 새로운 문명관'을 제시하면서 중화 문명과 이른바 '중국몽'의 세계적 의의를 강조하고 나섭니다.[11] 이리하여 적어도 담론의 전장에서는 미국의 '문명충돌론' 대 중국의 '포용적 문명관'이라는 생경한 전선이 형성되기에 이르렀는데, 이 전선에 전술적 유연성을 한층 강화시켜 준 것은 '인류운명공동체'라는 또 하나의 담론이었습니다.

'인류운명공동체'라는 단어가 처음 등장한 것은 2011년 9월 국무원이 발간한 『중국의 평화적 발전』(中國的和平發展)이란 백서에서입니다. 백서는 중국의 평화적 발전이 지향하는 궁극적 목표, 대외정책, 역사적 필연성, 세계적 의의 등을 설명하면서 "세계의 다극화와 경제 글로벌화가 심화되는 추세 속에서······ 상이한 제도, 상이한 유형, 상이한 발전 단계의 국가들이 서로 의존하고 이익이 뒤섞여, '네 속에 내가 있고 내 속에 네가 있는'(你中有我, 我中有你) 운명 공동체를 형성하게 되었다"고 언급하고 있습니다. 그리고 "국제사회가 국제관계에서 낡은 '제로섬 게임'과 위험한 냉전적·열전적 사고를 초월하여······ 운명 공동체라는 새로운 시각으로······ 여러 문명이 서로 교류하고 본받는 새로운 국면을 추구하고, 인류 공동 이익과 공동 가치의 새로운 함의를 추구하며, 각국의 협력으로 다양한 도전에 대응하고 포용적 발전을 실현하는 새로운 길을 추구해야 한다"고 주장합니다. 추상적인 원론에 불과했던 이 개념은 2017년 제19차 당 대회에서 전략적 지위를 획득함에 따라 보다 구체성을 띠게 되는데, 그 계기가 된 것은 당시 시진핑 체제가 사활을 걸고 추진하고 있던 '일대일로'였습니다. 그러니까 '일대일로'가 '인류운명공동체' 구현을 위한 유효한 수단이라는 겁니다. 그러나 실상은 당시 추진하고 있던 '일대일로'가 도처에서 반발에 직면하자 이를 돌파하기 위해 이 개념을 명분으로 활용한 거죠.[12]

이리하여 '일대일로'와 '문명대화', '인류운명공동체' 간에는 내적 논리 연관이 만들어지게 되는데, '인류운명공동체'라는 궁극적 목표를 위한 구체적 수단이 현재 추진하고 있는 '일대일로'이고 궁극적 목표에 다가가기 위한 과정이 곧 '문명의 대화'라는 것입니다. 이러한 논리에 입각하여 시진핑은 2015년 3월 열린 보아오포럼 개막식 연설에서 '일대일로'가 '문명의 길'이 되어야 함을 역설하면서 '문명 간 대화'를 추진할 구체적인 방안으로 '아시아문명대화대회'를 제안합니다. 이리하여 2019년 5월 개최된 제1차 '아시아문명대화대회'(亞洲文明對話大會) 개막 연설에서 시진핑은 스키너의 발언을 겨냥해 이렇게 일침을 놓습니다.

자기 인종이나 문명이 우월하다고 여기고 다른 문명을 개조하려 하거나 심지어 대체하려 하는 것은 인식 면에서 어리석은 일이고 실천을 하면 재난에 가까운 일이 됩니다. ……우리는 평등과 존중을 겸비하고, 오만과 편견을 버려야 하며, 자기 문명과 여타 문명의 차이에 대한 인식을 심화하여, 상이한 문명 간의 교류와 대화, 조화와 공생을 이끌어야 합니다. ……문명 간에는 본래 충돌이란 게 없습니다. 그러니 모든 문명의 아름다움을 볼 줄 아는 안목을 가져야 합니다. …… 중화 문명은 여타 문명과 끊임없이 교류하고 '상호 거울이 되는'(互鑒) 가운데 형성된 개방적인 체계입니다.[13]

더욱이 이 발언은 당시 중국 내 영화 시장에 개봉되어 공전의 성공을 이어 가던 영화 〈유랑지구〉(流浪地球)—'인류운명공동체' 이념을 어설프게 버무려 넣은—붐과 맞물리면서 한껏 이데올로기적인 잔치 분위기를 연출해 내기도 했습니다. 그런데 얼마 뒤 코로나19 사태가 터집니다. 중국 쪽에서는 당혹스럽기 그지없었겠죠. 그도 그럴 것이 영화의 내용대로 인류의 멸망을 막아야 할 '방주'(飛船)가 '바이러스의 배양접시'로 지목되면서 인류가 하나의 '운명 공동체'임을 역설적으로 증언한 꼴이 되고 말았으니 말입니다. 그러니 이 전쟁은 이제 어떤 국면을 맞이하게 될까요?

제2라운드

두 번째 라운드의 선봉장을 맡은 이 역시 니키 헤일리였습니다. 2020년 4월 30일자 『워싱턴포스트』에서 그는 처칠(Winston Churchill, 1874~1965)의 다음 발언을 앞세우고 다시 포문을 엽니다. "공산주의자와 논쟁하는 것은 쓸모없는 일입니다. 공산주의자를 개종시키거나 설득하려는 것은 부질없는 짓입니다." 우리가 "해야 할 유일한 일은, 그들에게 당신이 막강한 힘을 가지고 있음을…… 그리고 이것이 평화의 가장 큰 기회이자 평화로 가는 가장 확실한 길임을 확신시키는 것입니다."[14]

오늘날 중국공산당으로부터의 도전은 같은 방식으로 보아야 한다. 처칠 시대와 마찬가지로 대다수 미국인들은 서사적 위협에 대해 듣기를 원치 않는다. 우리는 테러리스트들과의 영속적인 싸움과 지금의 팬데믹과 관련된 엄청난 위험과 혼란들로 지쳐 있다. 그러나 그런 위협들은 우리가 그것에 대비할 때까지 기다리지 않는다. ……거짓말과 은폐로 중국은 전 세계적으로 수십만 명을 사망케 하고 전례 없는 경제적 파괴를 초래하고 있는 우한 발 바이러스 봉쇄 실패에 대한 책임을 계속 숨기려 하고 있다.

그러나 바이러스는 어디까지나 선전포고의 빌미일 뿐 조준점은 다른 데 있습니다. 이어지는 내용은 1년 전 서울에서의 강연을 되풀이하면서 중국이라는 국가의 부도덕함을 부각시키는 데 대부분을 할애합니다.

지난 한 달 동안 중국은 뻔뻔스럽게도 그 목표를 확장했다. 홍콩에서는 민주화 활동가들을 체포했고 중국 정부에 대한 비판을 법률로 금하려 하고 있다. 세계 해상 운송의 3분의 1이 지나가는 남중국해에서는 적대적인 행동이 증가하고 있다. 중국의 핵무기 실험이 포괄적 핵실험금지조약을 위반하고 있음을 우려하는 국무부의 보고서가 나왔다. (…)
국내적으로는 군사력을 대폭 확대하고, 조지 오웰 식의 감시국가를 만들어 백만 명 이상의 소수민족을 '재교육' 캠프에 강제로 보냈다. 국제적으로 전례 없는 수준으로 지적재산권을 도둑질하고 세계보건기구(WHO)와 같은 유엔 기구를 장악했으며 끔찍한 채무 합의로 가난한 나라들에 대한 영향력을 발휘하고 있다. 아시아의 이웃들을 괴롭혔고 특히 타이완의 자유 국민들에 대해 가장 심했다. (…)

공산당은 중국의 군사, 상업, 기술 및 교육을 철저히 통제한다. 지도자들이 하는 모든 일은 당의 힘을 확장시키는 데 목표가 맞추어져 있다. 이것이 소수민족을 인종적으로 청소하려는 이유다. 왜 감시국가를 강요하는가. 왜 홍콩에 자유를 용인하지 못하는가. 왜 타이완을 차지하겠다고 우기는가. 왜 자신들의 영토도 아닌 남중국해를 주장하는가. 왜 지적재산권을 도둑질하는가. 왜 가난한 나라들과 국제기구를 지배하려고 하는가. 왜 핵무기를 확산시키려 하는가. 중국은 체제를 우월한 것으로 보고 모든 면에서 선진화를 추구하는 공산주의 이념에 변함없이 전념하고 있기 때문에 위험할 정도로 차별화된 강국이다

그러고는 중국의 이런 도전이 미국에 국한되는 것은 아니며 자유세계 전체에 해당한다고 역설합니다. 일본, 인도, 호주 등 태평양동맹은 사태의 심각성을 진즉부터 인식하고 있었는데, 굼뜬 유럽의 친구들은 이번 일을 당하고서야 이를 깨닫게 되었고, 중국의 '거짓 관대함'에 속아 '일대일로'에 참여한 개발도상국들도 이제는 투명한 렌즈로 이를 꿰뚫어 볼 수 있게 되었다며, 자유세계 전체의 단결을 촉구하는 것으로 글을 맺습니다.

니키 헤일리의 이 기고는 트럼프 카르텔 내부의 주도면밀한 팀플

레이의 산물로 보입니다. 같은 날 같은 지면에서는 국제법상 중국의 '주권 면제'를 박탈해 미국의 법정에 세워 코로나로 인한 배상을 요구할 수도 있다는 이야기가 실립니다.[15] 그러고는 며칠 뒤 트럼프가 직접 나서 중국이 보유한 '미국 국채 상환 거부'를 입에 올리고 나섭니다. 중국에 지고 있는 채무를 갚지 않겠다는 것인데, 국제 신용 질서를 붕괴시킬 수 있는 대단히 위험한 발언이었습니다. 그러자 "국채 상환을 하지 않는다면 미국의 신용이 먼저 파산하게 될 것"이라는 즉각적인 경고가 중국 쪽에서 나옵니다.[16] 그리고 며칠 뒤 트럼프는 다시 나서 디커플링(decoupling, 脫鉤), 즉 "중국과 모든 관계를 끊을 수 있다"고 엄포를 놓으며 '신냉전' 시대의 본격적인 출발을 알렸습니다.[17]

그러면 이에 대한 중국 측의 반응은 어떠했을까요? 2020년 3월 WHO가 '팬데믹'을 선언한 이후 중국 관영 언론을 보다 보면 어떤 추이 같은 것이 느껴집니다. 니키 헤일리의 공격이 시작된 당일까지도 "서구 정치인들의 '반중국' 여론의 함정을 제대로 간파할 필요가 있다"는 식으로 신중한 분위기가 지배적이었습니다. 중국에 대한 모든 생각들을 '반중국'으로 파악해서는 안 된다, 재난이 발생하면 속죄양을 찾게 마련이니 일시적인 극단적 정서를 일반적인 것으로 오판해서도 안 된다, 뿐만 아니라 '반중국' 정서의 영향력을 과대평가하지도 말아야 한다, 이번 사태는 2008년 글로벌 금융위기처럼 구조적 문제로 인한 것이 아니니 국제 정세에 미치는 영향을 과장해서도 안 된다, 여론 환경이 우리에게 불리한 것은 사실이지만 '반중국' 세력이 설치한 '의제의 함정'에 빠져서도 안 된다, 개별 '반중국' 인사들의 언사를 해당 국가의 여론 전체와 동일시할 필요도 없다, 여기에 휘말려 중국과 외국의 적대시가 고착화되는 일은 피해야 한다, 합리적이고 이익에 부합하고 절제된 목소리로 중국에 대한 국제사회의 이해와 지지를 최대한 끌어내도록 언론이 역할을 해야 한다. 이런 분위기 말입니다.[18]

그런데 중국에 대한 국제 여론이 위험 수준에 이르게 되면서 분위기가 반전됩니다. 공산당 내부에서도 1989년의 톈안먼사건에 버금갈 정도로 이 사태를 심각하게 인식하고 있었던 모양입니다. 그래서 '국제적 책임 추궁'에 대한 대비책을 주문하는 이야기나[19] 담론권의 한계를 개탄하는 이야기가 나오면서 분위기가 사뭇 격앙되기 시작합니다.

중국은 이데올로기로 먹칠을 당하고 있다. 이데올로기와 사회제도가 다르다는 이유로 서구 정치인들과 언론 및 학자들은 오랫동안 중국을 '위협적이고 사악한' 이미지로 만들어 왔다. 근래 그들은 온갖 수단 방법을 동원해 중국에 '신식민주의', '채권제국주의', '확장주의'라는 누명을 씌워 국제사회의 이목을 심각하게 어지럽혔다. (…)

이번 코로나19 사태는 우리에게 다음과 같은 사실을 깨우쳐 준다. 지금 대외 홍보와 국제적 이미지 조성에 아무리 노력을 기울여도 '서방이 강하고 우리가 약한' 여론 환경 아래서 중국이 담론권의 곤경으로부터 벗어나는 것은, 한 세대 심지어 여러 세대의 시간이 흘러야 비로소 가능할 만큼 장기적이고 지난한 임무라는 것이다. 지금 단계에서 중국이 무슨 일을 하든 첨예한 비판에 직면할 것이고, 오해되고 의문시되고 먹칠 당하는 것이 다반사일 것이다. 이는 중국이 세계 무대의 중앙으로 나아가기 위해 거칠 수밖에 없는 경로이고 필수적으로 치러야 할 대가다.[20]

그런 한편 코로나19 관련 중국을 대하는 서구의 언론이 한결같지 않음을 지적하면서 미국과 EU를 분리하려는 시각도 등장합니다.[21] 여기에다 중국에 대한 각국의 투자 제한 조치의 영향력을 분석하면서 국제 무대에서의 운신의 폭을 잃지 않기 위한 실질적 정책을 주문하는 기사도 눈에 띕니다.[22] 이런 분위기 속에서 5월 14일 트럼프의 '디커플링' 발언이 나오자 수많은 목소리가 쏟아져 나옵니다. 우려에서 조롱까지, 강경론에서 신중론까지 스펙트럼이 다양하지만 대체적인 분위기는 이런 기조입니다. 양국의 이해관계가 역사적으로 구조화되어 있는 현실에서 디커플링이 현실화될 경우 쌍방이 치명상을 입는데 과연 그게 가능하겠느냐, 이는 어디까지나 바이든(Joseph R. Biden)에게 지지율을 추월당한 트럼프의 선거용 전략에 불과하다, 그렇다 해도 워낙 돌발적인 캐릭터니 최악의 사태에 대한 대비는 필요하다, 그리고 이를 위해서는 유럽과 일본, 한국 등과의 관계를 다잡아 둘 필요가 있다, 이런 기조 말입니다. 아니나 다를까 6월 30일 국내 언론에서는 그간 중국이 실시하고 있던 '한한령'(限韓令) 폐지에 대한 기대감이 흘러나옵니다.[23] 그런데 흥미로운 것은 설왕설래하는 입장들의 행간에서 묘한 여유 같은 것이 감지된다는 점입니다.[24]

이런 상황에서 코로나19 사태로 인해 연기된 양회(兩會) ― 전국인민대표대회와 전국인민정치협상회의 ― 가 5월 21일에 개최됩니다. 「정부사업보고」에서 리커창 총리는 "코로나 바이러스를 단시간 내에 효과적으로 통제하고 인민의 기본 생활을 보장하는 것은 쉽지 않은 일이다. 공공 위생, 응급 관리 등에서 적지 않은 약점을 드러냈다"며 과오를 공식적으로 인정하면서 이 사태를 정면 돌파하겠다는 의지를 천명합니다. 그리고 이때부터 굵직한 정책들이 쏟아져 나오기 시작합니다.

대회 마지막 날 이른바 '홍콩국가보안법', 정확히 말하면 '홍콩특별

행정구에서 국가 안전을 수호하는 법률제도와 집행기제를 수립하고 완비하는 것에 관한 전국인민대표대회의 결정'이 통과됩니다. 법을 제정한 것이 아니라 제정 권한을 전국인민대표대회에 위임한 것인데, 언제 제정하겠다는 기한도 명시되어 있지 않습니다. 그런데 이것이 제2의 홍콩 사태를 촉발시킵니다. 그러자 이번엔 미국이 여기에 가세하고 나섭니다. "중국이 큰 실수를 저질렀다", 만약 이 법을 제정할 경우 홍콩의 특별무역지위를 박탈하겠다고 엄포를 놓고 나선 것입니다.[25] 그런데 예상을 뒤엎고 중국의 전국인민대표대회는 6월 30일 '중화인민공화국 홍콩특별행정구 국가안전수호법'이란 이름으로 이 법을 만장일치로 통과시켜 버립니다. 그러자 미국의 상무부는 곧바로 홍콩에 부여한 특별무역지위의 일부를 철회하면서 향후 홍콩을 중국 본토와 동일한 잣대로 취급하겠다고 선포하고 나섰습니다.[26] 그러고는 7월 14일 트럼프는 홍콩의 특별지위를 박탈하는 행정명령에 서명함으로써 홍콩 제재에 본격적으로 착수하게 됩니다.[27]

중국이 이렇게 강수를 두고 나온 데는 몇 가지 고려가 작용한 것으로 보입니다. '조지 플로이드 사망 사건'으로 곤경에 처한 미국의 상황과 이로 인해 대선 가도에 빨간불이 켜진 트럼프의 처지, 그리고 8만 5천여 명의 미국인이 홍콩에 거주하고 있고 1300여 미국 기업이 영업을 하고 있는 상황에서 쉽게 홍콩을 포기할 수 없는 현실 등등 말입니다. 뿐만 아니라 홍콩 금융시장의 체력이 탄탄할 뿐 아니라 기관 투자자들이 홍콩이라는 시장을 포기할 수 없을 거라는 판단, 그리고 설사 충격을 받는다 해도 홍콩 금융시장의 실력으로 자금의 대량 유입과 유출을 감당할 수 있다는 자신감 등등이 종합적으로 작용한 결과로 보입니다.[28]

그런데 이 싸움의 와중에 홍콩달러 발권 은행 중 하나인 영국계 홍콩상하이은행(HSBC)이 유탄을 맞고 말았습니다. 홍콩 행정장관을 지낸 렁춘잉(梁振英) 정치협상회의 부주석이 "HSBC의 중국 사업은 중국이나 다른 나라 은행으로 하루아침에 대체될 수 있다. 어느 편이 이익이 되는지를 잘 판단하라"고 최후통첩을 한 것인데, 자산 총액 세계 6위 규모의 은행이 여기에 백기를 들고 만 것이죠. 그도 그럴 것이 2019년 HSBC 전체 매출 가운데 홍콩에서의 매출이 35.1%를 차지합니다. 여기에 중국 본토에서의 수익 5.6%를 더하면 전체 수익 중 40% 이상을 중국에서 얻고 있는 셈이니 포기를 하고 싶어도 할 수가 없는 거죠. 그런데 이번엔 국무장관 폼페이오가 직접 나서 "HSBC가 중국에 고두(叩頭)를 했다"며 HSBC를 비난하는 한편 영국에 대한 압박을 멈추라며 중국을 공격하고 나섭니다.[29] 그런데 왜 영국의 일에 폼페이오가 나선 걸까요?

　　폼페이오의 이 발언은 홍콩달러가 미 달러와 고정환율 연동시스템(peg system)에 묶여 작동하고 있는 현실을 감안해야 그 저의가 이해됩니다.[30] 그러니까 이야기인즉슨, 홍콩을 통해 달러 시스템이 누리고 있는 이익을 건드리지 말라는 경고인 거죠. 여기에 홍콩달러를 발행하는 주요 주체가 영국계 은행들이라는 점을 덧붙여 보면 그간 보이지 않던 진실들이 하나씩 얼굴을 내밀기 시작합니다. 그러니까 중국은 1997년 영국으로부터 홍콩 땅은 돌려받았지만 경제 주권은 여전히 회수하지 못한 거죠. 바로 이 문제가 50년간, 그러니까 2047년까지 일국양제(一國兩制)를 실시한다는 옵션과 연동되어 있다는 데 사안의 복잡함이 있습니다. 이 문제는 별도의 장을 기약할 수밖에 없습니다.

　　대략 이 정도가 2020년 8월까지의 상황인데, 코로나 사태의 원인에 대한 의학적 규명이 사실상 불가능한 상태에서 이런 식의 지리한 모습이 계속 유지될 공산이 큽니다. 미국 입장에서 남은 카드라고는 '중미무역협정 1단계 합의안' 파기 정도인데, 혹 불리한 선거판 막판 뒤집기용으로 이를 들고 나올지도 모르겠습니다. 현실성이 거의 없지만 하나의 카드가 더 있기는 합니다. 사실상의 경제봉쇄에 해당하는 국제금융거래결제코드, 즉 스위프트 코드(swift code)를 차단해 국제적 무역 거래 질서로부터 중국을 완전히 배제시켜 버리는 것이 그것인데, 이는 세계 금융 질서의 혼돈으로 직결되는 문제라 현실화될 가능성이 거의 없어 보입니다. 그럼에도 최근 중국에서는 이 카드의 사용에 대한 우려가 솔솔 흘러나오고 있습니다.[31] 결국 향후의 굵직한 방향은 트럼프를 이은 바이든(Joe Biden) 행정부가, 코로나 사태가 진정되고 난 다음에 수립할 질서 여하에 의해 규정될 수밖에 없겠죠.

신냉전의 전장을 바라보며

이제 이 싸움을 우리의 입장에서 한번 정리해 보죠. 편의상 이들을 브레진스키의 용어를 빌려 '블루'와 '레드'로 불러 보기로 하겠습니다.

블루는 대서양문명사의 현직 대표선수입니다. 명실공히 세계 챔피언이기도 합니다. 이 선수는 체급이 슈퍼울트라 헤비급으로 2차 대전 이후 달러 권력에 힘입어 불패의 신화를 이어 왔습니다. 더욱이 유일한 라이벌이었던 소비에트연방이 1990년대 초 항복 선언을 함에 따라 브레이크 없는 기관차처럼 전 세계를 휘저으며 폭주를 하고 있습니다. 이 선수는 인류 역사상 가장 막강한 군사력을 보유하고 있고 전 세계 800여 곳에 군사기지를 운영하고 있습니다.[32] 전 세계 군사비의 절반 이상을 차지하고 있을 뿐 아니라 두 지역에서 동시에 전쟁 수행이 가능합니다. 오죽했으면 밀리터리 마니아들 사이에서 '천조국'(千兆國)이란 용어가 유행할 정도이겠습니까(미국의 매년 국방예산은 900조 내외, 참고로 중국은 200~300조 내외). 가히 천하무적이라 할 수 있죠.

이에 반해 도전자 레드는 체급이 라이트 헤비급에 불과합니다. 2009년 금융위기로 블루가 잠시 휘청거리는 사이에 '새로운 형태의 대국 관계'를 선포하며 스스로 체급을 올렸습니다. 단기간에 체중 증량을 하다 보니 아직 맷집도 약하고 여러모로 부실합니다. 오바마로부터 몇 대 잽을 얻어맞고는 단번에 사각의 링의 엄혹함을 절감했지만 이제 링을 내려갈 수도 없습니다. 일단 군사력으로는 미국의 상대가 되지 않습니다. 미국이 항공모함 12개 전단을 운영하고 있는 데 반해 이 선수는 고작 1개 전단─그것도 실전에 투입할 형편이 못 되는─뿐입니다. 최근에 항모 하나를 자체 건조하기는 했지만 군사력으로는 러시아보다 한참 아래입니다. 그 대신 이 선수는 엄청난 무형의 자본과 현금자산을 보유하고 있습니다. 뿐만 아니라 아시아 대륙의 터줏문명 중화 문명의 직계입니다. 그러다보니 문화적 창고의 규모가 어마어마합니다. 이 선수는 지금 이를 토대로 한창 '중국몽'을 꾸고 있는 중입니다.

양자의 차이는 경기 운영전략에서도 확연히 드러납니다. 블루는 '대서양 표준'(Atlantic Standard) 인파이팅 정공법으로 시종일관 레드를 밀어붙이고 있습니다. "규범과 질서를 지켜라"며 말입니다. 블루는 자신이 제정한 '자유', '민주주의', '인권', '공평', '정의' 등등의 규칙이 사각의 링 위에 적용되어야 할 '보편적 가치'라고 주장합니다. 그런데 레드는 이를 인정할 마음이 없습니다. 레드는 맞장을 뜨는 대신 블루가 쳐놓은 규칙을 요리조리 빠져나가며 시종일관 아웃복싱 스탠스를 취합니다. 심지어는 게임 규칙 자체를 부정하면서 말입니다.

그런데 주목할 게 하나 있습니다. 블루의 코너는 전략—리버럴과 보수를 막론하고—이 대체로 일치합니다. KO승 이외의 다른 전략은 고려하고 있지 있습니다. 그런데 레드 코너의 사정은 좀 복잡합니다. 우측의 수석 코치—주로 자유주의 계열 당권파—는 링에 올라온 이상 게임의 보편적 규칙을 따라 주기를 종용합니다. 그러나 좌측의 코치—주로 비주류 신좌파 계열—생각은 좀 다릅니다. 그는 계속 독자적 전술로 임하라고 주문합니다. 저들이 말하는 규칙은 근대 유럽 역사의 산물일 뿐, 엄연히 '민주주의'도 복수(複數)라는 겁니다. 저들에게 '자유민주주의'가 있다면 우리에게는 우리식 거버넌스와 우리식 민주주의가 있다는 겁니다. '호응적 민주주의'(Responsive Democracy)가 그것인데, 10여 년 전 이들 내에서 슈미트(Karl Schmitt) 학습 붐이 일었던 것도 이 때문이었습니다. 이와 유사하지만 미묘하게 다른 입장도 있습니다. 서구에서조차 다당제 의회민주주의가 실질적인 민주주의로 작동하지 못하고 '과두적 독점' 체제로 전락한 마당에, 그러니까 현대 정치라는 기제가 자본의 기생 체제로 전락하고 만 마당에 이를 곧이곧대로 중국에 적용하는 것은 무리라는 겁니다. 더욱이 개혁개방이 탄생시킨 '대자본'으로부터 자유로울 수 없게 된 중난하이(中南海)의 현실은 이 입장에 설득력을 더해 주고 있습니다.

코너 사정이 이렇다 보니 선수는 우왕좌왕할 수밖에 없습니다. 그러나 아직까지는 대체적으로 '중화 표준'(Chinese Standard)에 입각한 우편향 아웃복싱 페이스를 유지하고 있습니다. 사실 이 선수도 할 말이

태산 같습니다. '자유'니 '인권'이니 '정의'니 하는 것들이 어떻게 '보편적 가치'냐, 너희가 말하는 '자유'란 이기적 개인과 그들의 재산권을 위한 '자유'가 아니냐, 너희가 말하는 '인권'이란 소수 백인만을 위한 '인권'이 아니냐, 이번 팬데믹 상황에서 너희가 역설한 게 이게 아니냐, 백번 양보해서 '보편적 가치'라 치자, 그렇다면 너희는 그걸 준수하고 있느냐, 세계사의 온갖 야만과 폭력은 너희가 일삼은 게 아니냐, 등등 말입니다. 그러나 이는 어디까지나 마음속 언어일 뿐 함부로 입에 올리지는 못합니다. 그건 곧 전면전을 의미하고 그 결과는 번연할 테니 말입니다. 그래서 흡사 팔문둔갑(八門遁甲) 같은 진을 치고 상대를 끌어들인 뒤 시종일관 변죽만 울려대고 있습니다. 생문(生門)은 여전히 열어둔 채로 말입니다. 그러고는 대의명분 하나—인류는 하나의 운명 공동체다—를 내세우며 게임을 지켜보고 있는 관중들에게 넌지시 게임 자체의 부당함을 호소하고 있습니다.

대충 이 정도가 지금까지의 전황인데 총평을 해 보면 이렇습니다. 실력이나 그간의 전적으로 보면 블루가 월등한데도, 왠지 결정적인 한 방을 날리지 못하고 있습니다. 그러던 중 뜻하지 않게 코로나 사태라는 변수가 발생해 레드가 위기에 직면합니다. 더욱이 사스 파동 때 블루 진영으로부터 뭇매를 맞은 전력이 있기에 가드를 올린 채 잔뜩 긴장할 수밖에 없습니다.[33] 그런데 정작 몰아붙이고 나와야 할 블루가 맥을 못 춥니다. 코너 내부가 록 다운되어 '실패한 나라' 운운하는 목소리까지 나오다 보니[34] 싸움에 집중을 못 하고 연신 헛방만 날리고 있습니다. 의외의 허점을 간파한 레드는 이때를 이용해 태세 전환에 나섭니다. 그러나 이 또한 일도필살(一刀必殺)의 기세는 찾아보기 어렵습니다.

싸움이 이렇게 지지부진한 데는 이유가 없지 않습니다. 사실 두 선수는 이 싸움이 일방의 통쾌한 승리로 끝날 수 없다는 것을 잘 알고 있습니다. 그러기 위해선 승자 역시 치명상을 감수해야 하는데, 적어도 지금까지는 이 정도가 적당하다는 암묵적인 합의 같은 것이 쌍방에 자리 잡고 있는 듯합니다. 2020년 7월 영사관 상호 폐쇄 건에서도 드러나듯이 말입니다. 더욱이 WTO가 설립되는 1995년부터 쌍방 간에 형성된 공모(共謀)와 밀월의 사슬이 이를 허락하지도 않습니다.[35] 블루가 리쇼어링(reshoring: 제조업의 본국 회수) 운운하며 엄포를 놓고는 있지만 이것이 본질이 아니라는 건 쌍방이 알고 있습니다. 그러니 싸움이 이렇게 지지부진할 수밖에요.

한편 관중석의 상황도 뒤숭숭합니다. 블루를 응원하던 관중들 대다수는 블루의 유아독존 식 경기 운영에 피로감이 말이 아닙니다.[36] 그래서 야유도 보내 보지만 안하무인 도무지 들으려 하질 않습니다. 그렇다고 이들의 동요가 레드에 대한 응원으로 이어지는 것도 아닙니다. 블루가 말하는 '문명충돌론'이든 레드가 내세우는 '문명의 대화'든 별반 차이를 발견하기 어렵기 때문입니다. 결국 같은 이야기를 다른 언어로 하고 있으니 말입니다. 그래서 혹자는 이 전쟁을 이렇게 평가합니다. "많은 차이점들이 있음에도 미국과 중국은 적어도 한 가지 점에서는 서로 비슷하다. 두 나라 모두 극도의 우월의식에 사로잡혀 있다는 점이다. 두 나라 모두 자기 나라가 특별히 탁월한 나라라고, 말 그대로 엇비슷하게 견줄 상대가 없다고 본다."[37] 이뿐이 아닙니다. 문명에 대한 양자의 인식도 문제입니다. 이들은 "'문명'을 강력한 구심력을 갖는 중심을 향해 응집된 최종적 결과물로만 본다. 이런 인식은 세계 각지에서 과거에 발전했거나 현재도 상대적으로 독자성을 유지한 채 존재하고 있는 다양한 문명적 실체들을 무시하고, 특정한 패권적 중심 문명의 일부로 간주한다. 그 결과는 세계를 서구 문명과 중화 문명이라는 포식성 강한 문명의 대립 구도로 인식하게 되는 것이다."[38] 이런 시선에 대해 레드는 오해를 하고 있다며 해명에 나서고 있지만 관중석의 시선은 여전히 싸늘하기만 합니다. 그런 와중에 레드 발 바이러스가 관중석 전체를 덮치면서 급기야 싸늘함이 분노로 돌변하기에 이르렀습니다. 그러니 이제 어떻게 해야 할까요?

12강

코로나 이후의 중국 문제

어떤 동네

16만 명의 주민이 살아가는 이 서취(社區)에는 넷에 하나 꼴로 자원봉사자가 있다. 이들은 거민위원회(居民委)를 신뢰하기에 수십 개의 가정이 집 열쇠를 거기에 맡겨 둔다. 매월 초면 국가가 울려 퍼지고 국기가 게양된다.

이곳은 바이부팅(百步亭), 우한시(武漢市) 장안구(江岸區)에 위치한, 그 독특함으로 명성이 자자한 서취다. 이곳의 '소가정'은 화목하고 '대가정'은 차별이 없다. 생면부지의 사람들도 일단 여기로 이사를 오면 마치 '예전에 살던 동네'로 온 듯한 느낌을 받는다.

400여 명의 생활보호자, 300여 명의 독거자, 370명의 장애인, 100여 명의 만기 출소자가 바이부팅 서취 원후이위안(文卉苑)에 산다.

원후이위안은 2,600여 채의 염가임대주택과 800가구 가까운 사회보장형주택으로 구성되어 있는데, 우한시 경내에서 규모가 가장 큰 염가임대주택 단지 중 하나다.

원후이위안 거민위원회는 72가구의 집 열쇠를 보관하고 있다. 이것으로 주민의 집 문뿐만 아니라 동네 모든 주민의 마음의 문을 열 수 있다. 2년 전 독거노인 팡원펑(龐雲鵬)이 통풍으로 집에서 쓰러진 일이 있었다. 정기적으로 돌봄 방문을 하던 직원이 노크를 해도 인기척이 없자 긴급 상황을 발동해 열쇠로 문을 따서 병원으로 이송해 위험을 벗어났다. 지금 팡 노인은 생활보호증서, 은행카드, 현금을 몽땅 거민위원회에 맡겨 두고 있다. "거민위원회가 내 목숨을 구해 주었는데 뭐가 마음이 안 놓인단 말이오?"

신뢰는, 원후이위안 주민들이 열쇠를 거민위원회에 맡기는 바탕이자 근 20년 동안의 부단한 확장과 인구 증가에도 불구하고 여전히 강한 응집력을 유지하게 만드는 기초이기도 하다.

1995년 도시 직공들이 주로 후생복지형 주택 분배에 의존하던 시절, 우한시는 장안구 도농 접합 지대에 안전주거 프로젝트를 가동했다. 임대주택 건설을 통해 일부 시민들의 주거난 문제를 완화하려 한 것이다. 바이부팅그룹(百步亭集團)이 이 프로젝트를 맡았다. "당시 주택 신축 붐이 일었는데 개발이 완료되면 기업이 손을 털어 버렸습니다. 그래서 샤오취(小區)와 서취(社區: 샤오취의 군집) 사이에 연계가 끊어졌고 사업주와 관리 주체 사이에도 각종 모순이 생겨난 거죠." 바이부팅그룹 이사장 마오융훙(茅永紅)은 이렇게 말한다. "그래서 결정을 한 거죠. 기업 스스로가 '건설하고 관리하고 서비스를 하도록' 말입니다."

단지의 건축은 완성되었지만 서취 건설은 난항에 부딪혔다. '딴웨

우한시 장안구 바이부팅 서취의 마을대잔치(萬家宴) 풍경

이형 인간'(單位人)에 기초한 폐쇄식 마을이 '사회형 인간'(社會人)의 개방식 샤오취로 바뀌자 '친숙사회'(熟人社會)는 파괴되고 신뢰의 기초도 무너졌다. "집들의 철문은 이웃 간의 왕래를 차단시켰다." 서취 운영에서 부딪힌 난제는 대개 이것이었다. "단지가 막 들어섰을 때 입주민들의 성분은 아주 다양했어요. 살던 제다오(街道: 최하급 도시 행정단위)나 소속 기업(企業)이 천차만별이라 아주 엉망이었죠." 대학교수를 하다가 1995년 전업해 줄곧 바이부팅 관리위원회 주임을 맡고 있는 왕보(王波)는 이렇게 말한다. 서취와 거민위원회는 공산당원 가운데 자원봉사자를 동원해 가가호호 문을 두드렸다.

　같은 동에 노인이 있으면 신년이나 명절 때 위문 방문을 하고, 적령 아동이 있으면 다리를 놓아 입학 문제를 해결했다. 그럼으로써 당원 자원봉사자들은 이웃 간, 주민 간, 서취 간을 매개하는 연결자가 되었다. 또한 매월 초 근무일에 주민들을 초청해 서취 국기게양식에 참가하게 하고, 매년 춘제(春節)나 위안샤오제(元宵節)가 되면 '마을대잔치'(萬家宴)와 '꽃등전'(花燈展)을 조직했다. 이런 활동들이 사람들 마음에 쌓여 어느덧 바이부팅의 전통이 되었다. 이는 나아가 이웃 간 신뢰의 기초를 다지게 만드는 계기로 작용했다.

금년 춘제 때 열린 서취 '마을대잔치'에는 4만여 가정이 참여해 1만 2천 종의 요리를 같이 만들고 함께 나누었다. 한바탕 잔치가 이어지면서 모두가 하나로 어우러졌다.[1](→ 295면)

바이러스가 던진 질문들

위 기사는 2017년 바이부팅 서취를 취재한 탐방록의 일부입니다. 이런 '주선율'(主旋律: 기관의 주류 이데올로기를 선양하는) 풍의 기사는 물론 걸러서 읽을 필요가 있습니다. 그럼에도 불구하고 이 마을 풍경은 많이 낯섭니다. 공동체문화에 익숙한 우리의 입장에서야 이해될 여지가 없지 않지만, 개인주의를 토대로 삼는 문화권에서는 좀처럼 받아들이기 어려운 풍경일 겁니다. 바이부팅은 중국식 거버넌스의 모델로 거론되는 곳입니다. 중국의 포털 사이트를 검색해 보면 지난 20여 년간 '바이부팅 경험'(百步亭經驗)을 배우기 위해 이곳을 견학한 전국 실무 공작자들의 사례가 줄줄이 검색됩니다. 중국은 이런 '대가정'(大家庭)을 꿈꾸고 있는 것일까요? 아마도 그런 것 같습니다. 이 동네가 중국의 도시 기층 사회를 대표한다고 말하기는 어렵겠지만, 적어도 중국 정부가 만들어 가고자 하는 기층 질서의 모델에 가깝다는 것은 분명해 보입니다.

서취(社區)란 커뮤니티(community)의 번역어로, 1990년대 중반 이후 중국 도시 사회 기층 관리 체제를 가리키는 용어입니다. 1994년 개혁으로 사실상 딴웨이 체제가 해체된 뒤 중국 정부는 "인민에 대한 정치적 지배력이 급속도로 약화되는 것을 막고 시장이 사회와 경제의 관건적인 운영 원리로 등장한 조건에 대응하기 위해 도시 지역 기층 사회 관리 체제를 기존의 딴웨이에서 서취로 전환"시킵니다. "기존의 딴웨이와 이것을 대체하는 서취의 가장 큰 차이는 국가가 인민을 정치적으로 조직, 지배, 동원하기 위한 기초가 기업, 학교, 병원, 각종 협회, 사회단체, 각급 행정기관 등의 '직장'(=딴웨이)이냐, 아니면 인민이 주민으로 생활하고 있는 '거주 지역'(=서취)이냐"에 달려 있게 됩니다. 다시 말해 "기존의 딴웨이가 인민이 소속된 직장에 기초한 기층 사회 관리 체제였다면 서취는 주민의 주택이 있는 거주 지역에 기초한 기층 사회 관리 체제"라고 할 수 있는 것이죠.[2]

바이부팅을 사회학적 주제로 파고들어 보면 수많은 문제들이 줄줄이 얼굴을 내밉니다. 여기에는 중국 문제를 구성하는 주요 사안들이 종합 세트처럼 집약되어 있습니다. 대도시 인구 유입에 따른 도시 경계 확장, 이에 따른 성중촌(城中村) 문제 발생, 성중촌 철거를 통한 아파트 단지 개발, 이 과정에서 부동산자본의 개입과 정치권과의 결탁, 관 주도의 거버넌스 체제 확립, 그리고 서취의 행정 운영을 민간기업에 위탁 등등. 그런데 이번 코로나19 사태의 확산 필터가 된 것이 바로 이 마을이었습니다. 춘제 때 개최한 마을대잔치 음식 축제가 그 발단이었는데,[3] 이들이 배달업 등 우한이라는 대도시의 하부 시스템을 담당하고 있었다는 점도 사태 확산에 한몫을 했던 것 같습니다. 희생자가 제일 많이 나온 곳도 이곳이었습니다. 그런데 사태를 단시간 내에 다잡을 수 있었던 저력도 바로 이곳에서 나왔습니다. 기층 사회 특유의 공동체 정신이 사태 수습에 결정적인 역할을 한 거죠. 이 마을을 바라보는 시선이 복잡할 수밖에 없는 것은 이런 이유에서입니다.

2003~2004년 중국에서 시작되어 30여 개국으로 퍼져 나간 사스 사태는 중국이 자본주의 세계체제 하부구조에 편입되어 '세계의 공장'을 가동하던 와중에 발생합니다. 이 사태는 당시 갓 취임한 후진타오 체제에 큰 시련을 안깁니다. 이리하여 후진타오 체제는 기층 사회 '거버넌스 구조 개혁'에 착수했고, 그 결과 상당한 수준의 사회안전망을 구축한 터였습니다. 뿐만 아니라 '생태문명'으로의 패러다임 전환 필요성을 역설하던 중이었습니다. 그런데 약 16년 뒤 다시 발생한 이번 코로나19 사태는 그간의 노력이 허사였음을 입증한 꼴이 되고 말았습니다. 사스 사태 당시 지적된 문제들—'돌발적인 위기에 대한 식별 능력 부족', '위기의 성격에 대한 인식 부족', '위기의 심각성에 대한 예측 미흡', '위기에 대한 느린 대응' 등등—은 여전히 반복되었고 실효성 있는 리더십은 찾아보기 어려웠으며 심지어 진실을 은폐하고 입막음하기에 급급했습니다. 더욱이 사스 사태 때와 같은 지도부의 열린 태도도 찾아보기 어려웠습니다. 이런 모습을 보면서 중국 인민들은 당혹했고 이 당혹감은 이내 권위주의 체제에 대한 분노로 변했습니다. 왜 중국 땅에서 이런 일이 반복되는가? 첨단기술까지 동원해 인민을 통제하는 정부가 인민의 기본적인 삶과 사회 안전도 보장하지 못하는 이유는 무엇인가? 이런 상황에서 '중국몽' 같은 장밋빛 미래는 무슨 의미가 있는가? 이번 사태를 겪으면서 중국 인민들이 국가를 향해 던진 물음은 이것이었습니다. 결과적으로 '신뢰' 공동체의 한복판에서 확산된 이 사태가 중국 사회 전체의 '신뢰 위기'를 불러온 거죠. 이런 점에서 이번 사태는 역설적으로 중국 기층 사회 거버넌스 개혁에 중요한 전환

점이 될 가능성이 큽니다.[4]

도시 시스템 및 거버넌스 문제

그렇다면 중국 정부는 이 위기를 어떻게 헤쳐 나갈까요? 향후 본격적인 논의와 조치가 잇따르겠죠. 지금까지의 제한된 자료에 따르면 크게 세 가지 방향으로 문제의식이 모아지고 있는 듯합니다. 그 하나는 도시적 삶과 도시공동체의 형식에 관한 근본적인 물음입니다. 이와 관련해 주목할 것은 팬데믹 이후 『환추스바오』에 올라온 기고문 하나입니다. 도시화가 거스를 수 없는 대세라면 포스트 코로나 시대 도시화를 통해 중국의 발전을 이끌기 위해서는 지속 가능한 발전이 지향하는 새로운 개념의 공동체 형식이 필요하다고 이 글은 제안합니다. '탄성도시'(靭性城市)라는 개념이 그것인데, 내용 하나하나가 우리에게도 시사하는 바가 적지 않습니다.

'탄성도시'는 두 가지 내용을 포괄합니다. 이번 사태처럼 도시생태와 공공위생의 차원에서 중대한 위험이 발생했을 때 도시가 얼마나 면역력을 가지고 있느냐는 문제와 중대 위험 발생 시 손실을 최소화하면서 신속히 정상을 회복할 수 있는 적응력을 얼마나 가지고 있느냐는 문제. 지속 가능한 발전이라는 관점에서 이 문제를 고찰할 때 도시 수용능력의 임계치와 위험의 영향 곡선이 중요한데, 곡선의 최고치가 수용능력을 넘어서더라도 다시 회복될 수 있다면 지속 가능한 발전이 될 수 있다는 겁니다. 이 문제를 이번 사태에 적용해 보면 확진자 발생 통제와 의료 역량의 관계가 되는데, 이 경우 탄성적 관리란 확진자 발생의 최고치를 의료 수용능력 내에 묶어 두는 것이 됩니다. 코로나 이후 중국이 진정한 현대화 강국 건설 단계로 진입하기 위해서는 이 원리가 도시 건설과 관리에 전면적으로 적용되어야 한다는 것인데, 각론은 이렇습니다. 중요한 내용이 많으니 요지를 그대로 절록해 보기로 하죠.

"인구 면에서는 '더하기'가 필요하다. 다시 말해 대도시권을 발전시켜야 한다는 것이다. ……규모의 경제면에서 보면, 당연히 대도시가 중소도시보다 낫다. 그러나 현재 코로나19 사태는 대도시의 인구 규모와 밀집도가 무한히 확장될 수 없음을 증명해 준다. 그렇다고 중소도시로 돌아가는 것이 해결 방안은 아니다. 이는 중국의 10억이라는 거대한 인구의 도시화 문제를 해결할 수 없고, 2억 명이 항상 유동하면서 오염을 전파시킬 위험성이 커진다. 바람직한 방향은 중심 도시를 둘러싼 대도시권을 발전시켜, 전반적으로는 집중시키고 세부적으로는 분산시키는 효과를 거두는 것이다. 비교적 작은 공간에 더욱 많은 인구를 수용한다는 것이다. '창장 삼각주(長三角) 일체화' 시범지구를 통해 이런 문제에 답을 내놓아야 한다."

"토지 면에서는 '빼기'가 필요하다. 다시 말해 경작지 '레드라인'을 지켜야 한다는 것이다. ……코로나19 사태는 절대농지의 한도선을 지키는 것이 왜 필요한지를 보여 주었다. ……UN 식량농업기구(FAO)는 코로나19 사태로 인해 세계 각국이 '국경을 봉쇄'하여 식량 위기가 초래될 것이며, 이는 주로 생산의 위기가 아니라 유통의 위기가 될 것이라고 예측한다. 중국은 줄곧 식량 자급자족을 강조해 와서, 근래 몇 년 동안 식량 생산량이 매년 6억 톤을 넘어섰고, 14억 명의 매년 평균 400킬로그램이라는 수요를 충족시켰다. 도시화가 토지를 낭비하는 방향으로 진행되어서는 안 된다. 도시 발전은 '떡을 늘려 펴는 식'의 확장에서 '기존 토지의 질적 제고'로 전환되어야 한다."

"기능 면에서는 '곱하기'가 필요하다. 즉 분산식 다기능 '주퇀'(組團: 규모 1000~3000명 정도의 공공서비스 시설을 갖춘 지역 생활공간)을 건설해야 한다는 것이다. 중대한 위험에 직면했을 때 도시와 지역이 충격을 흡수할 수 있으려면, 관건은 도시의 기본 구성을 이루는 '서취'와 '주퇀'이 충격을 흡수할 수 있어야 한다. 그렇게 하려면 분산식 다기능 공공교통 중심의 도시 '주퇀'을 건설해야 한다. 공공 교통을 중심으로 직장과 거주가 연결되고 공공서비스가 제공되는 '15분 서취'가 건설되어야 하는 것이다. 싱가포르는 코로나19 발생 전부터 비교적 높은 적응력을 확보하고 있었다. 900여 개의 '서취' 수준 의료 조직에서 방역을 시행했다. 이런 '서취'를 만들려면 종합적인 인프라 건설이 필요하다. 특히 디지털 인프라(정보 소통 강화), 궤도 교통(인적 물적 유통 강화), 공공 위생(치료), 피난시설 등이 필요하다. 현재 코로나19 사태 이후 신형 인프라 건설로 경제를 부양시켜야 한다는 점이 강조되는데, 중요한 것은 신형 인프라 건설이 전통 경제의 인프라 건설을 중복하는 쪽으로 가서는 안 된다는 것이다. 생태인프라와 사회인프라 건설이 더욱 강조되어야 한다."

"거버넌스 면에서는 '나누기'가 필요하다. 다시 말해 도시 협력 거버넌스가 필요하다는 것이다. 코로나19 사태에 대응하기 위해서는 전시에 준하는 기제와 국가 역량이 동원되어야 하지만, 사태가 끝난 이후에는 도시 발전이 사회 활력을 자극해야 한다. 도시 거버넌스는 전통적인 관리 모델에서 협력 거버넌스로 나아가야 하는데, 이는 단일한 생산 – 소비 모델에서 협력적인 생산 – 소비 모델로 바뀌는 것을 의미하며, 공유경제와 민관협력 발전으로 공유 도시를 만들어 가는 것을 말한다. 사적인 소비 영역에서 공유경제를 발전시켜야 한다. 예를 들면, 공유 자동차 등 공공교통이 사적 교통을 대체해야 하고, B2C와 C2C를 포괄하는 공유 교통의 발전을 통해, 늘어나는 교통 수요를 충족해야 한다. 공공서비스 영역에서 신형 인프라 건설 투자는 경제사회 발전의 중요한 수단이다. 이런 건설은 전통적인 국가화도 아니고 사유화도 아닌, 혼합 지향적인 공사 협력 기제나. 공공성이 강한 공공서비스 인프라나 사회적 또는 생태적 인프라에 정부가 비용을 대고 사회가 생산하는 방식을 채용해야 한다. 디지털 인프라나 궤도 교통 등 시장성이 강한 경제적 인프라에는 소비자가 비용을 지불하고 사회가 투자하는 방식을 도입해야 한다."[5]

'탄성도시'란 개념은 '상하이 도시 뉴 마스터플랜(2017~2035)'에 이미 담겨 있는 내용입니다. 이 개념은 최근의 핫 이슈인 스마트시티나 시진핑 체제의 역점 사업 슝안신도시(雄安新區) 사업의 연장선상에서 조만간 구체성을 띨 공산이 큽니다. 뿐만 아니라 '신형 성진화 계획'의 핵심 내용인 '도농 일체화' 개념이나 '사람 중심의 도시화' 개념과 맞물려 당장에 현실화될 가능성도 적지 않습니다. 특히 거버넌스 개혁 부분은 위 기고문에서 에둘러 표현되고 있지만 당(黨) 지부가 주도하는 현재의 '사회치리'(社會治理) 패러다임에 대한 재검토가 불가피해 보입니다. 그런데 저간의 현실을 감안하면 중국이 내세우고 있는 4차 산업 기반과 결합하여 오히려 역방향으로 흐를 공산이 커 보입니다. 하향식 관리 체제를 한층 강화하는 방향으로 말입니다. 추이를 한 번 지켜보지요.

아시아 글로컬 질서 정립 문제

코로나 이후 예견되는 세계질서의 변화로는 지역 중심의 세계화, 즉 글로컬라이제이션(glocalization) 질서의 출현이 자주 거론됩니다. 원톄쥔은 이를 북미 글로컬 체계와 EU·러시아 글로컬 체계, 아시아 글로컬 체계의 경쟁 구도로 설명하고 있습니다.[6] 그래서일까요, 팬데믹 이후 중국에서는 역내 국가 간의 관계 정립을 주문하는 목소리가 지속적으로 나오고 있습니다. 여기에는 사드 배치 이후 아직도 풀리지 않고 있는 우리와의 관계 개선도 포함됩니다.[7] 아니나 다를까, 2020년 8월 양제츠(楊潔篪) 중국공산당 외교 담당 정치국 위원이 한국을 방문해 향후의 일정을 조율한 바 있습니다. 여기에는 시진핑의 방한 일정도 포함됩니다.[8] 이 가운데 중국이 안간힘을 쏟고 있는 곳은 아세안 10개국입니다. 왜 하필 아세안일까요?

시진핑 체제의 출범에 발맞추어 중국은 산업구조조정을 수행하고 있는 중입니다. '수출주도형 체제에서 내수형 체제로', '노동·자원집약형 산업구조에서 인재·기술집약형 산업구조로', '저부가가치의 '중국제조'(中國製造)에서 고부가가치의 '중국창조'(中國創造)·'중국지조'(中國智造)로', 'Made in China'에서 'Made by China'의 방향으로 말입니다. 글로벌 가치사슬의 재편에 의한 자연스런 과정인데, 이에 따라 중국이 운영하던 '세계의 공장'은 아세안 국가들로 급속히 이전되고 있는 중입니다. 2019년에 들어와 아세안은 미국과 EU를 넘어 중국의 최대 교역 파트너가 되었습니다. 세계적인 팬데믹 상황에서도 2020년 1분기 아세안의 대중국 수출이 10.9% 증가했을 정도니까요. 궁극적으로 중국은 기존의 '중국 제조-서구 소비'의 구도를 '아세안

제조 – 중국 소비'의 구도로 재정립하고 싶어 합니다. 중국 소비시장의 파이가 그만큼 커지기도 했으니까요.[9] 그런데 아세안이 이에 따라 줄까요?

이와 관련해 주목해 보아야 하는 것은 2020년 6월 1일에 발표된 '하이난자유무역항건설 총체방안'입니다.[10] 2018년 4월 보아오포럼에서 시진핑이 언급한 아젠다인데, 미국의 옥죄기가 극에 달한 시점에 구체적인 방안을 천명하고 나선 것입니다. 여기서 말하는 자유무역항은 기존의 경제특구에서 한 걸음을 더 나아간 개념입니다. 그러니까 홍콩의 30배, 싱가포르의 50배 정도 크기의 지대를 새로운 무역·금융 중심으로 만들겠다고 선언하고 나선 것이죠. 여기서 주목할 것은 하이난의 지정학적 위치입니다. 하이난다오(海南島)는 베트남과 필리핀 사이, 홍콩 아래에 있는 섬입니다. 뿐만 아니라 미국과 빈번하게 충돌하는 남중국해 한가운데에 위치하고 있습니다. 그러니 이 계획을 이 민감한 시국에 들고 나온 데에는 전략적 고려가 분명 있었겠죠. 홍콩과 미국을 향한 단호한 목소리 외에도 아세안 10개국을 향한 유화적인 메시지가 담겨 있었을 겁니다. 게다가 이 사업은 2019년 2월에 착수한 '광둥·홍콩·마카오 광역만 지구'(粵港澳大灣區, Greater Bay Area) 건설 프로젝트와 맞물리면서 파이가 훨씬 커져 버렸습니다. 다용도 패키지성 아젠다 하나를 전략적으로 가장 민감한 지역에 투척한 셈이죠. 이리하여 이 지역이 '일대일로'의 또 다른 클러스터가 되었는데, 결과적으로 중국을 구동하는 엔진의 무게중심이 훌쩍 남방으로 이동해 버리고 말았습니다. 국내 문제로 미국이 우왕좌왕하는 사이에 실질적인 탈출구를 마련한 셈이죠.

그런데 이걸 미국이 좌시할까요? 2020년 상반기 동안 미국이 남중국해에서 다섯 차례나 '항행의 자유' 작전을 실시한 것도 이와 무관하지 않습니다. 이 대목에서 신경이 쓰이는 것은 인도의 태도입니다. 그간 중국은 공을 들여 인도를 상하이협력기구 일원으로 끌어들였습니다. 그런데 인도는 최근 대륙 축을 이탈하여 인도－태평양 축으로 급속히 무게중심을 옮기고 있습니다. 인도 총리 모디(Narendra D. Modi)의 이런 행보를 중국은 '중미 간의 파워게임을 이용해 어부지리를 얻으려는 전략적인 도박'으로 간주하며 촉각을 곤두세우고 있지만, 인도는 요지부동 밀어붙이고 있습니다. 2019년 11월 타결된 아세안+3 '역내포괄적경제동반자협정'에도 서명을 거부하더니 피로 얼룩진 카슈미르 국경 분쟁(2020년 6월 15일에 벌어진 인도－중국 간 국경 분쟁) 이후 인도양에서 열린 '말라바르 2020 해상훈련'에서는 급기야 기존 참가국 미국과 일본에 이어 오스트레일리아까지 초청을 했습니다. 이로써 사실상 태평양에서 인도양까지 '쿼드블록'이 구축된 것인데, 중국의 입장에서는 첩첩산중이 되고 말았습니다. 인도와의 문제를 풀지 못하면 아세안과의 안정적인 관계 정립은 물론이고 '일대일로'의 동력을 이어 갈 길이 없어집니다. 뿐만 아니라 미국의 봉쇄를 벗어날 방도도 없게 됩니다. 카슈미르 사태 직후 중국에서 나온 논평 하나는 이 같은 중국의 속앓이를 여실히 대변해 주고 있습니다. "2020년은 중국－인도 수교 70주년이다. 양국은 상호 관계를 잘 풀어 가야 할 1만 가지 이유를 가지고 있다. 멈출 줄 아는 자가 현명한 자다. 인도가 국내의 민족주의 정서를 잘 다독여서, 대외 전략의 모험주의를 극복하기를 진심으로 기대한다. 만약 인도가 계속해서 전략적인 급진주의의 길로 나아간다면, 숭국－인도 관계뿐 아니라 자신의 장기적 발전까지 위태로워질 수 있을 것이다."[11] 그러니 이 문제는 또 앞으로 어떤 양상으로 전개될까요?

포스트 '중국 특색의 길'을 찾아서

코로나 사태가 가져다준 또 하나의 계기는 현대화 자체를 성찰할 수 있는 인식론적 거리입니다. 그런데 이 계기는 처음 주어진 것이 아닙니다. 돌이켜 보면 2003~2004년 사스 사태가 발생했을 때 머리를 싸맨 것이 바로 이 문제였습니다. 당시는 '사회주의 시장경제' 이데올로기가 정점을 찍던 무렵이었습니다. '세계의 공장'은 '농민공의 물결'을 불러왔고, 공업과 농업, 도시와 농촌, 연해와 내륙의 격차는 갈수록 늘어 갔으며, 사회환경과 생태환경의 악화는 나날이 가속화되었습니다. 중국이 환경오염의 중심지가 된 것도 바로 이 무렵이었습니다. 그런데 이때 사스 사태가 터집니다. 사스는 코로나19 사태와 비교하면 비교할 수 없는 수준이지만, 압축적인 산업화와 현대화의 후과(後果)를 즉각적으로 대면하게 되었다는 점에서 그 충격이 만만치 않았습니다. 당시는 중국의 성공 사례를 두고 세계적으로 관심이 집중되고 있었습니다. '베이징 컨센서스'를 필두로 '중국 모델'을 둘러싸고 다양한 입장이 개진되었는데,[12] 사스가 던진 충격은 '중국의 경험'을 되돌아보는 방식에도 그대로 투영됩니다. 이를 요약해 보면 이런 식입니다.

　'산업화'란 단순히 공장을 짓고 기계를 돌리는 것이 아니라 베스트팔렌 체제 하에서 기획된 종합적 프로젝트(modernization)이다. 그것은 노동을 착취하고 세계를 약탈함으로써 가능했다. 그런데 우리는 그런 조건이 안 되어서 사회주의적 방식으로 농촌을 자기 착취함으로써 겨우 이 정도까지 왔다. 그런데 그러고 보니 부작용이 너무 크다. 왜 그럴까. 문제의 본질은 '산업화'의 본성 자체에 존재하는 것 같다. 그것은 자연으로부터의 이탈을 의미하는 것으로 자연 세계를 정복 대상으

254

로 여긴다. 그것은 주관/객관, 인간/자연, 문명/야만, 현대/전통 등의 이원적 인식 모델에 근거하고 있다. 여기서 후자는 소멸되어야 할 대상이다. 이 구도는 농업사회를 어떻게 산업사회로 바꿀 것인가, 농촌을 어떻게 도시로 바꿀 것인가라는 문제로 구체화된다. 그런데 18~19세기 영국을 배경으로 한 '제한적인 경험'이 중국에서 구현될 수 있을까? 그 대답은 부정적이다. 두 나라의 토대와 조건이 너무 다르기 때문이다. 그리고 산업화는 '민족 – 국가'(nation-state) 체제의 산물이다. 현대적인 민족국가로서 중국은 시스템과 시민의식, 공공 위생 등이 많이 부족하지만, 그럼에도 '중국 문제'는 '민족 – 국가'나 '국민경제'의 틀에 온전히 포착되지 않는다. 이는 중국식 모더니티가 서구의 그것과 동일할 수 없다는 것을 의미한다. 그러니 우리는 우리 식의 길을 모색할 수밖에 없다.[13]

그런데 이런 성찰에도 불구하고 10여 년 뒤 다시 코로나19라는 에이리언을 만나게 된 거죠. 이 에이리언은 산업화의 정점을 지나 새로운 패러다임을 모색하던 와중에 직면했다는 점에서 의미가 남다를 겁니다. 포스트 '중국 특색의 길'이라는 화두를 새로이 떠안은 셈이 되어 버렸으니까요. 그리하여 다시 이런 반성문을 쓰고 있는 것이죠.

바이러스는 현대화에 대한 일종의 비평문을 작성했다고 봅니다. 현대화가 우리의 머리채를 잡아 대지 밖으로 던졌어요. 인류는 자연과 분리되기를 바랐습니다. 우리는 성찰해야 합니다. '어떻게 다시 자연 깊숙이 뿌리내릴 수 있을까'라고요. 인류는 독립적인 존재가 아니에요. 자연의 일부입니다. 바이러스의 도전과 마주한 지금 자연은 우리에게 각성하라고 호통칩니다. 가르침을 주려 하죠. 우리는 이 수업을 잘 듣고 어떤 행동을 할지 생각해야 합니다. 적어도 속도를 늦출 필요가 있어요. 빠르게 질주해 오던 관성을 멈춰야죠. 그런 다음 자연으로 돌아가는 겁니다. 역사 속으로요. 우리의 오랜 문화로 돌아가면 됩니다. 그 속에 살아남을 방법이 있습니다.[14]

그렇다면 이 반성은 어느 방향으로 나아갈까요? 단언할 순 없지만 중국 지식계의 생리상 사스 사태 이후의 논리가 되풀이될 공산이 커 보입니다. 다만 그간 이들이 축적해 온 공부의 내용들이 추가적으로 고려되어야 하겠죠. 그간 이들의 공부는 크게 중층구조를 이루고 있는 듯 보입니다. 상층에서는 정치경제학이 세계 현실의 운동 과정을 면밀히 스캔하는 한편, 하층에서는 인문지리학이나 역사학, 문화론 같은 분야가 이를 되감은 뒤 다시 정치경제학적 현실로 되먹임해 주고 있으니 말입니다. 흔히 중국의 사상 문화 구조를 '정체론적(holistic) 구조'나 '문화 환원주의' 등으로 설명하곤 하는데,[15] 이들의 커리큘럼 역시 예외가 아닌 셈입니다. 모르긴 해도 뭔가 제대로 싸움을 준비하고 있는 느낌입니다. '중국의 경험'을 문명사적 차원에서 정립해 보겠다는 것일까요? 아마도 그런 것 같습니다. 그렇다고 이를 입증할 만한 근거는 많지 않습니다. 단서라고 해야 문제의식의 단편들이 전부니까요. 다만 중국이 코로나 이후 21세기 버전의 '데카메론'을 쓰게 된다면, 이 문제의식들이 기본 서사를 구성하게 될 거라는 점만은 왠지 분명해 보입니다.

지금까지 드러난 문제의식의 단편들을 타래로 엮어 그 윤곽만 더듬어 보면 다음과 같습니다. 단편에 불과한 만큼 내목 대목의 시비를 따지기보다는 전체 얼개에 주목해 보는 것이 아마 더 유익할 겁니다.

타래 하나: 중국식 역사유물론

중국은 수많은 역경에도 불구하고 어떻게 국가가 해체되지 않고 오늘날의 성과를 만들어 낼 수 있었을까? 이 물음에 답을 찾는 과정에서 이들은 다양한 이론적 자원들을 참조합니다. 그리고 이를 통해 '서구 중심적 담론 체계'와는 구별되는 '역사유물론적 변증법'을 응용해 냅니다. 여기서 이들이 주목하는 것은 '초대형 대륙국가'라는 인문지리적인 특성입니다. 흥미로운 것은 이것의 원형질을 2500여 년 전 역사로부터 연역해 내고 있다는 점입니다. 이들은 최근의 상황이 2500여 년 전과 매우 유사하다고 생각합니다. 그리고 이 유사성이 위기에 대한 중국의 대처 방식을 시종일관 규정해 왔다고 생각합니다. 이를 설명하기 위해 이들은 지구의 기후변화에 따른 인류 생활양식의 변천에 주목합니다.

지구 기상 변화표에 의하면, 약 1만 년 전 빙하기가 끝나면서 지구상에는 대략 1000년간의 기온 상승기가 도래합니다. 이 시기 인류는 적도로부터 유럽과 아시아 대륙의 온난 지역으로 이주하면서 급속한 진화를 이루어 냅니다. 그러다가 9500~9000년 전 약 1천 년 정도의 하강기가 온 뒤 다시 3000년 정도의 상승기가 오는데, 이 시기 인류는 생활공간을 넓혀 가며 신석기시대에 진입합니다. 그러다가 4000여 년 전 무렵부터 다시 1500여 년의 소빙하기에 들어서면서 인류 문명에 획을 긋는 변화들이 발생합니다. 북방의 유목민족이 대거 남하해 농경문명과 최초의 충돌이 일어나는데, 아리안족의 인도 대륙으로의 남하에 이은 펠로폰네소스 지역 진출이나 중국 대륙에서 서주(西周)가 남하하여 상(商)을 멸망시킨 사건이 이 시기에 발생합니다. 그리하여 2300여 년 전 기후가 다시 상승하자 중국 대륙의 여섯 나라는 저마다

장성을 쌓아 북방 유목민족의 남하를 저지하는데, 진(秦)나라 통일 이후 이 장성들은 하나로 연결되어 유목민족의 남하를 저지하는 방어선이 됩니다.[16]

이들이 이렇게 먼 길을 우회하는 것은 중국 대륙의 '전략적 종심(depth)'이 역사적으로 언제 어떻게 형성되었는지를 설명하기 위해서입니다. 이들에 의하면 만리장성은 단순한 방어벽이 아닙니다. 등강수량(等降水量) 400ml 라인에 걸쳐 있는 이 장벽은 유목 문명과 정착 문명의 접경에 형성된 당시의 '정보 체계'로 보아야 한다는 것이 이들의 생각입니다. 중국이라는 초대형 대륙 국가의 국가 형태를 규정한 것은 기후의 상승과 하강, 400ml 등강수량선의 변화였고, 이 '정보 체계'의 운동 양식에 의해 2500여 년 전 중국 대륙의 '전략적 종심'이 형성되었으며, 중국이 이른 시기에 분권형 봉건 체제를 탈피하여 거대한 통일국가 체제로 이행하게 된 것도 이 때문이라는 겁니다.[17]

이 '역사유물론'에는 몇 개의 복선이 깔려 있습니다. 복선들 간에는 아직 촘촘한 의미망이 깔려 있진 않지만, 이를 통해 말하고자 하는 메시지는 분명합니다. ①이때 형성된 전략적 종심 덕택에 중국은 진한(秦漢) 제국 이래 계속된 유목민족의 남하에도 불구하고 근본적인 단절 없이 문명의 질서 체제를 유지하는 것이 가능했다. ②이 전략적 종심은 지금까지 작동하고 있다. 중국이 두 번의 금융위기를 넘길 수 있었던 것도 종심 지역에 대대적인 인프라 자본을 투입함으로써 가능했다. ③흔히 제기되는 서구발 '중국분할론'은 이 종심을 제거하기 위한 술책에 다름 아니다.[18] ④나아가 앞으로의 불확실성에 대비해 이것의 전략적 유연성을 더욱 확충해 두지 않으면 안 된다. '일대일로'는 이를 확충하기 위한 우리의 지정학적인 전략이다.

그런데 이게 다가 아닐 겁니다. 중국에는 '중화대가족'의 문명사적 유전자 지도를 완성하는 작업으로 이어지겠죠. 그렇다면 이 '역사유물론'은 중국이라는 '초안정적' '가국'(家國) 시스템—베스트팔렌 체제의 민족국가와는 본질을 달리하는—의 계통발생의 역사를 담아내는 지도의 밑그림이 될 겁니다. 동시에 이는 2049년 '중국몽'의 밑그림이 되기도 할 겁니다.

타래 둘: 문명의 다원성

동시에 이들이 주목하는 것은 인문지리적인 특성이 문명의 형질에 미치는 영향에 관해서입니다. 여기서는 의외로 경작의 양식이 중요한 요소로 부각됩니다. 유라시아 대륙의 서아시아에 위치한 두 개의 하천—티그리스강과 유프라테스강—유역에서 원시 농업이 이루어졌는데, 두 하천의 거리가 좁아 단일 작물 소맥을 재배하는 형태로 출발합니다. 이 두 하천으로부터 파생된 2차 농업은 서쪽으로 유럽을 뒤덮었고, 나아가 영국으로까지 퍼졌는데, 훗날 영국이 식민화를 통해 세계적인 범위에서 단일화와 집약화를 추진한 것도 이런 경작 양식과 무관하지 않다는 겁니다. 이들의 사상 문화 체계에 새겨진 일원론적 특징은 소맥이라는 단일 작물과 이에 기반한 생활양식에서 비롯되었다는 겁니다.

이에 반해 황허와 양쯔강 사이에서 시작된 동아시아의 농업은 양상이 좀 딜랐습니다. 두 강 사이의 거리가 멀었기 때문에 북방과 남방의 작물 종류가 완전히 달랐습니다. 동북아와 동남아로 퍼져 형성된 2차 농업 역시 이 다양성을 기초로 하고 있습니다. 이런 식으로 아시아 문명은 본래가 다원적 작물로부터 파생된 다원적 농업 문명이었고,

따라서 이 위에 형성된 사상 문화 역시 다원적 성격을 띨 수밖에 없다는 것이 이들이 말하고자 하는 핵심입니다.[19]

논쟁적 요소들로 가득한 이 고찰 역시 철저히 전략적입니다. 이 고찰의 한복판에는 물론 '다원성'이란 개념이 자리하고 있습니다. 이것의 전략적 의미는 '아시아문명대화대회'(2019년 5월 개최)에서 있었던 시진핑의 연설을 연결시켜 보면 좀 더 분명해집니다. "중화 문명은 여타 문명과 끊임없이 교류하고 '상호 거울이 되는' 가운데 형성된 개방적인 체계입니다." 그리고 이 개념은 현재 '인류운명공동체' 구상의 담론적 자원으로 이미 수행력을 발휘하고 있는 중입니다.

이 문제 역시 이 층위가 전부는 아닐 겁니다. 이 가설 역시 소농 체제에 근거한 동방의 생산양식을 문명사적으로 자리매김하는 작업의 밑그림이 될 테니까요. 아마도 이는 마르크스의 '아시아적 생산양식'을 물구나무 세우는 작업의 일환일 겁니다. 그리고 이들이 참조 체계로 중시하고 있는 경제학자 사미르 아민(Samir Amin, 1931~2018)의 문명사적 성찰들―그의 저서 『유럽중심주의』에 번득이는―을 여기에 덧대어 보면 좀 더 큰 그림이 가능해질 겁니다.[20] 아마 이 문제는 새로운 코스몰로지의 문제로 이어지겠죠. 인간과 자연의 분리에 근거한 서구 근대문명에 대해 자연과 인간의 조화에 근거한 다원적 전체로서의 세계관 같은 것 말입니다. 관건은 향후 중국이 갖게 될 담론 권력의 크기겠죠.

타래 셋: 동방의 사회문화자본

아시아 대륙의 자연 세계가 생산한 문화 다양성은 향토 사회의 강력한 내부화 기제를 만들어 냅니다. 이 기제는 그간 서구 세계에 의해―헤겔에서부터 칼 마르크스, 막스 베버에 이르기까지―줄곧 부정되거나 폄하되어 왔습니다. 그러나 '중국의 경험'에 비추어 보면 동아시아의 소농 경제 체제야말로 '탁월한 지속 가능성'이 입증되었다는 것이 이들의 생각입니다. 중화인민공화국 건설 이래 산업화 과정에서 중국이 갖게 된 '비교우위'의 원천 역시 바로 이것이었습니다. '시장경제의 심각한 외부성 문제를 내부화해서 처리'할 수 있는 자기 착취 메커니즘과 '대가를 따지지 않는 노동력을 자본을 대신해 투입'하는 집단 동원 메커니즘 말입니다. 이들은 이러한 '집단이성'(群體理性)으로부터 '동방의 정치경제학'을 도출해 낼 수 있다고 생각합니다.[21]

여기서의 '동방의 정치경제학'이 정확히 무엇을 의미하는지는 아직 가늠하기 어렵습니다. 저는 이를 전통 문인의 경세(經世) 전통이라는 관점에서 생각해 보고 있는데 어떨지 모르겠습니다. 현재까지는 '농가이성'(農戶理性)이나 '향촌공동체이성'(村社理性), '동방적 정의(正義)' 정도의 개념이 제출되어 있는 정도입니다. 그러니 추이를 지켜볼 수밖에요. 다만 우리가 일반적으로 '중국문화'라고 부르는 사회문화자본이 그 원천이 될 것임은 분명해 보입니다. 정감·인정·보응의 원리에 입각한 인간관계, 함축·경청·겸손을 특징으로 하는 소통 방식, 사회적 자본으로서의 체면 등등의 사회문화자본 말입니다.[22] 혹자는 또 여기에 '중국의 경험'에 내포된 '소프트한 역량', 즉 친족, 종족, 사회주의가 남긴 각종 사회조직, 당과 인민의 협치를 특징으로 하는 중국식 거버넌스, 서취(社區) 같은 새로운 기층 공동체 질서, 인본주의 전통의 정치철학 등등의 자본을 제시하기도 합니다.[23]

최근 중국 내부에서는 '문명주권'이나 '학문주권' 같은 목소리가 조심스럽게 터져 나오고 있습니다. 이를 감안하면 이 개념들이 내포와

외연을 확정하는 것은 시간문제로 보입니다. 향촌이나 도시 기층의 현장에서는 다양한 실험을 통해 경험들을 귀납하고 있고, 연구실의 학자들은 또 그들대로 유럽 계몽주의의 원천을 훑으며 중국발 새로운 규칙의 가능성을 모색하고 있으니 말입니다. 참 완고하고도 끈질기죠. 이 원초적 충동 내지 형질은 쉽게 변하지 않을 겁니다. 어떤 의미에선 자신들 공동체 외에 다른 공동체의 형질이 존재한다는 사실 자체를 모르는 것 같다는 느낌마저 드니까요. 이것이 중국이고 이것이 중국 문명을 일군 힘이기는 하지만 말입니다. 여기서 과연 어떤 새로운 문명의 상(像)이 나올 수 있을까요? 그리고 이 상은 코로나 이후 지구촌의 다원적인 삶을 뒷받침할 수 있는 유의미한 자원이 될 수 있을까요? 아래 이야기를 통해 이 점을 판단해 봅시다.

질문―서구 미디어에서는 동아시아 국가가 코로나19 위기를 빨리 극복한 이유는 독재를 경험했고, 민족주의적 경향이 강하기 때문이라고 비판합니다. 특히 중국에 대해서는 전체주의 체제라서 가능했다고 해석하는데 어떻게 생각하십니까?

답변―서구 사람들, 특히 미국에서는 각자가 마스크를 벗을 권리가 있다고 하죠. 만약에 당신이 그들의 권리를 막는다면 그들은 총을 들고 싸울 겁니다. 개인 중심 사회입니다. 개인주의 합리성을 바탕으로 하죠. 하지만 동양 토착 사회에서 사람들은 사회 전체를 위해 어떤 종류의 자유는 포기하려 합니다. 공동체의 안전을 위해서요. 토착민의 대륙에서 지속 가능한 안전은 무엇일까요? 공동체의 관심사를 중시할 때, 공동체적인 합리성을 가질 때, 지속 가능한 안전을 갖습니다. 두 사회는 서로 다른 합리성을 갖고 있어요. 우리는 미국인들을 비판할 수 없습니다. 저는 그들에게 이렇게 요구하고 싶어요. 그러니 우리를 비난하지 말아 달라고요. 저들은 우리를 집단주의, 전체주의, 독재 등등 많은 이름으로 부릅니다. 별스럽지도 않아요.[24]

에필로그

13강

동북아의 어떤 바둑판

다시 황해에서

세계적인 록 다운 상황이 모든 의제를 집어삼키며 지구촌을 멈추어 버린 2020년 6월 16일, 한반도 개성에서는 굉음과 함께 화염이 피어오릅니다. 2018년 4월 '판문점선언'으로 개설된 남북공동연락사무소가 허망하게 무너지는 장면을 지켜보면서 우리는 또 한 번 한반도를 둘러싼 힘의 논리와 우리 문제를 우리 손으로 풀어 나갈 수 없는 처지를 서럽게 곱씹을 수밖에 없었습니다. 더욱이 하루 전날이 역사적인 '6·15선언' 20주년 기념일이었다는 점에서 우리의 마음은 한층 복잡할 수밖에 없었습니다. 반도 땅 우리의 삶은 언제까지 강대국의 힘의 논리에 의해 좌우되어야 하는 걸까요? 우리의 운명은 우리 스스로가 개척해 나갈 수 없는 걸까요?

강좌를 시작하면서 우리는 우리 안의 만리장성을 잠시 괄호 안에 넣고 황해로 난 창 하나를 내어 보자고 약속한 바 있습니다. 이제 강좌를 마무리하면서 우리가 출발했던 그 자리에 다시 서 봅니다. 그리고 스스로에게 질문해 봅니다. 황해로 난 창을 경유해 바라보는 세상은 이전의 풍경과 얼마나 달라졌을까? 만약 달라진 것이 있다면, 이것은 우리에게 어떤 의미를 줄 수 있을까? 매 학기 강좌를 마무리하면서 학생들에게 털어놓는 이야기가 있습니다. "나도 잘 모르겠다." 그러면 강의실 분위기는 일순 술렁거립니다. 그러면 그간 내뱉은 숱한 이야기는 다 뭐냐는 듯 말입니다. 당연한 반응입니다. 그럼에도 중국을 공부하면서 매번 봉착하게 되는 것이 바로 '잘 모르겠다'는 미망입니다. 체계라는 단어를 머리에 담는 순간 실상이 멀어지고, 실상을 좇다 보면 어느새 미망의 그물에 갇혀 있는 자신을 발견하게 되니 말입니다. 요즘은 이를 '적극적 모름' 같은 것이 아닐까 생각해 보곤 합니다. 나와 다른 존재로서의 타자(the others)를 만나는 데 필요한 태도 같은 것으로 말입니다. 그러나 이런 말장난이 지적 불충분을 합리화해 주지는 못합니다. 하여 그간의 논의를 우리의 문제로 되감아 보는 일은 불가피해 보입니다. 이제, 우리가 발 디딘 '지금, 여기'의 관점에서 이것에 관한 생각들을 몇 가지 덧붙이면서 전체 강좌를 마무리하도록 하겠습니다.

중국을 경유해 바라보는 한반도 문제

2018년 봄날 판문점 도보다리에서의 역사적 만남을 통해 우리는 어떤 조망점 하나를 확보하게 되었는지도 모릅니다. 얄타회담(1945)에서 판문점회담(2018)까지의 70여 년의 시간을 하나의 묶음으로 바라볼 수 있는 어떤 시선의 높이 말입니다. '냉전'은 누구의 언어였을까요? 그리고 우리 땅에서 벌어진 동족상잔의 전쟁은 이 언어와 어떻게 연동되어 있을까요? 우리의 언어가 아니었음은 분명한 것 같습니다. 그리고 우리가 원한 전쟁이 아니었음도 분명합니다. 이런 때늦은 인식을 딛고 '한반도 협력 시대'는 겨우 열리는 듯이 보였습니다. 그러고는 싱가포르와 하노이에서 북미 정상회담이 개최되었고, 아무 성과도 없이 끝난 두 번의 회담은 지루한 줄다리기를 이어 가게 만들었습니다. 풀릴 기미가 보이지 않는 미국의 경제봉쇄와 코로나 사태로 인한 국경 폐쇄는 급기야 국가 운영의 목을 조르기에 이르렀고,[1](→296면) 여기에 미국 대선의 운동장이 새로운 방향으로 기울기 시작함에 따라, 북한은 마지막 카드를 던지기에 이릅니다. 트럼프더러 어서 평양으로 날아오라는 듯 말입니다. 2020년 6월 개성에서의 화염은 이렇게 피어올랐습니다.

중국을 공부하는 입장에서 이 과정을 지켜보고 있노라면 묘한 기시감 같은 것이 듭니다. 예전에 어디선가 목도한 장면이 데자뷰되는 듯한 그런 느낌 말입니다. 이것이 무슨 말일까요? 앞서 우리는 강좌를 시작하면서 중화인민공화국 60여 년의 역사를 개괄해 본 바 있습니다. 그 과정을 찬찬히 복기하다 보면 무심히 넘겨 버린 몇 개의 장면이 눈에 들어옵니다. 이 장면들은 2020년 6월에 피어오른 화염의 의미가 무엇인지를 우리에게 일러주고 있는지도 모르겠습니다. 마치 반복 가능한 사태에 관한 탐구적 앎(historia)이 역사라는 양 말입니다. 그 장면이란 다음과 같습니다.

장면 하나: 1972년 베이징

1950년대 후반 소련의 자본이 빠져나감에 따라 '자력갱생'의 체제로 돌입한 중국은 심각한 고립에 직면합니다. 냉전의 새로운 질서를 모색하고 있던 소련과 한국전쟁 이후 중국 봉쇄를 이어 가고 있던 미국, 그리고 접경국 인도와의 관계가 악화되면서 중국은 최악의 상황을 준비하게 됩니다. 1963~1964년간 단행된 '삼선건설'이 그것이었는데, 주요 위험의 실체는 소련이었습니다. 이에 궁지에 몰린 중국은 핵 개발에 착수하여 1964년 마침내 핵실험에 성공합니다. 그러자 소련의 압박이 거세지고 그 결과 1968~1969년 둥베이 국경지대에서 군사 충돌이 일어납니다. 이때 소련은 중국의 핵시설 타격을 작전에 포함시킵니다. 이에 다급해진 중국은 미국에 화해 신호를 보내는데, 우여곡절 끝에 1972년 닉슨의 중국 방문이 성사됩니다.

이 방문을 둘러싸고 벌인 양국의 기 싸움은 훗날 키신저에 의해 이렇게 정리됩니다. "저우언라이(周恩來, 1898~1976)가 '중국을 방문하고 싶다는 닉슨 대통령의 공공연한 열망을 익히 알고 있었던지라' 닉슨 대통령을 초청했고, 대통령은 이를 '기꺼운 마음으로' 수락했다."[2] 레토릭이 참 오묘하죠. 마오쩌둥을 만난 자리에서 닉슨은 이 방문이 결코 쉽지 않은 일이었음을 주지시킵니다. 그러자 마오쩌둥도 '린뱌오 사건'(林彪事件)을 거론합니다. "우리에게도 우리의 만남을 반대한 세력이 있었습니다. 그들은 결국 비행기에 몸을 싣고 해외로 도망을 쳤지요."[3] 결국 중국은 이 방문을 통해 43억 달러 규모의 차관을 도입함으로써 '제2의 대외 개방'을 이끌어 냅니다. 그러고는 일본 수상 다나카 가쿠에이가 급거 베이징을 방문해 외교 정상화를 선언하면서 닉슨이 약속한 43억 달러의 상당 부분을 일본이 분담하게 됩니다.

여기서 우리는 어떤 프로세스를 읽어 낼 수 있습니다. ① 전술핵 개발→② 주변 강대국의 역학 관계 이용→③ 대외 개방이라는 프로세스 말입니다. 이는 '선군정치'로부터 시작된 김정일 체제의 벼랑외교에서부터 전술핵을 볼모로 한 김정은 체제의 북미대화 시도까지의 과정을 이해하는 데 유의미한 참조 체계가 됩니다. 뿐만 아니라 마오쩌둥의 위 발언에 2018년 6월 싱가포르회담에서의 김정은 위원장의 발언을 포개어 보면 묘하게 겹치는 대목이 있습니다. "여기까지 온 게 그리 쉬운 일은 아니었습니다. ……그릇된 편견과 관행들이 때로는 우리 눈과 귀를 가리고 있는데, 모든 것을 이겨 내고 이 자리까지 왔습니다."[4] 이 만남을 둘러싼 북한 내부의 복잡한 역학 관계를 엿보게 하는 발언이죠. 그리고 얼마 뒤 일본 쪽에서 아베 총리의 이런 발언이 나옵니다. "북한이 가진 잠재력이 발휘되도록 도움을 아끼지 않겠다."[5] 그 재원은 아시아개발은행(ADB)이 될 거라는 이야기를 곁들여서 말입니다. 이 역시 한반도 문제의 향후 추이를 짐작케 해 주는 대목입니다. 두 차례 북미 정상회담이 열리는 동안 아베가 보인 행보는 흡사 70년대 초 상황의 데자뷔 같다는 느낌을 주기에 충분하니까요. 차이가 있다면 대상이 중국에서 북한으로 바뀌었을 뿐이니 말입니다.

장면 둘: 1986년 베트남

중국과 미국의 관계가 개선되자 사회주의동맹 베트남의 배신감은 극에 달합니다. 그도 그럴 것이 제국주의 미국을 상대로 민족해방전쟁을 어렵게 수행해 승리를 거둔 입장이었으니까요. 이에 베트남은 인도차이나 연방이란 것을 구상합니다. 그러자 이번엔 중국이 반발하고 나섭니다. 구상의 배후에 소련이 있고 그 목적이 중국 포위에 있다고 판단했으니까요. 그러나 베트남은 이를 밀어붙여 크메르 루주 정권을 무너트리고 캄보디아에 친베트남 정부를 수립합니다. 그러자 덩샤오핑은 일본, 미국, 동남아를 돌면서 베트남 공격을 위한 지지를 요청합니다. 이리하여 1979년 중국은 베트남을 침공하게 되는데, 카터 정부는 이를 묵인하면서 지원하기까지 합니다. 소련의 세력 확장을 우려한 중국과 미국의 이해가 일치한 거죠.

이 전쟁에서 사실상 베트남이 승리를 거둡니다. 그러나 중국은 접경지대에 병력을 주둔시키며 고립 전략을 가동합니다. 10여 년의 봉쇄 끝에 베트남은 곤경에 빠지게 되고, 소련과 동구권마저 붕괴의 조짐이 보이자 베트남은 결국 두 손을 들게 됩니다. 이리하여 1986년부터 '쇄신' 정책을 추진하게 되는데, 이것이 베트남식 개혁개방 '도이머이'(Đổi mới: 對質)입니다. 그리고 기다렸다는 듯 화교 자본의 베트남 상륙이 시작됩니다. '도이머이'란 경제특구에 자율적인 권한을 부여하는 덩샤오핑식 개혁개방 모델과 달리 프로세스 전체를 당이 주도하는 방식입니다. 체제는 체제대로 손상을 입지 않으면서 개방은 개방대로 이루어내겠다는 거죠. 그런데 2018년 4월 판문점에서 열린 제1차 남북정상회담에서 김 위원장은 문 대통령에게 베트남식 노선을 염두에 두고 있다는 생각을 전합니다. 그리고 이듬해 2월 하노이에서 제2차 북미 정상회담이 개최됩니다.

장면 셋: 2002년 신의주

2002년 4월 북한의 김정일 위원장은 입법, 행정, 사법권 독립을 보장하는 특별행정구를 신의주에 설치한다고 발표합니다. 군사 외교를 제외한 모든 권한을 부여하겠다는 것이니 사실상 홍콩식 일국양제

모델을 염두에 둔 것이죠. 그리고 초대 행정장관으로 네덜란드 국적의 39세 화교 사업가 양빈(楊斌)이란 인물을 임명합니다. 양빈은 홍콩에 유라시아그룹(歐亞集團)을 설립해 한때 중국 재산 총액 순위 2위에 올랐던 인물입니다. 당시 그는 선양(瀋陽)에 '네덜란드마을'(荷蘭村) 사업을 추진하고 있었는데, 화훼 사업을 표방하고 있었지만 본질은 부동산 사업에 있었습니다. 그런데 일주일 뒤 중국이 탈세와 부패 혐의로 이 인물을 체포해 버립니다. 당시 추진하던 둥베이 경제 재건 사업과 충돌한다는 것이 그 명목이었는데, 본질은 북한과 중국의 이익 충돌에 있었습니다. 북한은 중국의 영향력이 과도해지는 것을 이런 식으로 경계했고, 중국은 북한의 중국 불간섭론에 대한 불만을 이런 식으로 표출했던 거죠.

당시 김정일 체제는 북중 협력과 남북 협력을 경쟁 관계로 끌고 가려 했던 것 같습니다. 당시 남북 간에 조성된 화해 무드가 이를 가능케 만들기도 했으니까요. 2000년 김대중 대통령과 합의한 '6·15선언'은 이런 맥락의 산물입니다. 그런데 중국이 양빈을 구속해 버림으로써 전체 그림이 좌절되고 만 거죠. 이로 인해 김정일의 중국 불신은 극도에 달하게 되는데, 이는 김정은 체제까지 그대로 이어집니다. 그러나 '천안함 사건' 이후 남북 관계가 다시 경색됨에 따라, 중국식 경제특구 모델이 다시 대안으로 부상하게 됩니다. 2010년 나선을 특별시로 승격하고 2011년 황금평·위화도지구를 경제특구로 지정함으로써 중국과의 공동개발을 꾀한 것인데, 당시 강화된 대북 제재로 인해 이 사업이 답보 상태에 빠지고 맙니다. 중국은 중국대로 나선지구에 위안화 플랫폼을 구축하는 일 외에 그리 적극적이지도 않았고요. 이리하여 2012년 4월 출범한 김정은 체제는 이 사업을 주도한 당내 친중 라인에게 책임을 묻게 되는데, 이듬해 집행된 장성택 처형이 바로 그것입니다. 그러고는 대중 라인이 전면 교체됩니다. 그러나 계속되는 제재는 다시금 중국식 경제특구 모델로 눈길을 돌리게 만들었고, 그 결과 2013년 이후 새로 지정한 경제특구가 20여 곳에 달하게 됩니다. 그렇다면 획기적인 외인(外因)이 생기지 않는 한, 경제특구 중심의 중국식 모델과 중앙정부 주도의 베트남식 모델 사이에서 절충점을 찾을 수밖에 없겠죠.[6]

이런 상황에서 2018년 6월 제1차 북미회담 이후 양빈이 활동을 재개했다는 뉴스가 흘러나옵니다. 신의주특구사업 재개와 관련해 중국과 미국, 북한의 동의를 이미 얻었다는 소식과 함께 말입니다. 여기에 회담 직후 김 위원장이 신의주 공장지대를 방문해 현대화를 강조하는 장면이 오버랩되면서 다시 한 번 국제경제지대로의 기대감이 일기도 했습니다.[7]

한반도 문제의 콘텍스트

이상의 세 장면을 포개 보면 몇 개의 공약항이 나옵니다. 이 항들은 그간 북한이 보인 움직임을 설명하는 데 참조가 됩니다. 그리고 이 위에 최근의 한반도 상황을 올려놓아 보면 한반도 문제를 구성하는 기본 문법 같은 것이 어렴풋이 윤곽을 드러냅니다. 이를 정리해 보면 다음과 같습니다.

첫째, 상수는 자본주의 세계체제 중심국의 이해관계라는 것. 신냉전의 질서에서 이는 미국과 중국의 이해관계로 압축된다는 것. 둘째,

한반도 문제는 어디까지나 이것의 종속변수일 따름이라는 것. 셋째, 적어도 김정일 체제부터 북한의 움직임은 일관되어 있었다는 것. 다시 말해, 전술핵을 레버리지로 삼아 강대국의 역학관계를 이용해 북한식 개방을 추진하겠다는 것. 진실은 이를 읽어 내지 못했다기보다는 누구도 이를 읽고 싶지 않았다는 것. 넷째, 김정일 체제가 북중 협력과 남북 협력을 경쟁 관계로 만들어 이익을 극대화하고자 했다면, 김정은 체제는 북중 협력과 북미 협력을 경쟁 관계로 만들어 개방으로 인한 이익을 극대화하려 한다는 것. 다섯째, 또 다른 차이가 있다면, 이전에 북한의 전략에 거부감을 보이던 중국이 조건의 변화로 인해 이번엔 적극 달려들고 있고, 심지어 다자회담을 재가동해서 하루 빨리 돌파구를 찾으라고 우리를 채근하기까지 한다는 것.[8] 그리고 불위(不爲)를 최선의 전략으로 삼던 오바마 체제와 달리 트럼프 체제는 정권 재창출이라는 범위 내에서 이를 적절히 이용하고 있다는 것. 여섯째, '닉슨쇼크' 정도의 근본적 위기가 세계체제 내부에 도래하거나 분단체제로부터 얻는 이익보다 더 큰 이익을 보장하는 밥상이 차려지지 않는 한, 한반도 문제에 대한 이해 당사국들의 전향적 태도는 기대하기 어렵다는 것.

대략 이 정도가 중국을 공부하면서 한반도 문제와 관련해 얻게 되는 인식의 타래입니다. 어찌 보면 지극히 범용한 이야기들이죠. 그런데 왜 이토록 어려운지 모르겠습니다. 불과 1년여 전만 해도 이를 밑그림 삼아 이런 길도 닦아 보고 저런 다리도 놓아 보며 신나게 꿈을 꾸곤 했는데, 지금은 하나씩 끊어지고 식어져 가는 그런 느낌입니다. 참 슬프죠. 이것이 우리가 발 디딘 한반도의 냉정한 현실입니다. 미국의 대통령이 누가 되든 아마 상수 조건의 근본적인 변화는 기대하기 어려울 겁니다. 그렇다면 이를 인정하는 일에서부터 다시 시작할 수밖에 없겠죠. 사람의 삶에 존재(being)의 계기와 생성(becoming)의 계기가 얽혀 있듯이, 현실 역사에도 일반 문법만 있는 게 아니라 변형 생성 문법이란 게 있게 마련이니까요. 그러니 먼저 '한반도 운전자'를 자임하며 노심초사해 온 그간의 노력에 대해 정당한 평가가 있어야 할 겁니다. 저 '불한당들의 세계사'(보르헤스)를 구동하고 있는 맥(脈)과 혈(穴)을 정확하게 짚고 있는 듯 보이니 말입니다.

문재인 정부 들어 착수된 신북방정책과 신남방정책은 어느덧 2.0의 단계로 진입해 있습니다. 그러나 한반도 삶을 둘러싼 상수항 간의 질서가 한층 악화되면서 선언 이상의 실질적인 효력을 만들어 내지 못하고 있는 것이 현실입니다. 그럼에도 불구하고 북으로 북극 항로에서 남으로 인도양에 이르기까지의 이 길은 당대의 세계사를 구성하는 중요한 시공들을 관통하고 있습니다. 냉전 체제의 솔기—애치슨라인으로 대변되는 두 이데올로기의 접경지대—와 신냉전 체제의 솔기—베이징 컨센서스와 워싱턴 컨센서스, 일대일로와 인도-태평양 전략의 접경지대—위에 정확히 겹쳐 있으니 말입니다. 그리고 이 길은 내륙 문명과 해양 문명을 횡단하고 있습니다. 아시아 대륙과 태평양·인도양 접경지대를 가로지르며 말입니다. 이 길의 한가운데 놓인 것이 이른바 '동북아 슈퍼그리드'란 것인데, 에너지 공용 활용에 기반한 전력 공유 네트워크입니다. 그리드(grid)란 벨과 에디슨의 시대 증폭기인 진공관에서 양극과 음극 사이에 위치해 전자의 흐름을 제어하는 일종의 밸브입니다. 그렇다면 이 의미를 우리 시대의 맥락으로 재 증폭해 보는 것도 가능하겠죠. 자본과 기술, 사람과 문화, 지식과 정보의 흐름을 조절함으로써 그 가치를 확산해 내는 거대한 장치 같은 것으로 말입니다. 이 경우 지정학적으로 거대한 가치의 밥상 하나가 응당 있어야 할

동북아 슈퍼그리드

TSR
(시베리아횡단철도)

TMGR
(몽골횡단철도)

TCR
(중국대륙철도)

북극항로

한반도 신경제지도

신남방정책

한반도 신경제지도(출처: 북방경제협력위원회)

자리에 제대로 착상이 되는 셈입니다.

　그런데 그리드 내부의 속사정이 여간 복잡하지 않습니다. 일단 이 원환은 '서태평양 달러 호수'라 불리는 지대입니다. 세계 달러의 절반 이상이 여기에 보관되어 있습니다. 현존 단극 체제를 지탱시켜 주는 사실상 대들보 같은 곳이죠. 그러니 미국이 이를 포기할 리 만무합니다. 뿐만 아니라 이 지대는 냉전/신냉전 질서의 최전방입니다. 군산(軍産) 복합자본의 입장에서는 '젖과 꿀이 흐르는 땅'입니다. 그러니 미군더러 나가 달라 하면 세입금을 내면서라도 빨대를 꽂고 있어야 할 형편입니다.

　또 중국은 중국대로 고착 상태에 빠진 '일대일로'를 위해서라도 이 지대가 절실합니다. 한반도 북단의 나선이나 국경 너머 하산에 고리 하나를 건다면 내륙과 해양을 잇는 순환계가 얼추 완성이 되겠죠. 태평양 축을 먼저 확보한다면 수에즈·호르무즈·레반트 축을 견인해 내는 데 아무래도 수월할 겁니다. 현재로서는 완성 시섬을 2049년으로 잡고 있지만 빠르면 빠를수록 더 좋겠죠. 뿐만 아니라 내부적으로는 새로운 동력이 절실합니다. 지방정부와 기업, 은행이 안고 있는 고부채 폭탄이 언제 터질지 모르는 상황에서, 사회 안정을 위해 성장률 6% 선은 어떻게든 사수해야 하는 입장에서 이를 견인할 실물경제 차원의 동력 말입니다. 그런데 중부와 서부 내륙까지 다 파헤친 마당에 남은 엔진이라고는 원환 속 둥베이 지역밖에 없습니다. 그러니 '한반도 리스크'는 그들 입장에서 동시에 기회인 셈입니다.

한편 러시아는 러시아대로 절박합니다. 미국과 EU의 경제봉쇄로 경제 사정이 말이 아닙니다. 그래서 천연가스 사업에 사활을 걸 수밖에 없는데, 유럽 쪽 영업망이 미국의 방해로 첩첩산중입니다. 그나마 독일이 미국을 견제하느라 숨통을 트여 주고는 있지만 맹우(盟友)가 될 수 없음은 그들 자신이 잘 압니다. 스탈린그라드의 기억까지 소환하지 않더라도 말입니다. 더욱이 미국의 셰일가스 영업망이 확장일로에 있는 마당에 천연가스 시장의 맹주 자리도 위태위태합니다. 그러니 시베리아와 극동에 목을 맬 수밖에 없는데, 때마침 유라시아철도나 북극항로 개척 같은 이야기들이 터져 나오고 있으니 오매불망 그저 속만 태우고 있을 뿐입니다.

그러면 일본은 어떨까요? 일단 미국의 대접이 예전 같지 않습니다. 맨해튼 플라자호텔에 불려 나가 먹살을 잡히던 시절보다 사정이 훨씬 열악합니다. 그래서 '인도‒태평양 전략'을 들고나오며 중국 때문에 엉망이 된 왕년의 위상을 회복하고 싶어 합니다. 그런데 문제는 중국만이 아닙니다. 하부체제에 속해 있던 옆 나라의 약진도 이만저만 신경이 쓰이는 게 아닙니다. 자칫하면 동북아 맹주 자리가 흔들릴 수도 있다는 불안감이 열도를 감돕니다. 그래서 무역규제로 견제타를 날렸지만 WTO에 제소한다느니 군사정보를 안 준다느니 하면서 도무지 숙이고 들어오려 하질 않습니다. 그러니 어떻게 해야 할까요?

대략 이 정도가 위 원환의 구성 조건이자 저마다의 속사정입니다. 우여곡절 끝에 제대로 밥상이 차려진다면 그 관건은 아무래도 숟가락의 크기가 되겠죠. '한반도 협력 시대'를 열기 위해 우리가 풀어야 할 고차함수의 내용이 바로 이것입니다. 참 어렵죠. 이를 위해서는 다양한 정치적 상상력이 필요할 겁니다. 밥상의 파이는 파이대로 키워 가면서 말입니다. 이런 차원에서 우리 정부가 기울여 온 노력 가운데 적어도 지역 단위의 아젠다에 대해서는 세심한 주목이 필요합니다. 이미 하나씩 현실이 되어 가고 있으니 말입니다.

가능성을 찾아서

수시하는 대로 신남방정책은 중국의 '일로'와 미·일의 '인도-태평양 전략' 틈새를 파고들어 가는 전략입니다. 그래서 중국이든 미국이든 그간 이 정책을 아전인수 격으로 해석해 온 것이 사실입니다. 당장은 구체화된 것이 없으니 문제가 되지 않았지만, 구체적인 단계로 들어서면 이야기가 달라질 겁니다. 두 전략과의 충돌이 불가피하니 말입니다. 중국도 이를 모르지 않습니다. 설마 그러기야 정도로 미봉하고 있을 뿐이니까요. 얼마 전 홍콩의 한 시민운동가가 SNS를 통해 문 대통령에게 공개적으로 지원을 요청하고 나섰는데, 한반도 문제로 살얼음판을 걷고 있는 우리의 입장에서 보면 참 철없는 짓이죠. 더욱이 미국이 이 사태에 발을 들임으로써 신냉전의 대리 전장이 되어 버린 마당에 말입니다. 뿐만 아니라 미국의 봉쇄에 맞서 '광둥·홍콩·마카오 광역만 지구'와 '하이난 자유무역항 건설' 사업을 선포한 것이 불과 엊그제 일입니다. 이 두 사업의 교착 지대가 바로 홍콩이니 말입니다.

이런 측면에서 주목해 보아야 할 것은 2019년 11월 방콕에서 열린 아세안+3 정상회의와 동아시아 정상회의입니다. 이 회의에서 '역내포괄적경제동반자협정'(RCEP)이 통과되었는데,[9] 중국에서는 환호성이 터져 나왔고 미국은 곧바로 중국을 비난하고 나섰습니다.[10] 왜 그랬을까요? RCEP란 원안대로라면 아세안 10개국+한국·중국·일본+인도·오스트레일리아·뉴질랜드 총16개국이 참여하는 울트라 다자간 FTA입니다. 여기에는 세계 인구의 절반과 세계 총생산의 3분의 1이 포괄되어 있습니다. 미국의 '환태평양경제동반자협정'(TPP)에 맞서 중국이 주도한 이 협정은 중국의 입장에서 의미가 남다릅니다. TPP가 이미 폐기된 마당이니 이번 협정의 타결로 중국은 든든한 지원군을 얻은 셈이죠. 그런데 여기에 우리가 끼어들어 만만치 않은 주자로 주목을 받기에 이른 것입니다.

아세안은 그간 '아세안 연계성 마스터플랜 2010'(Master Plan on AS-EAN Connectivity 2010)이란 것을 가동해 왔습니다. 2016년부터는 이를 'MPAC 2025'로 업그레이드해 선진국과의 격차를 줄이는 것을 목표로 역내 간 연계성을 한층 강화하고 있습니다.[11] 그렇다면 당연히 강대국들은 저마다의 아세안 전략을 여기에 연계시키려 하겠죠. 아니나 다를까 이번 정상회의에서도 각축전이 치열했습니다. 인도가 제외되었던 것도 중국 견제의 차원이었는데, 중국은 애써 자위하고 있지만 내상이 만만치 않은 듯합니다.[12] 더욱이 의장 명의로 발표된 남중국해에서 중국의 활동을 우려한다는 성명서는 국내에 보도도 하지 않을 만큼 뼈아팠던 모양입니다. 그런 한편 아세안은 장관급을 참석시킨 미국에 대해서도 못마땅함을 감추지 않았습니다. 그러자 부랴부랴 트럼프가 나서서 이들을 달래는 촌극이 벌어지기도 했습니다.

이런 상황에서 2019년 11월 제1차 한-아세안 특별정상회의와 제1차 한-메콩정상회담이 열립니다. 중국과 일본이 석권하고 있던 지역의 정상들을 모두 부산으로 초대한 것인데, 타이밍이 참 절묘했습니다. 여기서는 농촌종합개발, 4차 산업, 스마트시티 등 다양한 사업이 테이블에 올랐지만 정작 주인공이 된 것은 두 개의 단어, 즉 '사람'과 '존중'이었습니다. 여기에는 그럴 만한 배경이 있었습니다. 2019년 6월 방콕에서 열린 아세안정상회의는 '인도·태평양에 대한 아세안의 관점'(AOIP)을 채택합니다. "아세안 중심성과 포용성, 상호 보완성, 국제법에 뿌리를 둔 규칙 기반의 질서, 역내 경제 교류 증진"이 그 요지인데, 레토릭을 걷어내면 이런 목소리가 남습니다. "왜 우리를 존중하지 않는가?"

'아세안 중심성'이란 미국이든 누구든 아무 편도 들지 않겠다는 이야기입니다. '포용성'이란 중국이든 누구든 아무도 배제하지 않겠다는 거겠죠. '국제법에 뿌리를 둔 규칙 기반의 질서'란 우리 앞바다에서 중국이 보이는 팽창 시도를 용납하지 않겠다는 의미일 겁니다.[13] 그간 자신들의 터전에서 강대국들이 보인 행태에 대한 불만이 이런 목소리로 표출된 거죠. 그런데 2019년 부산에서 문 대통령이 이를 적극 지지하고 나선 겁니다. 그 반응은 어땠을까요? 아세안의 입장에서 이 한마디는 외교적 레토릭을 훨씬 능가합니다. 그 무게는 감사의 메시지를 의장성명서에 담은 것이나 우리 정부의 외교철학 '사람'(People), '평화'(Peace), '번영'(Prosperity)을 언론 발표문에 적시한 것에서 잘 드러납니다.[14] 역지사지, 여태 이렇게 속마음을 헤아려 준 나라가 없었으니 말입니다. 그러니까 마음의 외교가 먹혀든 거죠. 이로써 우리는 신냉전의 틈바구니에서 유의미한 입지 하나를 확보한 셈이 되었습니다.

'한반도 협력 시대'를 위한 공부의 지도 그리기

대략 이 정도가 한반도 문제와 관련하여 중국 연구자의 입장에서 드릴 수 있는 이야기입니다. 해야 할 공부도 많고 일구어 내야 할 몫도 많겠죠. 강좌를 마무리하면서 어떤 지평 하나가 눈앞에 펼쳐지는 듯합니다. 아시아 지도가 놓여 있고 그 위엔 종으로 횡으로 선들이 그어져 있습니다. 이 현실의 바둑판에는 몇 개의 화점(花點)들이 놓여 있습니다. 이 점들은 반도의 삶이 짊어지고 가야 할 몫들을 우리에게 제시해 주고 있는 듯합니다. 동시에 이는 우리가 묻고 두드리고 성찰하며 품어 가야 할 것들의 목록이기도 합니다.

　화점에 담긴 의미망은 다음 그림과 같습니다. 흰 점은 존재론적 조건의 축이고, 검은 점은 가치론적 조건의 축입니다. 이 축들이 위 지평 위를 옮겨 다니며 시시각각 운행(process)의 궤적을 그려 내고 있습니다. 어쩌면 지평 자체가 저 바탕으로부터 굼실굼실 운동을 하고 있는 것인지도 모르겠습니다. 그러니 이 대국(對局)은 시중(時中)의 놀이

場(Field)
· 정착 문명과 유목 문명의 교착 지대
· 해양 문명과 내륙 문명의 접경 지대
· 서구 근대 문명과 동아시아 문명의 각축 지대

勢(Position/Circumstance)
· 얄타에서 판문점//까지 냉전/신냉전의 역학
· 브레튼우즈에서 월스트리트까지의 자본 운동
· 워싱턴 컨센서스와 베이징 컨센서스

路(Road)
· 중국의 일대일로
· 미·일의 인도-태평양 전략
· 러시아의 신동방정책
· 횡단으로서의 한반도 협력과 신북방/신남방
  정책

流(Flow)
· 상층: 실물과 자원+자본과 가치+지식과 정보
  →물류(物流)
· 중간층: 지정학+지경학+지문화적 협력의 네
  트워크→인류(人流)
· 하층: 문명적·문화적 교류의 인프라→문류(文
  流)

信(Trust)
· 사람 간의 손품
· 역내 국가 간의 신뢰
· 한민족 공동체 내 마음의 네트워크

轉(New Paradigm)
· 자연 회귀의 코스몰로지
· 치유와 대안의 문명적 비전
· 코로나 이후 새로운 삶의 양식

같은 것인지도 모르겠습니다. 기우뚱한 시간의 중심을 놓고 벌이는 맞장/빗장/엇장의 심각한 놀이 말입니다. 그렇다면 여기서 우리는 어떤 포국(布局)을 일구어 가야 할까요?

미주

1강

1 「'신종코로나 초토화' 中 우한, '바이오굴기' 전진기지였다」, 『한국경제TV』, 2020.2. 11.

2 「제1회 中 우한 '세계 헬스 엑스포' 참관기」, 『코트라 해외시장뉴스』, 2019.5.17.

3 박람회 내용은 공식사이트(https://hb.qq.com/zt/2018/zt0801/jkh2019.htm) 참조.

4 「"코로나 진실 밝혀라" 미국·영국·프랑스 일제히 중국 압박」, 『뉴스1』, 2020.4.17. 「독일 빌트 "시진핑, 코로나로 멸망할 것" 공개편지…중국 발끈」, 『연합뉴스』, 2020.4. 19.

5 코로나 이후의 질서 변화에 관해서는 다음 글들을 참조 바람. Yuval Noah Harari, 「the world after coronavirus」, Financial Times, MARCH 20 2020; Steven Weber AND Nils Gilman, 「The Long Shadow Of The Future」, NOEMA, JUNE 10 2020; Martin Wolf, 「How Covid-19 will change the world」, Financial Times, JUNE 17 2020; James Traub, 「The Future Is Asian—but Not Chinese, Foreign Policy」, APRIL 27 2020.

6 다니엘 튜터, 「'서양 우월주의'가 무너지고 있다」, 『동아일보』, 2020.4.11.

7 「프랑스 변호사 "한국은 감시국가"…'대응 방식' 비판」, 『JTBC뉴스』, 2020.4.13.

2강

1 필립 암스트롱 외, 김수행 역, 『1945년 이후의 자본주의』, 55~56쪽, 동아출판사, 1993.

2 원톄쥔, 김진공 역, 『백년의 급진』, 38쪽, 돌베개, 2013.

3 毛澤東, 「論人民民主專政」(1949.6.30.), 『毛澤東選集』一卷, 人民出版社, 1967.

4　모리스 마이스너, 김수영 옮김, 『마오의 중국과 그 이후 1』, 141쪽, 이산, 2007.

5　원톄쥔, 『백년의 급진』, 42쪽.

6　원톄쥔, 김진공 역, 『여덟 번의 위기』, 92쪽, 돌베개, 2016.

7　모리스 마이스너, 앞의 책, 162~173쪽.

8　원톄쥔, 『여덟 번의 위기』, 103쪽.

9　원톄쥔, 위의 책, 101쪽.

10　모리스 마이스너, 앞의 책, 134쪽.

11　「국민경제 발전에 관한 제1차 5개년 계획 보고서」(關于發展國民經濟的第一个五年計劃的報告), 1955년 7월 5~6일에 열린 제1차 전국인민대표대회 제2차 회의석상에서 리부춘(李富春)이 보고.

12　모리스 마이스너, 앞의 책, 173~181쪽.

13　모리스 마이스너, 앞의 책, 205~206쪽.

14　모리스 마이스너, 앞의 책, 253쪽.

15　원톄쥔, 『백년의 급진』, 44쪽.

16　원톄쥔, 『여덟 번의 위기』, 112쪽.

17　원톄쥔, 위의 책, 150쪽.

18　원톄쥔, 『백년의 급진』, 79쪽.

19　원톄쥔, 『여덟 번의 위기』, 122~135쪽.

20　원톄쥔, 위의 책, 138~139쪽.

3강

1　필립 암스트롱 외, 『1945년 이후의 자본주의』, 27~56쪽.

2　필립 암스트롱 외, 위의 책, 57~61쪽.

3　필립 암스트롱 외, 위의 책, 120~125쪽.

4　필립 암스트롱 외, 위의 책, 183~184쪽.

5　필립 암스트롱 외, 위의 책, 244~253쪽.

6　원톄쥔, 『여덟 번의 위기』, 140~141쪽.

7　원톄쥔, 『백년의 급진』, 84~86쪽.

8　원톄쥔, 위의 책, 8/쪽.

9　필립 암스트롱 외, 앞의 책, 286~288쪽.

10　필립 암스트롱 외, 앞의 책, 414쪽.

11 필립 암스트롱 외, 앞의 책, 416~419쪽.

12 필립 암스트롱 외, 앞의 책, 419~420쪽.

13 원톄쥔, 『백년의 급진』, 136~145쪽.

14 원톄쥔, 위의 책, 110~111쪽.

15 「21년 전으로 퇴보한 중국 통화정책…1994년 1월 상황과 유사」, 『이투데이』, 2015.8. 13.

16 이 조치는 멕시코 금융시장을 강타했을 뿐 아니라 동남아 금융시장을 뒤흔들어 1997년 의 동아시아 금융위기를 일으키는 요인이 된 것으로도 알려져 있다.

17 박철현, 「'사회 거버넌스'의 조건: '단위'를 대체하는 '사구'」, 『Sungkyun China Brief』 3권 4호, 성균관대학교 성균중국연구소, 2015.10.

18 원톄쥔, 『백년의 급진』, 90~92쪽.

19 원톄쥔, 위의 책, 93쪽.

20 원톄쥔, 「자본주의 금융화 단계의 객관적 변화와 그것이 동아시아에 미치는 영향」 (2016년 12월 29일, 베이징 량수밍향촌건설센터 순이順義 기지에서 서울대 학생들을 상대로 한 강연록)

21 원톄쥔, 위의 글.

22 원톄쥔, 『여덟 번의 위기』, 301~302쪽.

23 원톄쥔, 「자본주의 금융화 단계의 객관적 변화와 그것이 동아시아에 미치는 영향」

4강

1 조슈아 쿠퍼 레이모 외, 김진공·류준필 역, 『베이징 컨센서스』, 65쪽, 소명출판, 2016.

2 황핑, 「'베이징 컨센서스'인가 '중국의 경험'인가?」, 위의 책, 51쪽.

3 조사의 전모에 대해서는 김광억, 『혁명과 개혁 속의 중국 농민』(집문당, 2000) 참조.

4 김광억, 위의 책, 136~142쪽.

5 김광억, 위의 책, 206~207쪽.

6 김광억, 위의 책, 194~196쪽.

7 '우칸촌 사건'의 개요에 대해서는 https://zh.wikipedia.org/wiki/烏坎事件 항목을 정리.

8 이일영, 『중국농업, 동아시아로의 압축』, 22~23쪽, 폴리테이아, 2007.

9 박종근, 「중국 농촌토지도급분쟁의 현황과 그 해결방안」, 『과학기술연구』 제10집 제 1·2합병호, 한남대학교 과학기술연구원, 2004.

10 박종근, 위의 글.

11 王進, 『山西煤老板』 제4장, 北京:作家出版社, 2009.

12 허쉐핑, 김도경 옮김, 『탈향과 귀향 사이에서』, 121쪽, 돌베개, 2017.

13 허쉐핑, 위의 책, 119~120쪽.

14 孫立平, 「烏坎所展示的長治久安之路」, 人民網時政頻道, 2012.1.19.

15 于建嶸, 「圈地是城市對農村掠奪」, 『新京報』, 2010.11.5.

16 E. P. 톰슨, 나종일 외 옮김, 『영국 노동계급의 형성』(상), 303쪽, 창작과비평사, 2000.

17 원톄쥔, 『여덟 번의 위기』, 174~184쪽.

18 원톄쥔, 위의 책, 254~255쪽.

19 원톄쥔, 위의 책, 255~260쪽.

20 박종근, 「중국 농촌 집단토지수용 제도에 관한 연구」, 『과학기술연구』 제11집 제1호, 한남대학교 과학기술연구원, 2005.

21 원톄쥔, 『여덟 번의 위기』, 259쪽.

22 천구이디·우춘타오, 박영철 옮김, 『중국 농민 르뽀』, 143~193쪽, 길, 2014.

23 허쉐핑, 앞의 책, 126~129쪽.

24 허쉐핑, 앞의 책, 137쪽.

25 허쉐핑, 앞의 책, 167~169쪽.

26 허쉐핑, 앞의 책, 170~172쪽.

27 허쉐핑, 앞의 책, 129~131쪽.

5강

1 허쉐핑, 김도경 옮김, 『탈향과 귀향 사이에서』, 113~114쪽.

2 이상 원링 알박기 가구 사건의 전말은 허쉐핑, 위의 책, 99~105쪽 정리.

3 賀雪峰, 「農村社會結構已發生重要變化」, 『北京日報』, 2015.10.27.

4 허쉐핑, 앞의 책, 134쪽.

5 허쉐핑, 앞의 책, 174~175쪽.

6 이상 충칭에서의 실험에 관한 내용은 추이즈위안, 김진공 옮김, 『프티부르주아 사회주의 선언』, 돌베개, 2014, 129~133쪽 참조.

7 이상 충칭 실험에 내포된 문제점에 관해서는 허쉐핑, 앞의 책, 207~220쪽 참조.

8 이상 토지 제도를 둘러싼 저우치런과 허쉐핑의 입장 차이에 대해서는 김도경, 「중국 토지제도를 보는 두 개의 시각」(『현대중국연구』 제16집 1호, 성균관대학교 현대중국

연구소, 2014.)의 내용을 요약.

9   김도경, 위의 글.

6강

1   이 시들에 대한 분석은 김정수, 「이미 도착한 미래: 정보통신기술의 발전과 노동의 의미」(『중국현대문학』87, 한국중국현대문학학회, 2018.11.) 참조.

2   潘毅 外 編著, 『我在富士康』, 111~132쪽, 北京: 知識産權出版社, 2012.

3   陳慧玲·潘毅, 「自殺或是他殺?─跨國資本在中國的擴張及其對工人的影響」

4   潘毅 外 編著, 앞의 책, 4쪽.

5   박종훈·성연달·이홍기, 「윤리경영의 범위─애플과 폭스콘」, 『Korea Business Review』 17(4), 한국경영학회, 2013.11.

6   박종훈·성연달·이홍기, 위의 글.

7   필립 암스트롱 외, 김수행 역, 『1945년 이후의 자본주의』, 57~61쪽.

8   필립 암스트롱 외, 위의 책, 69~70쪽.

9   필립 암스트롱 외, 위의 책, 286~288쪽.

10   원톄쥔, 『여덟 번의 위기』, 333~334쪽.

11   타이완의 산업화에 관해서는 박자영, 「거리의 풍경과 청년들─허우샤오셴 영화와 산업사회 타이완 청년」(『사이間SAI』9, 국제한국문학문화학회, 2010.11.) 참조.

12   필립 암스트롱 외, 앞의 책, 416쪽.

13   원톄쥔, 『여덟 번의 위기』, 334쪽.

14   선진국들의 파워와 '생산함수'의 관계에 대해서는 로버트 C. 앨런, 이강국 옮김, 『세계경제사』 제4장(교유서가, 2019) 참조.

15   Kenneth L. Kraemer, Greg Linden, and Jason Dedrick, 「Capturing Value in Global Networks: Apple's iPad and iPhone」, University of California, Irvine, University of California, Berkeley and Syracuse University, July 2011.

16   Kenneth L. Kraemer, Greg Linden, and Jason Dedrick, 위의 글.

17   「中신화통신 제기 '미소곡선 이론: "中무역흑자는 과장…이윤 대부분 외국 몫"」, 『동아일보』, 2011.1.4.

18   원톄쥔, 『여덟 번의 위기』, 336쪽.

19   애덤 투즈, 우진하 역, 『붕괴』, 63쪽, 아카넷, 2019.

20   원톄쥔, 『여덟 번의 위기』, 336~337쪽.

21 원톄쥔, 위의 책, 326쪽.

22 溫鐵軍,「金融全球化成本轉嫁與中國生態文明戰略」(강연), 2015.5.30.

23 「리비아 내전 미·러 대결장 되나…러 전투기 파견에 미군도 대응」,『연합뉴스』, 2020. 5.30.

24 溫鐵軍,「金融全球化成本轉嫁與中國生態文明戰略」(강연), 2015.5.30.

25 데이비드 하비, 최병두 역,『데이비드 하비의 세계를 보는 눈』, 417~419쪽, 창비, 2017.

26 데이비드 하비, 위의 책, 19쪽.

27 潘毅,「富士康: 全球産業鍊低端企業的生態環境」,『經濟導刊』2014年 5期.

28 「무너진 '세계의 공장'…떠난 기업들 "中 유턴 없다"」,『머니투데이』, 2020.1.9.

29 데이비드 하비, 앞의 책, 19쪽.

7강

1 왕후이,「나도 이름이 있다」, 려도, 정규식 외 옮김,『중국 신노동자의 형성』, 12쪽, 나름북스, 2017.

2 려도, 위의 책, 56~62쪽.

3 려도, 위의 책, 66~68쪽.

4 E. P. 톰슨, 나종일 외 옮김,『영국 노동계급의 형성』(상), 6~8쪽, 창비, 2007.

5 허쉐펑,『탈향과 귀향 사이에서』, 13~16쪽.

6 허쉐펑, 위의 책, 27~28쪽.

7 려도, 앞의 책, 69쪽.

8 이보고,「도시들 사이를 표류하는 중국 청년들」, 중국학연구소 근사재 정기포럼 발표문, 2020.6.

9 원톄쥔,『백년의 급진』, 55~56쪽.

10 허쉐펑, 앞의 책, 62~67쪽.

11 「中國流動人口發展報告018」

12 『國家新型城鎭化規劃(2014~2020)』

13 허쉐펑, 앞의 책, 229~234쪽.

14 이보고, 앞의 글.

15 허쉐펑, 앞의 책, 72~74쪽.

16 허쉐펑, 앞의 책, 266~267쪽.

17 「베이징시 빈민촌서 '하층민 내몰기' 올해도 계속된다」, 『노컷뉴스』, 2018.1.25.

18 이보고, 앞의 글.

19 王雲超, 『日落天通苑』, 長沙: 湖南文藝出版社, 2016.

8강

1 溫鐵軍, 「金融全球化成本轉嫁與中國生態文明戰略」(강연), 2015.11.

2 溫鐵軍 等, 「一個趨勢, 兩種保守, 三大戰略」, 『八次危機』, 226쪽, 北京: 東方出版社, 2014.(이 글은 저자의 요청으로 한국어판 『여덟 번의 위기』에서는 빠졌다.)

3 溫鐵軍 等, 위의 글, 위의 책, 226~227쪽.

4 溫鐵軍 等, 위의 글, 위의 책, 227쪽.

5 溫鐵軍 等, 위의 글, 위의 책, 227~228쪽.

6 溫鐵軍 等, 위의 글, 위의 책, 232~233쪽.

7 애덤 투즈, 『붕괴』, 67쪽.

8 溫鐵軍 等, 앞의 글, 앞의 책, 233~234쪽.

9 溫鐵軍 等, 앞의 글, 앞의 책, 236쪽.

10 溫鐵軍 等, 「中國構築戰略回旋空間要靠兩條腿"走出去"」, 앞의 책, 247쪽.

11 溫鐵軍 等, 앞의 글, 앞의 책, 247쪽.

12 溫鐵軍 等, 앞의 글, 앞의 책, 248~249쪽.

13 溫鐵軍 等, 앞의 글, 앞의 책, 249쪽.

14 루쉰, 루쉰전집번역위원회 옮김, 『루쉰전집』 제2권, 105쪽, 그린비, 2010.

15 원톄쥔, 백지운 번역, 「중국의 '일대일로'는 평화 발전 이념인가」, 『창작과비평』 169호, 2015년 가을호, 창비.

16 원톄쥔, 위의 글.

17 「오바마 "TPP로 중국 아닌 미국이 세계 통상 주도해야"」, 『중앙일보』, 2016.5.3.

18 「TPP에 대한 중국의 입장은?」, 『KOTRA 해외시장뉴스』, 2013.12.2.

19 「'SDR 정식 편입' 위안화, 세계 3대 통화로」, 『한국경제매거진』 제1089호, 2016.10.

20 溫鐵軍, 「金融全球化成本轉嫁與中國生態文明戰略」(강연), 2015.11.

21 원톄쥔, 「중국의 '일대일로'는 평화 발전 이념인가」

22 「세계최대무역협정 TPP 끝내 폐기…"오바마, TPP비준 추진 포기"」, 『연합뉴스』, 2016.11.12.

9강

1 원톄컨, 「중국의 '일대일로'는 평화발전 이념인가」

2 카를 슈미트, 김남시 옮김, 『땅과 바다』, 17쪽, 꾸리에, 2016.

3 카를 슈미트, 최재훈 옮김, 『대지의 노모스』, 15쪽, 민음사, 1995.

4 브레진스키, 김명섭 옮김, 『거대한 체스판』, 삼인, 2000.

5 재닛 아부-루고드, 박홍식·이은정 옮김, 『유럽 패권 이전: 13세기 세계체제』, 386쪽, 까치글방, 1977.

6 재닛 아부-루고드, 위의 책, 58~62쪽.

7 재닛 아부-루고드, 위의 책, 391쪽.

8 재닛 아부-루고드, 위의 책, 383~396쪽.

9 재닛 아부-루고드, 위의 책, 390쪽.

10 이 개념의 제기 맥락에 관해서는 김진공, 「문명은 어디서 충돌하는가? ─ '문명충돌론'을 둘러싼 미·중의 담론 대립」(『중국현대문학』 92, 한국중국현대문학학회, 2020.1. 31.) 참조.

11 원톄컨, 「중국의 '일대일로'는 평화발전 이념인가」

12 재닛 아부-루고드, 앞의 책, 402쪽.

13 재닛 아부-루고드, 앞의 책, 404~405쪽.

14 원톄컨, 「중국의 '일대일로'는 평화발전 이념인가」

15 원톄컨, 위의 글.

16 원톄컨, 위의 글.

17 俞可平, 「重新思考平等, 公平和正義(之一) 」, 『學術月刊』 2017年 第4期, 北京大學中國政治學研究中心.

10강

1 '생태문명'론의 학적 윤곽에 대해서는 존 캅, 이주형 역, 「생태문명의 전환을 위한 종교와 과학의 대화」(『신학연구』 73, 한신대학교 한신신학연구소, 2018.12.) 참조.

2 「문명은 붕괴한다」…남은 과제는 무엇인가」, 『한겨레』, 2018.10.12.

3 존 B. 캅 주니어, 한윤정 편역, 『지구를 구하는 열 가지 생각』, 142~144쪽, 지구와사람, 2018.

4 김정수 해제·번역, 「시진핑 시대 '생태문명 건설' 발전 방향 초탐」, 『중국어문논역총

간』45, 중국어문논역학회, 2019.7.

5   김정수, 위의 글.

6   溫鐵軍·邱建生·張俊娜,「理性看待全球危機, 自覺轉向生態文明」,『福建農林大學學報』(哲學社會科學版) 2015年 第4期.

7   溫鐵軍,「金融全球化成本轉嫁與中國生態文明戰略」(강연), 2015.11.

8   溫鐵軍,「中國生態文明戰略轉型的重大背景」.

9   溫鐵軍·劉亞慧·張振,「生態文明戰略下的三農轉型」,『國家行政學院學報』, 2018.2.

10   「7인의 석학에게 미래를 묻다―⑥원톄쥔」,『경향신문』, 2020.6.11.

11   「싱하이밍 중국 대사 "中 COVID-19 극복 위해 5년 간 8262조원 투자"」,『전자신문』, 2020.6.10.

12   姚洋,「中国無需跟隨歐美"放水"刺激經濟」,『環球時報』, 2020.6.10.

13   溫鐵軍·邱建生·張俊娜, 앞의 글.

14   溫鐵軍·邱建生·張俊娜, 앞의 글.

15   溫鐵軍,「生態文名轉型與"去植民"話語建構」,『開放時代』2019年 第1期, 廣州社會科學院, 2019.2.

16   溫鐵軍, 위의 글.

17   원톄쥔,『백년의 급진』, 12~14쪽.

18   溫鐵軍,「金融全球化成本轉嫁與中國生態文明戰略」(강연), 2015.11.

19   이하 농업 유형에 관해서는 溫鐵軍,「鄕村振興是中國生態文明轉型的必然選擇」과 溫鐵軍·劉亞慧·張振,「生態文明戰略下的三農轉型」의 해당 내용 정리.

20   「7인의 석학에게 미래를 묻다―⑥원톄쥔 "내년 안에 식량위기…글로컬라이제이션이 새 트렌드 될 것"」,『경향신문』, 2020.6.11.

11강

1   習近平,「新常態將給中國帶來新的發展機遇」,『人民網－中國共産黨新聞網』, 2016.11.17.

2   니키 헤일리,「오늘날 중국의 현실」,『아시아 리더십 컨퍼런스 2019 자료집』, 조선일보, 2019.5. 이 행사의 참여 패널과 발표 내용에 대해서는 공식 사이트(http://alcchosun.com/) 참조. 아울러 위 강연의 내용은 https://www.youtube.com/watch?v=AeNJhIpd7Jw 참조.

3   니키 헤일리, 위의 강연.

4 니키 헤일리, 위의 강연.

5 「미·중 패권 경쟁 어떻게 봐야 하나」, 『ECONOMY Chosun』 303호, 2019.6.10.

6 이상 헌팅턴의 '문명충돌론'의 내용과 이것이 미국 내에서 대중국용으로 전유되는 양상에 대해서는 김진공, 「문명은 어디서 충돌하는가? ─ '문명충돌론'을 둘러싼 미·중의 담론 대립」(『중국현대문학』 92, 한국중국현대문학학회, 2020.1.31.) 참조.

7 「State Department preparing for clash of civilizations with China」, 『Washington Examiner』, 2019.4.30.

8 파리드 자카리아, 「트럼프 최측근의 어두운 세계관」, 『서울경제』, 2019.5.6.

9 『南風窓』 2019년 第16期, 廣州日報報業集團 南風窓雜誌社, 2019.7.27.

10 「美多數專家認爲中美"文明衝突論"實屬荒謬(2)」, 『參考消息網』, 2019.5.6.

11 김진공, 앞의 글.

12 김진공, 「누가 유랑하는 지구를 구할 것인가」, 『중국어문학지』 제68집. 중국어문학회, 2019.9.

13 習近平, 「深化文明交流互鑒, 共建亞洲命運共同體」, 2019년 5월 15일 '아시아문명대화대회' 개막식 기조연설.(편집)

14 이하 니키 헤일리의 발언은 Nikki Haley, 「There are far more dangers China poses than its coronavirus actions」(『Washington Post』, April 30, 2020.) 참조.

15 「U.S. officials crafting retaliatory actions against China over coronavirus as President Trump fumes」, 『Washington Post』, April 30, 2020.

16 「'美 국채'까지 번진 미중 갈등…상환 거부·매각론 등 나와」, 『매일경제』, 2020.5.7.

17 「트럼프 폭탄발언에 G2 신냉전 개막…中 "韓 등과 손잡아야"」, 『중앙일보』, 2020.5.17. 「트럼프 "중국과 무역합의 흥미 잃었다"…G2 신냉전 격화」, 『중앙일보』, 2020.5.18.

18 張家棟, 「看穿西方政客"反華"與論陷穽」, 『環球時報』, 2020.4.30.

19 劉丹, 「如何有效反制"國際追責"論調」, 『環球時報』, 2020.5.8.

20 錢峰, 「如何破解國際抗疫話語權的困境」, 『環球時報』, 2020.5.8.

21 王義桅, 「"西方對華疫情興論"並不統一」, 『環球時報』, 2020.5.8.

22 藍慶新, 「限華投資措施有何影响」, 『環球時報』, 2020.5.8.

23 「중국 전역서 '한국 관광상품' 판매…'한한령' 풀리나」, 『JTBC뉴스』, 2020.6.30.

24 「特朗普在錯誤時間對華錯誤威脅」, 『環球時報』, 2020.5.15.

25 「"中 큰실수 저질러" 트럼프, 홍콩보안법 기자회견 예고」, 『노컷뉴스』, 2020.5.29.

26 「중 '홍콩보안법' 통과…미, 특별대우 철회」, 『경향신문』, 2020.6.30.

27 「트럼프 홍콩 특별지위 박탈하는 행정명령에 서명」, 『BBC 뉴스』, 2020.7.15.

28 梁海明, 「香港金融業經得住風雨」, 『環球時報』, 2020.6.8.

29 「中 협박에 손 든 HSBC. 어느 편인지 다시 선택하란 美」, 『조선일보』, 2020.6.12.

30 「미·중 싸움터 된 홍콩…달러 페그제 운명은?」, 『아주경제』, 2020.6.5.

31 趙昌會, 「用SWIFT威脅中國?沒那麽容易」, 『環球時報』, 2020.6.29.

32 「미군 해외기지 800여 곳…세계에 철조망 치다」, 『세계일보』, 2017.10.20.

33 '사스' 파동 당시 중국에 대한 서구 사회의 낙인찍기 양상에 관해서는 박자영, 「중국의 재난, 재난의 중국: 사스, 지진, 폭스콘」(『문화과학』 72, 2012.12, 문화과학사); 조병희, 「SARS와 아시아의 타자화」(『황해문화』 2004년 여름호, 새얼문화재단); 김상률, 「사스의 병인과 오리엔탈리즘」(『문학과 경계』 2003년 가을호, 문학과경계·마음과경계) 등 참조.

34 George Packer, 「We Are Living in a Failed State」, 『The Atlantic』, June 2020 issue.

35 애덤 투즈, 『붕괴』, 63~70쪽.

36 「"미국은 우방 아냐" 코로나 사태로 유럽 친미 정서 약화」, 『연합뉴스』, 2020.6.30.

37 그레이엄 앨리슨, 정혜윤 옮김, 『예정된 전쟁』, 222쪽, 세종서적, 2018.

38 김진공, 「문명은 어디서 충돌하는가? — '문명충돌론'을 둘러싼 미·중의 담론 대립」

12강

1 「武漢百步亭社區: 16萬人大家庭的幸福密碼」, 新華社, 2017.6.14.

2 박철현, 「'사회 거버넌스'의 조건: '단위'를 대체하는 '사구'」, 『Sungkyun China Brief』 3권 4호, 성균관대학교 성균중국연구소, 2015년 10월.
아울러 딴웨이 체제에서 서취 체제로 전환하는 맥락에 대해서는 쑨리핑, 김창경 엮음, 『단절』 제7장(산지니, 2007) 참조.

3 「百步亭在疫情中"裸泳"」, 『SINA新聞中心』, 2020.4.11.

4 김진공, 「중국의 코로나19 사태와 사회 체제의 신뢰 위기」, 『중국어문학지』 72, 중국어문학회, 2020.9.

5 諸大建, 「打造靭性城市, 做好加減乘除」, 『環球時報』, 2020.4.17.

6 「7인의 석학에게 미래를 묻다 — ⑥ 원톄쥔 "내년 안에 식량위기…글로벌리제이션이 새 트렌드 될 것"」, 『경향신문』, 2020.6.11.

7 「特朗普在錯誤時間對華錯誤威脅」, 『環球時報』, 2020.5.15.

8 「미·중 갈등 속 中 협조 요청… 숙제 남긴 양제츠 방한」, 『KBS뉴스』, 2020.8.24.

9 唐奇芳, 「中國與東盟經貿劃出美麗弧線」, 『環球時報』, 2020.5.18.

10 中共中央 國務院,「海南自由貿易港建設總體方案」

11 樓春豪,「冒險主義外交將致印度戰略透支」,『環球時報』, 2020.7.6.

12 이에 대해서는 조슈아 쿠퍼 레이모 외,『베이징 컨센서스』참조.

13 황핑,「'베이징 컨센서스'인가 '중국의 경험'인가?」, 위의 책, 19~52쪽.

14 원톄쥔, 위 인터뷰.

15 이에 관해서는 Lin yu-sheng, 이병주 역,『중국의식의 위기』, 대광문화사, 1997 참조.

16 溫鐵軍,「金融全球化成本轉嫁與中國生態文明戰略」(강연), 2015.11.

17 溫鐵軍, 위의 강연.

18 溫鐵軍, 위의 강연.

19 溫鐵軍, 위의 강연.

20 사미르 아민, 김용규 역,『유럽중심주의』, 세종출판사, 1989.

21 원톄쥔,「중국의 '일대일로'는 평화발전 이념인가」

22 이 사회문화자본의 제 양상에 관해서는 Ge GAO·Stella Ting-Toomey,『Communi-
cating Effectively with the Chinese』, California: SAGE Publications, 1998. 참조.

23 황핑, 앞의 글, 앞의 책, 51~52쪽.

24 원톄쥔, 위 인터뷰.

13강

1 「북한도 코로나로 경제 대타격, 3월 대중 무역 91% 감소 충격…'질병보다 굶어 죽는
게 빠르다' 탄식」,『아시아프레스』, 2020.4.27.

2 헨리 키신저, 권기대 옮김,『헨리 키신저의 중국 이야기』, 314쪽, 민음사, 2016.

3 "Memorandum of Conversation: Beijing, July 9, 1971, 4:35~11:20p.m." FRUS
17, P. 680.(헨리 키신저, 위의 책, 321쪽.)

4 「김정은 "발목 잡는 과거·그릇된 편견·관행…모든 것 이겨 내고 이 자리까지 왔다"」,
『동아일보』, 2018.6.12.

5 「1년 만에 태도 바꾼 아베 "북한과 불신의 껍데기 깨겠다"」,『한겨레』, 2018.9.26.

6 「북한 투자 자금줄, 어느 나라일까」,『주간경향』1281호, 2018.6.18.

7 「신의주 특별행정구 초대 행정장관 양빈, '비밀리' 대만 방문」,『연합뉴스』, 2018.10.3.

8 曹世功,「推動多邊對話重啓, 打開半島僵局」,『環球時報』, 2020.1.21.

9 오수현, 한형민, 연원호, 이보람, 김지현,「역내포괄적경제동반자협정(RCEP) 잠정 타
결: 의미와 시사점」,『World Economy Today』Vol.19 No 24. 대외경제정책연구원,

2019.11.19.

10 「RCEP 타결에 초조한 미국, 아세안은 띄우고 중국은 맹비난」, 『한국일보』, 2019.11.5.

11 이재호, 「아세안 연계성(ASEAN Connectivity) 최근 논의와 향후 전망」, 『KIEP 아세안 브리핑』 제17-01호, 대외경제정책연구원, 2017.5.24.

12 「印度暫不簽RCEP, 是遺憾但不意外」, 『環球時報』, 2019.11.5.

13 이용인, 「인도-태평양에 대한 아세안 관점」, 『한겨레』, 2019.11.27.

14 「아피싯 "한국 '3P 신남방정책' 기반으로 협력 다지자"」, 『한국일보』, 2019.11.22.

찾아보기

가족생산청부제(家庭聯産承包制) 57,
  146, 207
경로의존성(path dependency) 39, 77,
  159
글로벌 가치사슬 135, 251
글로벌 금융위기 157, 201, 230
글로벌 산업 이전 124~126, 131, 197

—

농민공의 물결(民工潮) 117, 139, 143,
  254
뉴노멀상태(新常態) 217
닉슨쇼크(Nixon shock) 54, 55, 124, 275

—

도광양회(韜光養晦) 19
도농 이원 구조 39, 66, 77, 133, 141, 153
동방의 정치경제학 261
디커플링(decoupling) 230, 232

—

문명의 대화 225, 226, 239
문명충돌론 222~225, 239
미소곡선(Smile Curve) 130, 132~134

—

베이징 컨센서스(Beijing Consensus) 74,
  75, 164, 254, 283
보아오아시아포럼(博鰲亞洲論壇, 보아오포
  럼) 14, 20, 226, 252
분세제(分稅制) 65, 92, 94, 112, 148, 203
브레튼우즈 체제 52, 54, 59, 60, 66, 68,
  124, 131, 169, 171, 206

—

사미르 아민(Samir Amin) 260
43방안 49
삼농(三農) 71, 77, 117, 118, 206
3대 개혁 151
삼선건설(三線建設) 46, 47, 145, 270
상산하향운동(上山下鄕運動) 44, 47, 49,
  56
상하이협력기구(SCO) 21, 169, 179, 180,
  253
새로운 형태의 대국 관계(新型大國關係)
  218, 236
생태문명 191~196, 200, 205, 211, 246
서취(社區) 154, 241~245, 249, 261
서태평양 달러 호수 165, 176, 277
세계의 공장 50, 66, 113, 115, 117, 120,
  121, 126, 129, 132, 134, 137, 139,

141, 169, 187, 193, 200, 201, 215,
216, 246, 251, 254
스탈린 모델 45, 49
신남방정책 276, 277, 279, 283
신북방정책 276, 283
13세기 세계체제 182, 183, 187, 188

—

아부 - 루고드(Janet L. Abu-Lughod) 181,
187
아시아인프라투자은행(AIIB) 169, 171,
190
알박기 가구 99, 100, 104, 105, 111
우칸춘 사건 82, 86~89
워싱턴 컨센서스 160, 164, 276, 283
유동인구(流動人口) 147, 148, 152
인도 - 태평양 전략 178, 276, 279, 283
인류운명공동체 195, 225~227, 260
인클로저(圈地) 90~93
일대일로(一帶一路) 21, 167~169,
171~173, 176, 179, 187~191, 218,
226, 229, 252, 253, 259, 276, 278, 283

—

정부조합주의(政府公司主義) 39
중국몽(中國夢) 188, 225, 236, 246, 259
중국세조(中國製造) 251
중국지조(中國智造) 251
중국창조(中國創造) 251
중소도시화(城鎮化) 91
지식청년(知識靑年, 지청) 45, 56

—

충칭모델(重慶模式) 106

—

탄원 제도 93~96
톈안먼사건 58, 231
토지징수(土地徵收) 87~89, 91, 92, 98,
99, 105, 110, 111, 113

—

82방안 55
포용적 문명관 225

— —

한반도 협력 시대 269, 279, 282
향진기업(鄕鎭企業) 42, 57, 63, 91, 92,
107, 117, 125, 138
향촌 진흥 194, 205, 209
헌팅턴(Samuel P. Huntington) 222
후커우제(戶口制, 후커우 제도) 42, 107,
108, 138, 148

저본이 된 저자의 논문 목록

「〈북경자전거〉에 관한 세 가지 물음」, 『중국어문논역총간』 16, 중국어문논역학회, 2005. 8.

「秋菊은 어떻게 '골칫거리'가 되었는가─張藝謀의 〈秋菊打官司〉를 고쳐 읽으며」, 『중국현대문학』 75, 한국중국현대문학학회, 2015. 12.

「영화 〈천주정〉 속의 중국 향촌─향촌 공부를 위한 길 찾기」, 『중어중문학』 69, 한국중어중문학회, 2017. 9.

「최근 중국문제 독해를 위한 방법적 시론」, 『중국어문학지』 68, 중국어문학회, 2019. 9.

「방법으로서의 '일대일로'─원톄쥔 학파의 관점에 기대어」, 『중국현대문학』 91, 2019. 10.

「원톄쥔의 중국 생태문명 담론에 관한 고찰」, 『중국문학』 101, 한국중국어문학회, 2019. 11.

「폭스콘은 어떤 장소인가」, 『중국어문논역총간』 46, 중국어문논역학회, 2020. 1.

「'신냉전 시대'의 중국 공부」, 『중국어문논역총간』 47, 중국어문논역학회, 2020. 7.

※ 이상의 논문 가운데 이 책과 연관된 내용에 대해서는 별도의 주석 없이 인용·재편했음을 밝혀 둔다.